Zeitschrift für Betriebswirtschaft

Ergänzungsheft 1/2002

Marketing – Management

ZfB-Ergänzungshefte

3/97 Personal
Schriftleitung: Horst Albach
192 Seiten. ISBN 3 409 13954 0

4/97 Betriebswirtschaftslehre und Rechtsentwicklung
Schriftleitung: Horst Albach/Klaus Brockhoff
136 Seiten. ISBN 3 409 13955 9

1/98 Betriebliches Umweltmanagement 1998
Schriftleitung: Horst Albach/Marion Steven
186 Seiten. ISBN 3 409 13956 7

2/98 Finanzierungen
Schriftleitung: Horst Albach
200 Seiten. ISBN 3 409 13957 5

1/99 Innovation und Investition
Schriftleitung: Horst Albach
142 Seiten. ISBN 3 409 13958 3

2/99 Innovation und Absatz
Schriftleitung: Horst Albach
176 Seiten. ISBN 3 409 11455 6

3/99 Finanzmanagement 1999
Schriftleitung: Horst Albach
212 Seiten. ISBN 3 409 11509 9

4/99 Planung und Steuerung von Input-Output-Systemen
Schriftleitung: Horst Albach/Otto Rosenberg
178 Seiten. ISBN 3 409 11493 9

5/99 Krankenhausmanagement
Schriftleitung: Horst Albach/Uschi Backes-Gellner
209 Seiten. ISBN 3 409 13959 1

1/2000 Corporate Governance
Schriftleitung: Horst Albach
152 Seiten. ISBN 3 409 11600 1

2/2000 Virtuelle Unternehmen
Schriftleitung: Horst Albach/Dieter Specht/Horst Wildemann
260 Seiten. ISBN 3 409 11628 1

3/2000 Hochschulorganisation und Hochschuldidaktik
Schriftleitung: Horst Albach/Peter Mertens
223 Seiten. ISBN 3 409 13960 5

4/2000 Krankenhausmanagement 2000
Schriftleitung: Horst Albach/Uschi Backes-Gellner
160 Seiten. ISBN 3 409 11764 4

1/2000 Personalmanagement 2001
Schriftleitung: Horst Albach
188 Seiten. ISBN 3 409 11801 2

2/2001 Controlling-Theorie
Schriftleitung: Horst Albach/Ulf Schiller
160 Seiten. ISBN 3 409 11833 0

3/2001 E-Business
Schriftleitung: Horst Albach/Horst Wildemann
162 Seiten. ISBN 3 409 11876 4

4/2001 Theorie der Unternehmung
Schriftleitung: Horst Albach/Peter J. Jost
193 Seiten. ISBN 3 409 11883 7

Marketing – Management

Schriftleitung

Prof. Dr. Dr. h.c. mult. Horst Albach
Prof. Dr. Christoph Weiser

GABLER

Die Deutsche Bibliothek – CIP-Einheitsaufnahme

Zeitschrift für Betriebswirtschaft : ZfB. – Wiesbaden :
Betriebswirtschaftlicher Verl. Gabler
   Erscheint monatl. – Aufnahme nach Jg. 67, H. 3 (1997)
   Reihe Ergänzungsheft: Zeitschrift für Betriebswirtschaft /
   Ergänzungsheft. – Fortlaufende Beil.: Betriebswirtschaftliches
   Repetitorium. – Danach bis 1979: ZfB-Repetitorium
   ISSN 0044-2372
2002, Erg.-H. 1. Marketing – Management
Marketing – Management / Schriftl.: Horst Albach, Christoph Weiser,
Wiesbaden : Gabler, 2002
   (Zeitschrift für Betriebswirtschaft ; 2002, Erg.-H. 1)
   ISBN 3-409-11984-1

© Betriebswirtschaftlicher Verlag Dr. Th. Gabler GmbH, Wiesbaden 2002
Lektorat: Ralf Wettlaufer

Der Gabler Verlag ist ein Unternehmen der Fachverlagsgruppe BertelsmannSpringer

http://www.gabler.de
http://www.zfb-online.de

Höchste inhaltliche und technische Qualität unserer Produkte ist unser Ziel. Bei der Produktion und Verbreitung unserer Bücher wollen wir die Umwelt schonen: Dieses Buch ist auf säurefreiem und chlorfrei gebleichtem Papier gedruckt. Die Einschweißfolie besteht aus Polyäthylen und damit aus organischen Grundstoffen, die weder bei der Herstellung noch bei der Verbrennung Schadstoffe freisetzen.

Die Wiedergabe von Gebrauchsnamen, Handelsnamen, Warenbezeichnungen usw. in diesem Werk berechtigt auch ohne besondere Kennzeichnung nicht zur der Annahme, daß solche Namen im Sinne der Warenzeichen- und Markenschutz-Gesetzgebung als frei zu betrachten wären und daher von jedermann benutzt werden dürften.

Gesamtherstellung: Druckhaus „Thomas Müntzer", D-99947 Bad Langensalza
Printed in Germany

ISBN 3-409-11984-1

Editorial VII

Direct Marketing im Wandel

Heinz Dallmer 1

CRM als Führungsinstrument für Marketing und Vertrieb

Reinhold Rapp 21

Wenn die Wertschöpfung weiter sinkt, stirbt die Marke!

Bernd M. Michael 35

Unternehmenskultur und geistiger Wandel

Hermann Simon 57

Prospect Theorie und Marketing

Claudio Felten 67

Das Unternehmerische in der Theorie der Unternehmung

Horst Albach 87

Zur Preispolitik bei neuen Produkten unter Unsicherheit und Kommunikation

Christoph Weiser 99

Preisdeterminanten bei Business-to-Consumer-Auktionen im Internet

Sönke Albers und Björn Schäfers 125

Ausgleich zwischen Innen- und Außensicht: Das Konzept der Wertangebote (Value Propositions)

Doris Kortus-Schultes 145

Neuere Entwicklungen im Marketing-Controlling

Josef Kloock und Stefan Dierkes 169

Inhalt

ZfB · Grundsätze und Ziele XIII

ZfB · Herausgeber / Internationaler Herausgeberbeirat XIV

ZfB · Impressum / Hinweise für Autoren XV

Ergänzungsheft „Marketing – Management"

Dieses Ergänzungsheft Ihrer Zeitschrift für Betriebswirtschaft enthält Beiträge zum Marketing. Es hat zwei Teile:
    Marketing in der Praxis im Wandel der Welt und
    Marketingtheorie im Wandel der Forschung

Marketing in der Praxis im Wandel der Welt

Der Wandel des Marketing in der Praxis zeigt sich in drei Entwicklungen, und zwar der Entwicklung
    zum Direct Marketing
    zur Consumer Equity
    zur Globalisierung

Die Entwicklung zum Direct Marketing

Zwei Beiträge behandeln das Direct Marketing

Heinz Dallmer setzt sich mit dem Einfluss der neuen Kommunikationsmedien und -technologien auf das Direct Marketing auseinander. Früher waren die Verbraucher die Gejagten, heute sind die Anbieter die Gejagten und die Verbraucher die Jäger. Für die Anbieter bedeutet das die Notwendigkeit, integrierte Konzepte des Consumer Relationship Management (CRM) zu entwickeln und dafür das Einverständnis der Verbraucher zu suchen. Das ist freilich bei der Heterogenität der Verbraucher nur möglich, wenn die Anbieter sich auf ausgewählte Zielgruppen konzentrieren. Dabei sind mobile Kommunikationssysteme hilfreich. Der Beitrag geht davon aus, dass diese Entwicklungstendenzen durch Änderungen der geltenden Gesetze und Verordnungen verstärkt werden.
    Auch *Reinhold Rapp* behandelt die Rolle des CRM im Direct Marketing. Er geht zunächst auf die Unterschiede zwischen der traditionellen Sicht des Marketing und der neuen Sicht im Rahmen von CRM-Konzepten ein. Diese Konzepte betonen die Kundenlebenszeit-Perspektive. Im Marketing führt das zu einer stärkeren Segmentierung, gegebenenfalls bis zum einzelnen Individuum hin. Unterstützt wird diese feine Segmentierung durch moderne Kommunikations- und Informationstechnologien. In der Unternehmensführung bedeutet das eine enge Verzahnung von Strategie, Marketing und Organisation.

Die Entwicklung zur Consumer Equity

Die zweite Veränderung in der Praxis des Marketing ist die Veränderung in der Rolle der Produkt-Marke. Marken verlieren an Bedeutung auf den modernen Märkten. Das hat seinen Grund darin, dass Marken nicht mehr auf die kleinen Segmente zugeschnitten werden können, die zum Direct Marketing geführt haben. Wenn im Marketing versucht wird, individuelle Produkte auf die Kundenprofile einzelner Verbraucher zuzuschneiden, die

Marke aber nicht so fein differenziert gestaltet werden kann, verliert die Marke an Bedeutung. Die Consumer Equity tritt immer stärker in den Vordergrund. Die Consumer Equity, der Wert eines Kunden für das Unternehmen, wird aus dem Kaufverhalten des Kunden während der gesamten Lebenszeit des Kunden, welche das Unternehmen mit seinen Produkten und Dienstleistungen begleitet, abgeleitet. *Bernd Michael* untersucht Möglichkeiten, die Marke in diesem Wandel des Marketing wieder zu beleben. Er plädiert für eine ganzheitliche Markenführung und eine feinere Differenzierung der Produktmarken. Damit soll das „Träumen in der Seele des Kunden" wieder erweckt werden.

Die Tendenz zur Globalisierung

Die dritte Änderungstendenz wird gegenwärtig am häufigsten beschworen und hat doch bisher zu am wenigsten konkreten Maßnahmen des Marketing geführt: die regionale Ausdehnung des Unternehmens und seiner Bearbeitung von weltweiten Märkten, also zu dem, was viele Beobachter die Globalisierung der Märkte nennen. Auch *Hermann Simon* beschränkt sich in seinem Beitrag auf fünf recht allgemeine, aber sehr bedenkenswerte Thesen. Es vollzieht sich ein Wandel von der Internationalisierung der Märkte zur „Globalisierung der Köpfe und Herzen". Wer überleben will, muss die besten Köpfe gewinnen. Das Marketing sollte sich jedoch vorerst auf die Märkte der OECD („Transatlantica") beschränken.

Marketing-Theorie im Wandel der Forschung

Die Theorie der Unternehmung soll Orientierung im Wandel der Märkte geben. Daher muss sich die Marketing-Theorie mit den neuen Phänomenen auf den Märkten beschäftigen und sie als Herausforderung für die Weiterentwicklung der Theorie begreifen. Diese Herausforderungen lassen sich in vier Gruppen einteilen:
  Verändertes Verhalten der Kunden
  Veränderte Bedürfnisse der Kunden
  Verstärkte Individualisierung der Kundenbetreuung
  Veränderungen im Reputations-Controlling

Verändertes Verhalten der Kunden

Mit den Veränderungen im Kundenverhalten beschäftigt sich der Beitrag von *Claudio Felten*. Er untersucht die Veränderungen des Verhaltens von Kunden gegenüber steigender Unsicherheit der Umwelt. Er vertritt die These, dass die Erwartungsnutzentheorie dieses veränderte Verhalten weniger gut abbildet als die Prospect Theory. Während die Erwartungsnutzungstheorie axiomatisch begründet ist, ist die Prospect Theory eine rein behavioristische Theorie. Sie hat den Nachteil großer Komplexität, aber den Vorteil, das individuelle Konsumentenverhalten bei Unsicherheit besser beschreiben zu können. Der Kern der Prospect Theory liegt in der Trennung von Bewertung und Entscheidung. Gewinne werden konkav, Verluste konvex bewertet. Die Bewertung von Gewinnen ist dabei durchaus in Übereinstimmung mit der klassischen Theorie, die Bewertung von Verlusten dagegen nicht. Bei der Gewichtung der Eintrittswahrscheinlichkeiten tritt dieses das Käuferverhalten angeblich besser abbildende Phänomen noch einmal auf: Niedrige Wahrscheinlichkeiten werden übergewichtet, hohe Wahrscheinlichkeiten werden untergewichtet. Die Bewertungsfunktion und die Entscheidungsgewichtungsfunktion können individuell an das Risikoverhalten des einzelnen Käufers angepasst werden.

Veränderte Bedürfnisse der Kunden

Die Kunden entwickeln immer neue Bedürfnisse. Die Hersteller versuchen, die neuen Bedürfnisse zu erkennen, neue Bedürfnisse zu wecken und die Bedürfnisse mit immer neuen Produkten und Dienstleistungen zu befriedigen. Permanente Innovationstätigkeit ist das eigentlich Unternehmerische im Marketing. Das Unternehmerische ist, wie Erich Gutenberg meinte, theoretisch nicht fassbar. *Horst Albach* vertritt in seinem Beitrag die These, dass Innovationen heute das Ergebnis eines arbeitsteiligen Prozesses sind, der durchaus Bestandteil der Theorie der Unternehmung sein kann und ist.

Christoph Weiser geht von dem Dilemma der Innovation aus. Auf der einen Seite benötigen die Konsumenten neue Produkte zur Befriedigung ihrer Bedürfnisse, auf der anderen Seite sind sie unsicher hinsichtlich der Qualität der Innovation: „Wird das neue Produkt tatsächlich einen Beitrag zur Befriedigung meines Bedürfnisses leisten?" Die Marke war ein Qualitätssignal, das dazu diente, dieses Dilemma durch ein Qualitätsversprechen zu lösen. Im modernen Marketing gibt das Unternehmen eine Reihe von Qualitätssignalen. Es versucht, Informationen über die wahre Qualität des Produkts durch kommunizierende aktuelle Adopter zu verbreiten. Christoph Weiser untersucht in seinem Beitrag Preisstrategien, mit denen die Preise von der Einführung des Produkts am Markt bis zum Ende seines Produkt-Lebenszyklus bestimmt werden. Gleichzeitig wird der Einsatz neuer Formen der Informationsdiffusion geplant, um den Preispfad für das neue Produkt zu optimieren. Die Skimming-Pricing-Strategie ist auf diese Weise nicht dem Verdacht ausgesetzt, eine höhere als die wahre Qualität zu signalisieren. Auf der anderen Seite braucht der Preis mit steigender Information über die wahre Qualität des Produkts nicht so stark gesenkt zu werden, wie es der Fall wäre, wenn Informationen über die wahre Qualität des Produkts nicht über aktuelle Adopter verbreitet werden könnten. An die Stelle der Unsicherheit über die Qualität eines neuen Produkts tritt die vom Adopter jeweils neu geprüfte Reputation des Herstellers.

Verstärkte Individualisierung der Kundenbetreuung

Die neuen Medien, insbesondere das Internet, ermöglichen es den Unternehmen, jeden Kunden besser als bisher zu erfassen und in seinen kaufrelevanten Merkmalen in „Kundenprofilen" abzubilden. Das Internet zwingt die Unternehmen aber auch, ihre Beschaffungs- und Absatzprozesse so zu präzisieren, dass sie mit ihren Geschäftspartnern im Internet eindeutige Informationen austauschen können. Das gilt besonders für Internet-Auktionen. Wer seine Produkte und Waren nicht präzise beschreiben kann, kann auch nicht genau sagen, ob das eigene Angebot auf die Nachfrage passt, oder er kann seine Nachfrage nicht so genau beschreiben, dass der Anbieter erkennt, ob er ein Angebot abgeben kann, das nachher nicht zu Reklamationen führt. Internet-Auktionen haben daher in der Praxis sehr viel mehr bewirkt als eine Erschließung neuer Kunden oder Lieferanten und Einsparungen bei den Einkaufspreisen. Sie haben zu ganz erheblichen Rationalisierungen bei den Beschaffungs- und Absatzprozessen geführt. Besonders spannend ist es für alle Beteiligten, den Verlauf einer Internet-Auktion auf dem Bildschirm zu verfolgen und zu sehen, wie sich gegen Ende der Auktion die Angebote verbessern, wie „Bietmaschinen" im Einsatz sind, die jedes andere Angebot um die Mindestmarge unterschreiten und irgendwann aufhören, sich zu beteiligen, wie sich die Anzahl der an der Auktion teilnehmenden Anbieter oder Nachfrager verringert. Die Preisentwicklung im Verlauf der Auktion ist dabei besonders spannend. *Sönke Albers* und *Björn Schäfers* suchen im Rahmen einer empirischen Untersuchung von mehr als 1.500 im Internet versteigerten Produkten nach Einflüssen auf das Zustandekommen des Zuschlagspreises. Die Verfasser konzentrieren sich auf sieben Warengruppen, mit denen sie den Schwerpunkt der Internet-Auktionen abdecken. Im Ergebnis zeigt sich, dass der Zuschlagspreis nur in wenigen Fällen die unverbindliche Preisempfehlung als Referenzpreis überschreitet. Das heisst im Klartext: Beim Kauf auf einer Internet-Auktion lassen sich ganz beachtliche Einsparungen erzielen.

Veränderungen im Reputations-Controlling

„Ist der Ruf mal ruiniert, lebt es sich ganz ungeniert", heißt ein Sprichwort. Für das Marketing gilt sicher, dass es sich dabei um ein „Leben nach dem Tode" handeln müsste. Kein Unternehmen überlebt den Verlust seiner Reputation. War Qualität der Produkte und Dienstleistungen in früheren Dekaden ein strategischer Wettbewerbsvorteil, so ist sie heute ein „Hygienefaktor". Das Unternehmen, welches den hohen Qualitätsstandard seiner Produkte nicht aufrechterhalten kann, verliert seine Kunden rasch. Qualitätssicherung ist daher eine wichtige Management-Aufgabe nicht nur in der Produktion, sondern auch im Vertrieb und im Marketing.

Zwei Beiträge diese Heftes sind der Überwachung von Qualität im Unternehmen gewidmet.

Doris Kortus-Schultes vertritt die These, dass die Balanced Score Card ein hilfreiches Instrument zur Sicherung eines hohen „Wertangebots an den Kunden" ist. Sie muss dafür zu einem Frühwarnindikator weiterentwickelt werden, der dem Unternehmen anzeigt, ob die Außensicht des Unternehmens und seiner Produkte (also seine Reputation) von der Innensicht des Unternehmens („we are the champions!") abweicht. Die von Kortus-Schultes vorgeschlagene Erweiterung der „Kundenkarte" um eine Kennziffer, die das „Wertangebot an den Kunden" zum Ausdruck bringt, ist mehr als eine zusätzliche Information. Sie macht die Balanced Score Card zu einem integralen Element der Marketing-Strategie des Unternehmens.

Aber auch ein verbessertes Marketing Controlling trägt den veränderten Anforderungen an die Sicherheit von Reputation durch das Unternehmen Rechnung. *Josef Kloock* und

Stefan Dierkes entwickeln auf der Basis der Prozesskostenrechnung Controlling-Instrumente, die interfunktional wie intertemporal wirken. Mit diesen Instrumenten kann die Qualitätssicherung im Zeitablauf gesteuert werden. Ferner verbinden diese Instrumente die operative mit der strategischen Planung. Die Autoren untersuchen die vier Veränderungstendenzen, die Hermann Sabel in seinem jüngsten Aufsatz in dieser Zeitschrift beim Marketing festgestellt hat, daraufhin, wie die Spannungen zwischen dem Marketing und dem Conrolling im Unternehmen mit Hilfe dieser Instrumente aufgelöst werden können.

Glückwünsche

Autoren und Herausgeber widmen dieses Ergänzungsheft der ZfB Hermann Sabel zu seinem 65. Geburtstag. Hermann Sabel ist nicht nur einer der markantesten Vertreter des Marketing in Deutschland. Er ist auch seit nunmehr 22 Jahren Mitherausgeber dieser Zeitschrift. Hermann Sabel hat durch zahlreiche Aufsätze in dieser Zeitschrift, aber auch durch sein Werk (gemeinsam mit Weiser) „Dynamik im Marketing" die Theorie des Marketing bereichert. Zahllose Praktiker sind durch seine „Marketing-Seminare" nachhaltig mit der Unternehmensführung mit Blick auf den Kunden vertraut gemacht worden – in sehr spritziger und einprägsamer Weise. Wir wünschen ihm für die Zukunft Gesundheit und Schaffenskraft und weiterhin die „Dynamik", die ihn so unverwechselbar kennzeichnet.

Horst Albach   Christoph Weiser

Damit Ihre Marken sich abheben

Manfred Bruhn / Christian Homburg (Hrsg.)

Gabler Marketing-Lexikon

2001. XX, 823 S.
Geb. € 49,00
ISBN 3-409-19971-3

Dieses Nachschlagewerk gibt Ihnen eine
breiten Überblick über den State-of-the-Art des gesamten Marketing hinsichtlich Themen, Konzepten
und Methoden. Konsequent werden Wissenschaft
und Praxis im Sinne einer anwendungsorientierten
Beantwortung Ihrer Fragen miteinander verbunden.
Die einzelnen Beiträge erschließen in moderner,
leicht verständlicher Sprache alle wesentlichen
Facetten eines Begriffes.

Direct Marketing im Wandel

Von Heinz Dallmer

Überblick

- Der folgende Beitrag analysiert das Bedingungsumfeld für die Entwicklung und Entwicklungsmöglichkeiten des Direct Marketing.

- Es werden Faktoren identifiziert, die das Wachstum des Direct Marketing in Deutschland beeinflusst haben und weiter bestimmen werden.

- Im Besonderen stellt der Beitrag die direkten und indirekten Auswirkungen der neuen Medien auf das Direct Marketing vor. Es ist festzuhalten, dass dem Faktor Technologie in der Gesamtheit der Einflussfaktoren des Direct Marketing (Technologie, Nachfrager, Anbieter, rechtliche Rahmenbedingungen sowie wirtschaftliche und soziale Einflüsse), eine entscheidende Rolle in der Entwicklung zukommt. Hierbei fungiert die Technologie nicht nur als Antriebsfaktor, sondern beeinflusst gleichzeitig in stärkerer oder schwächerer Form alle anderen Einflussfaktoren.

- Die technologische Entwicklung wird jedoch die klassische Direct Marketing Kommunikation nicht ersetzen können.

Eingegangen: 15. September 2001

Dr. Heinz Dallmer
AZ Bertelsmann Direct
Cerl-Bertelsmann-Str. 161
33311 Gütersloh

A. Einleitung

Direct Marketing, einst maßgeblich von Seiten des Versandhandels genutzt, ist heute in vielen Unternehmen selbstverständlich geworden. Der Einsatz von Direct Marketing Aktivitäten umfasst heute beinahe alle Branchen, auch wenn sich die einzelnen Unternehmen nicht immer bewusst sind, dass sie sich im Sinne des Direct Marketing verhalten (Dallmer, 1997, S.4). Studien belegen, dass mehr als zwei Drittel der Unternehmen mit einem Jahresumsatz über 500.000 DM im Jahr 2000 Direct Marketing Maßnahmen verwendeten, um mit ihren Kunden zu kommunizieren (Focus Media-Guide 2001, S. 52).

Definitorisch umfasst das Direct Marketing alle Marktaktivitäten, die sich einstufiger (direkter) Kommunikation und/oder des Direktvertriebs bzw. des Versandhandels bedienen, um Zielgruppen in individueller Einzelansprache gezielt zu erreichen. Direct Marketing umfasst ferner solche marktgerichteten Aktivitäten, die sich mehrstufiger Kommunikation bedienen, um einen direkten, individuellen Kontakt herzustellen (Dallmer, 1997, S. 6). Die nachstehende Darstellung vermittelt einen Überblick über die Vielzahl der Kommunikationskanäle, die dem Direct Marketer heute zur Verfügung stehen. Hierbei rückt der Bereich der Neuen Medien zunehmend in den Mittelpunkt des Interesses.

Der Aufwärtstrend der vergangenen Jahre ist nicht zu übersehen und wird sich nach Auffassung der Direct Marketing Experten in den kommenden drei Jahren weiter fortsetzen. Erstmals wurde für das Jahr 2000 mit Gesamtaufwendungen von 43 Milliarden DM die 40 Milliarden Schallmauer überschritten. Für das Geschäftsjahr 2001 schätzt die Deutsche Post ein anhaltendes Wachstum von 10% auf ein Gesamtvolumen von beinahe 48 Milliarden DM (Focus Media-Guide 2001, S. 52).

Um die weitere Entwicklung besser einschätzen zu können, ist es sinnvoll zu untersuchen, welche Erfolgsfaktoren zu dem Wachstum der vergangenen Jahre beigetragen haben, welche Wechselwirkungen zwischen diesen Einflüssen bestehen und welche neuen Faktoren in Zukunft zu berücksichtigen sind. Im Allgemeinen werden gesellschaftliche und technische Entwicklungen und Gegebenheiten angeführt, die jede für sich neue Mög-

Abb. 1: Medien des Direct Marketing[1]

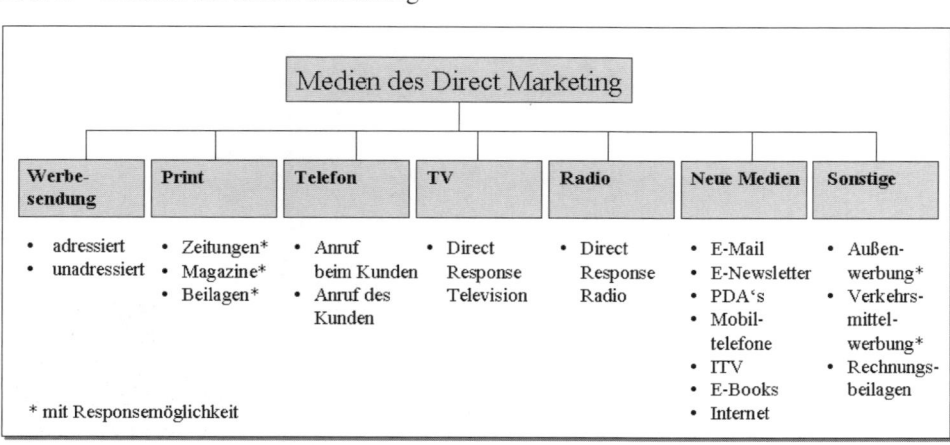

Abb. 2: Entwicklung der Direct Marketing Aufwendungen in Deutschland[2]

lichkeiten für das Direct Marketing geschaffen haben. Es ist davon auszugehen, dass sich das Wachstum wesentlich langsamer vollzogen hätte, wenn die Wirkungskräfte nicht zeitgleich mit anderen Faktoren aufgetreten wären und sich dabei gegenseitig beeinflusst hätten. Durch dieses Zusammenspiel ist ein Bedingungsrahmen entstanden, der die Entwicklung begünstigt hat (vgl. Dallmer, 1997, S. 10).

Den fördernden Faktoren stehen jedoch auch erschwerende Einflüsse gegenüber, die von Seiten des Direct Marketing berücksichtigt werden müssen. Hier sind zum Beispiel

Abb. 3: Der Bedingungsrahmen des Direct Marketing

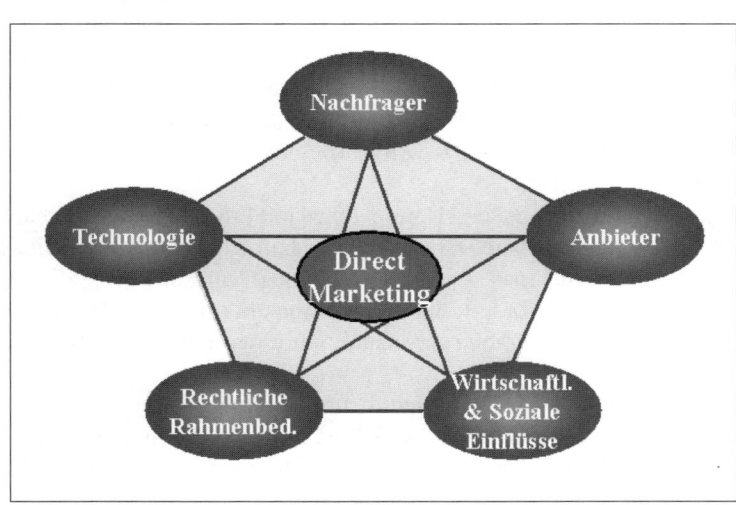

die steigenden Bedenken der Verbraucher hinsichtlich der Offenlegung ihres Konsumverhaltens zu nennen. Neuen Ansprachemöglichkeiten wie E-Mail, SMS und Internet, auf die Verbraucher aufgrund ihrer spezifischen Eigenschaften besonders sensibel reagieren, muss hierbei ein starkes Gewicht zugeordnet werden.

Dieser Beitrag analysiert das Bedingungsumfeld für die Entwicklung und Entwicklungsmöglichkeiten des Direct Marketing. Es sollen Faktoren identifiziert werden, die zum Wachstum des Direct Marketing beigetragen haben, aber auch solche, die Entwicklungen bremsen oder in der Zukunft behindern können. Im Besonderen wird hierbei auf die direkten und indirekten Auswirkungen der neuen Medien auf das Direct Marketing eingegangen.

Die Betrachtung vollzieht sich anhand der fünf zentralen Einflussfaktoren und deren Interdependenzen innerhalb des Bedingungsrahmens. Diese umfassen die Veränderungen von Seiten der Nachfrager, der Anbieter, der Technologie, der rechtlichen Rahmenbedingungen sowie der globalen und wirtschaftlichen Einflüsse.

B. Direct Marketing im Spannungsfeld der Entwicklungen

I. Nachfrager – Der Wertewandel der Verbraucher

1. Information Overflow

Je kleiner die Zielgruppe, desto höher sind die Streuverluste der Massenkommunikation. Diese beinahe triviale Erkenntnis bezeichnet jedoch eine Entwicklung, die sich seit mehreren Jahren von der Massenkommunikation zur zunehmenden Individualisierung vollzieht. Das Verhalten der Konsumenten lässt sich nicht mehr anhand von grobmaschigen Verhaltensregeln und Klischees beschreiben. Vielmehr manifestiert sich die Einsicht, dass Verbraucher in mancherlei Hinsicht einem Verhaltensmodell folgen, jedoch in anderen Aspekten deutlich von dem Klischee abweichen (Dallmer, 1997, S. 12 f.).

Der zunehmende Erfolg von Special Interest Produkten untermauert diese Beobachtung. Diese stellen jedoch nur einen weiteren Schritt auf dem Weg hin zur individualisierten Ansprache des Einzelnen dar. Auch das Entstehen erster Single-Messen, die Bürger aller Altersstufen ansprechen, deutet darauf hin, dass eine Uniformität, die von Seiten der Massenkommunikation genutzt wird, für einen Großteil der Produkte und Leistungen nicht mehr zeitgemäß ist.

Nach wie vor werden Haushalte und Unternehmen mit Informationen überhäuft, die viel zu oft keine Relevanz für sie haben. Der private Haushalt erhält durchschnittlich acht Werbebriefe pro Woche, Unternehmen sogar das Vierfache (Deutsche Post 2000). Hier ist das moderne Direct Marketing gefordert, durch das Sammeln relevanter Informationen über den Kunden sowie optimierte Zielgruppenanalysen eine beidseitig zufrieden stellende Kommunikation zu schaffen.

Eine im vergangenen Jahr von TNS Emnid durchgeführte Studie, die die Entwicklung des Direct Marketing in den folgenden drei Jahren untersuchte, stimmt positiv. Hiernach prognostizierten 63% der befragten Direct Marketing Spezialisten eine stark steigende Zielgruppensegmentierung für die kommenden Jahre.

Abb. 4: Entwicklung des Direct Mail in den nächsten zwei Jahren[3]

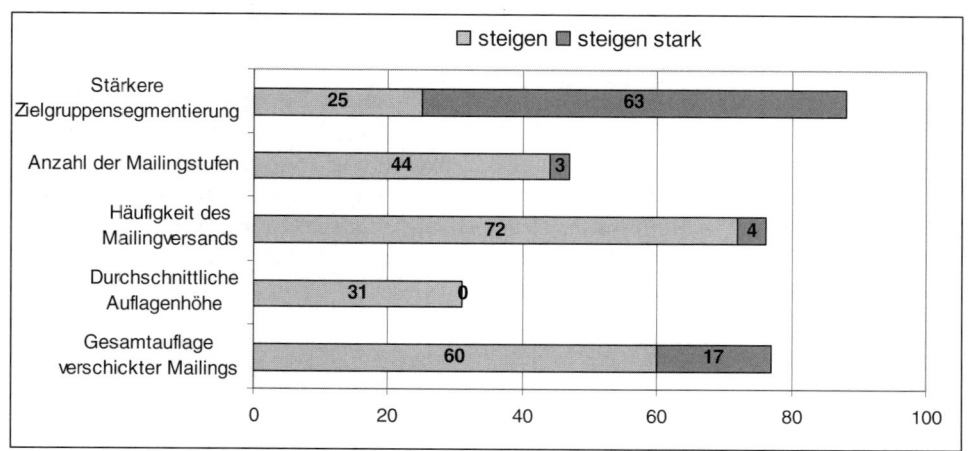

2. Geschwindigkeit und Bequemlichkeit

Der moderne Empfänger von Dienstleistungen erwartet diese ‚pünktlich, immer, allerorten und fehlerfrei' (Sabel, 1996, S. 40). Telefon, E-Mail und Internet sind hierfür ideale Medien. Sie schaffen zunehmend die Möglichkeit für den Kunden, aktiv und zeitnah mit einem Anbieter in Kontakt zu treten. Ein großer Teil allgemeiner Informationen ist vielfach bereits auf der Internetseite eines Unternehmens zugänglich. Wünscht der potentielle Kunde darüber hinausgehende Informationen, wird er diese in der Regel via E-Mail oder Telefon an das Unternehmen richten. Einige Internet-Seiten verfügen über so genannte Call-Back Buttons, mit der ein Nutzer einen Anruf des entsprechenden Unternehmens veranlassen kann.

Grundsätzlich gilt: Je schneller das Kontaktmedium von Seiten des Nachfragers, desto höher sind die Erwartungen hinsichtlich des zumutbaren Bearbeitungszeitraumes. Bei E-Mails wird im Allgemeinen von einer Bearbeitungsfrist von 24 Stunden ausgegangen.

Neben der Geschwindigkeit ist die Bequemlichkeit ein weiterer wichtiger Faktor für den Kommunikationserfolg. Die neuen Channel (Internet, E-Mail, SMS, etc.) sind auch in dieser Hinsicht für den Nachfrager sehr attraktiv. Zum einen erlauben sie die Kontaktaufnahme von zuhause oder jedem internetfähigen Computer rund um die Welt. Zum anderen ermöglichen sie die Kommunikation unabhängig von gängigen Öffnungszeiten zu jeder Stunde und an jedem Tag der Woche.

Aus den Entwicklungen und Trends leiten sich konkrete Anforderungen für die anbietenden Unternehmen ab. In Gliederungspunkt II wird näher auf diese eingegangen werden.

3. Datenschutzbedenken

Die Technologie ermöglicht dem Direct Marketing unbestritten ein enormes Potential. Leistungsfähige Datenbanken und Hardware speichern und verwalten unzählige Informationen über den Kunden. Komplexe Analysewerkzeuge ermöglichen die Bildung umfangreicher Profile und Vorhersage-Algorithmen. Moderne Software ist in der Lage, im Rahmen von Studien das Surf-Verhalten der Internet-Nutzer zu verfolgen und somit neue Informationen zu gewinnen. Externe Datenanbieter reichern die firmeneigenen Daten über das Internet mit zusätzlichen Profilinformationen an.

Verbraucher nehmen diese Entwicklung mit zunehmender Besorgnis wahr. Vielfach ist unklar, welche Informationen gewonnen werden und welcher Informationsaustausch stattfindet. Der Gesetzgeber hat hierauf mit einer Novellierung des Datenschutzgesetzes reagiert. Darüber hinaus ist allerdings auch eine Selbstdisziplinierung von Seiten des Direct Marketing gefordert. Das Bestreben nach der Maximierung des Informationsnutzens muss mit dem Bedürfnis des Verbrauchers nach Privatsphäre vereinbar sein.

II. Anbieter – Der Jäger wird zum Gejagten

Die Anbieter müssen lernen umzudenken. In der Vergangenheit verstanden sich die Unternehmen als die Jäger des Konsumenten. Heute beginnt sich das Bild umzudrehen. Der Konsument wird zunehmend selbst aktiv und sucht sich das Unternehmen aus, mit dem er kommunizieren möchte.

Für die Anbieter ist es wettbewerbspolitisch entscheidend, sich auf die Veränderungen seitens der Nachfrager einzustellen. Die nachfolgenden Punkte stellen einige wichtige Anpassungen im Direct Marketing auf Seiten der Anbieter dar. Diese leiten sich, gemäß der Wandlung vom Jäger zum Gejagten, maßgeblich von den Veränderungen der Nachfragerseite ab und machen sich hierbei die technologischen Neuentwicklungen zunutze.

1. Personalisierung und Automatisierung

Die Antwort der Anbieter auf die zunehmende Individualisierung der Gesellschaft heißt Personalisierung. Der Kunde erwartet heute ein auf seine Bedürfnisse zugeschnittenes Angebot. Wenige Produkte und Dienstleistungen werden in der Lage sein, mittelfristig ohne eine maßgeschneiderte Anpassung auf dem Markt bestehen zu können.

Die manuelle Umsetzung dieser Personalisierung ist häufig ökonomisch nicht sinnvoll. Erst durch die Automatisierung wird es einem Unternehmen möglich, die gewonnenen Kenntnisse über den Kunden mit vertretbarem monetären Aufwand in attraktive Angebote umzuwandeln. Das Maß der Vertretbarkeit stellt in der Regel der zu erwartende Gewinn über die Dauer der Kundenbeziehung dar. Der Customer Lifetime Value (CLV) repräsentiert eine zentrale Messgröße im Rahmen des kundenwertorientierten Marketings.

2. Kundenwertorientiertes Marketing

Nicht für alle bestehenden und potentiellen Kunden ist One-to-One Marketing eine sinnvolle Marketingstrategie. Die Schlüsselgröße hierbei ist der individuelle Kundenwert in Form des Customer Lifetime Value. Dieser entspricht dem Kapitalwert der erwarteten Umsätze mit einem Kunden abzüglich der erwarteten Kosten. Je höher dieser Kundenwert ist, desto eher wird ein Anbieter versuchen, diesen Kunden durch maßgeschneiderte Angebote weiter an sich zu binden. Kunden, die ihr Wertpotential noch nicht ausgeschöpft haben, sollten ebenfalls durch eine wachstumsorientierte Strategie (Cross-Selling und Up-

Abb. 5: Nicht alle Kunden sind gleichwertig
Beispiel einer Long Distance Telefongesellschaft in den USA[4]

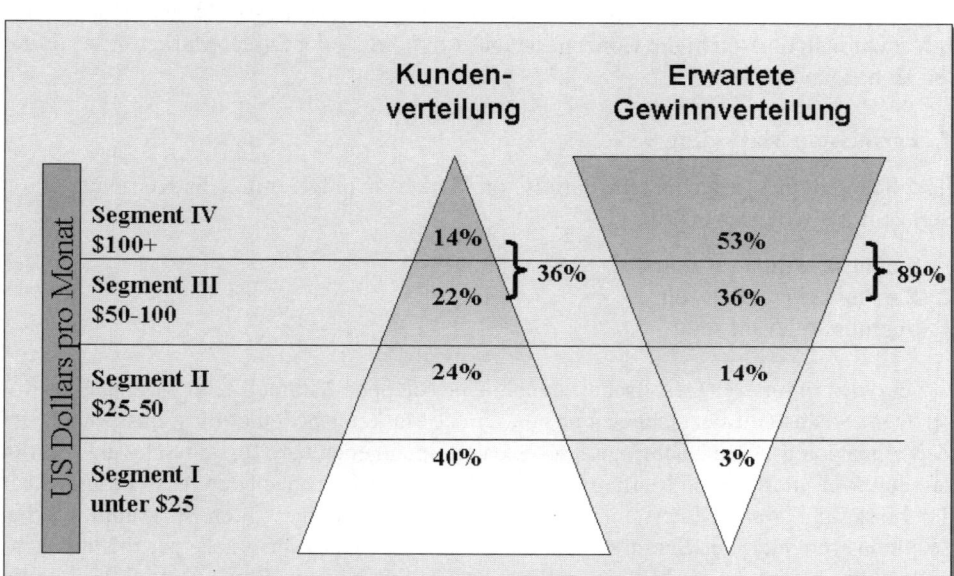

Selling) begleitet werden (Peppers/Rogers, 1997, S. 105 f.). Jedes Unternehmen hat jedoch auch eine große Menge geringwertiger Kunden, für die sich eine individuelle Ansprache nicht rechnen würde. Für diese Kundengruppe kann die Ansprache per Massenmarketing oder durch segmentspezifische Informationen sinnvoll sein.

Das Beispiel der Telefongesellschaft verdeutlicht die Vielschichtigkeit des Direct Marketing und zeigt gleichzeitig die Notwendigkeit der genauen Kundenanalyse auf. Je besser das Wissen um den Kunden ist, desto präziser und erfolgreicher wird die Direct Marketing Maßnahme sein und umso besser kann das Direct Marketing Budget allokiert werden (vgl. Sabel, 2000, S. 7). Gliederungspunkt III stellt die notwendige Technologie dar, um dieses Ziel zu erreichen.

3. Einbindung des Direct Marketing in das ganzheitliche CRM Konzept

Eine weitere wichtige Entwicklung, die das Direct Marketing beeinflusst, ist die Orientierung der Unternehmen hin zum Customer Relationship Management (CRM). Dieser ganzheitliche Ansatz, der an höchster Stelle im Unternehmen anzusiedeln ist und neben dem Produkt alle Kundenkontaktpunkte, d.h. in der Regel Marketing, Vertrieb und Kundenservice einbezieht, hat starke Berührungspunkte mit dem Direct Marketing. Direct Marketing ist das optimale Medium, um die Beziehung zum Kunden auf- und auszubauen. Daher ist es wichtig, die Direct Marketing Aktivitäten eng mit dem gesamten CRM Konzept zu verknüpfen.

Hierbei muss zum Beispiel sichergestellt werden, dass ein Kunde, der vor kurzem eine Beschwerde zu einem Produkt eingereicht hat, nicht mit genau diesem Produkt im Rahmen einer Direct Marketing Aktion angeschrieben wird. Der Schlüsselbegriff ‚Integrated Customer View' bezeichnet die zentrale Forderung, dass integrierte Informationen über den Kunden an allen Kundenkontaktpunkten verfügbar sein müssen. Diese zusätzlichen Informationen müssen in die Konzeption und Ausführung der Direct Marketing Aktivitäten einbezogen werden.

4. Permission Marketing

Laut Seth Godin, der den Begriff Permission Marketing prägte, muss die Kommunikation drei zentrale Kriterien erfüllen:

1. Sie muss erwünscht sein
2. Sie muss persönlich sein
3. Sie muss relevant sein

Zeit wird in unserer Gesellschaft zunehmend knapper. Vielfach wird sie heute als unser wertvollstes Gut bezeichnet. Für den Direct Marketer bedeutet dies, dass er mit der Zeit eines potentiellen Nachfragers respektvoll umzugehen hat. Torsten Schwarz fragt in seinem Buch ‚Permission Marketing macht Kunden süchtig' nach den Auswirkungen auf das Marketing, wenn Material und Porto kostenfrei verfügbar wären. Er kommt hierbei zu einem ernüchternden Schluss, der die Bedenken der Werbeansprache per E-Mail nachvollziehbar macht. Die E-Mail ist nicht zuletzt aufgrund ihres Preises von 0,05 Pfennig pro Mail ein hochattraktives Medium (Schwarz, 2000, S. 7).

Hier manifestiert sich die bereits erwähnte Forderung nach dem verantwortungsbewussten Umgang mit der Information in Form eines Gesetzes. Ohne ‚Permission' des Kunden sollte dieser nicht per E-Mail kontaktiert werden. Er wird jedoch bereit sein, diese Einwilligung zu geben, wenn er hierfür relevante und auf ihn zugeschnittene Informationen erhält. Unzählige Newsletter zu den unterschiedlichsten Themengebieten sowie Response Quoten von bis zu 30% beweisen dies (Schwarz, 2000, S. 8).

Einmal mehr wird deutlich, dass die Anforderungen an das Direct Marketing weiter ansteigen. Ausgehend von den Konsumenten, die immer höhere Anforderungen an das anbietende Unternehmen haben, sind Letztere gefordert, durch Wissen über den Kunden und Kreativität das optimale Angebot und die passende Angebotsform zu finden, ohne die Grenzen der Privatsphäre zu überschreiten. Der Technologie kommt hierbei eine zentrale Rolle zu.

III. Technologie – Der direkte und indirekte Erfolgsfaktor

1. Elektronische Kommunikation

Der Boom der letzten Jahre in Bezug auf Online-Marketing ist unübersehbar. Die Netzakzeptanz wird deutlich, wenn man den Vergleich zu anderen Medien zieht. In den vergangenen fünf Jahren haben mehr Personen das weltweite Netz für sich in Anspruch genommen als in den ersten 15 Jahren nach der Entdeckung des Fernseh-Mediums. Einer amerikanischen Umfrage zufolge nutzen 43% der befragten Unternehmen Web-Marketing aus

Abb. 6: Veränderung der Online Nutzung im Vergleich zu anderen Medien in Deutschland[5]

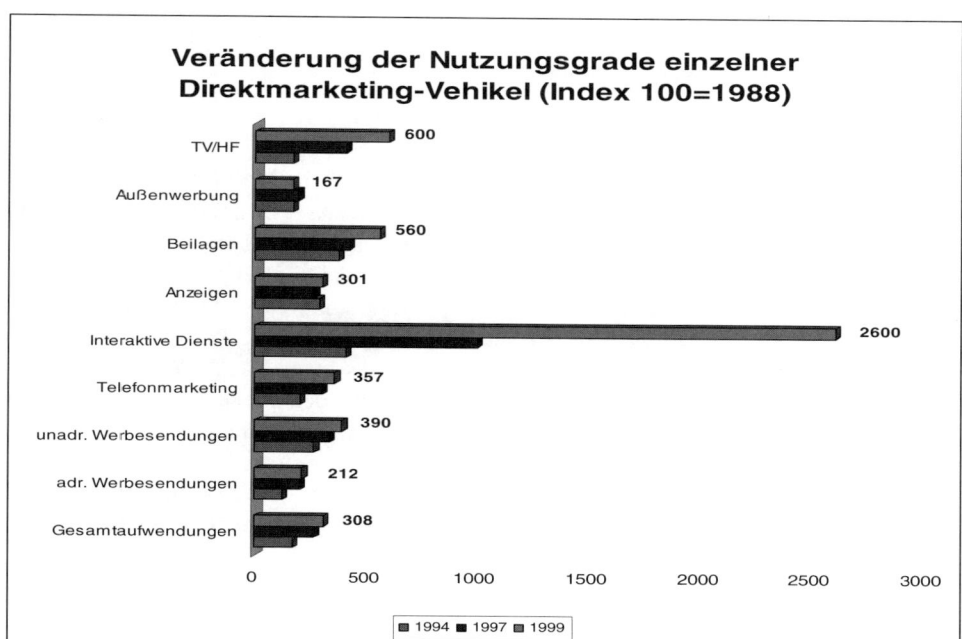

Kostengründen (Prescott, 2000, S. 2ff.). Dieser Kosteneffekt der elektronischen Kommunikation ist jedoch nicht allein für die Entwicklung des E-Marketing verantwortlich. Vielmehr bieten E-Mails und personalisierte Websites wesentliche systematische Vorteile für Anbieter und Nachfrager. Der Nachfrager profitiert davon, 24 Stunden am Tag unabhängig von seinem Standort mit dem Unternehmen in Kontakt treten zu können. Auf Anbieterseite steht neben dem erwähnten Kostenvorteil vor allem Schnelligkeit im Vordergrund. Riesige Mengen personalisierter E-Mails können innerhalb von Sekunden an selektierte Individuen zugesendet werden. Darüber hinaus ist es heute technisch möglich, nicht nur das Lesen der Mail zu erfassen, sondern auch die Nutzung der in das Mailing integrierter Links zu verfolgen. Diese Technologie ermöglicht also eine im Vergleich zum klassischen Mailing präzisere Erfolgsmessung der Direct Marketing Aktivitäten.

Es ist jedoch wichtig klarzustellen, dass der Erfolg des E-Mail Marketing klassische Direct Marketing Aktivitäten, wie z.B. das Direct Mail, nicht verdrängen werden. Kataloge und Briefe haben nach wie vor ihre Berechtigung und werden in Zukunft zunehmend in Form einer gegenseitigen Referenzierung genutzt werden (Dallmer, 1995; S. 86). Diese Verbindung zwischen klassischen und Neuen Medien belegen Studien in den USA, die nachweisen, dass die klassische Direct Mail zu den effektivsten Medien zur Generierung von Internet-Traffic gehört (Prescott, 2000, S. 6).

Der Antrieb, den die Technologie dem Direct Marketing allein durch das Medium E-Mail verschafft hat, ist erheblich. Allerdings sollte bei dieser sowie den folgenden technischen Ausführungen nicht außer Acht gelassen werden, dass es eines hohen Maßes an Kreativität und Analyse bedarf, um ein erfolgreiches Mailing, unabhängig davon ob es sich um klassische oder neue Kommunikationskanäle handelt, zu ermöglichen. Daneben hat auch die klassische Kommunikation z.B. durch Print on Demand Technologien an Flexibilität und Geschwindigkeit gewonnen.

2. Mobile Kommunikation

Für die mobile Kommunikation, im Sinne der Übertragung von Marketing Informationen über mobile Geräte, gelten ähnliche Vorteile wie für das E-Direct Marketing. Anbieter und Nachfrager können zeitnah, orts- und uhrzeitunabhängig miteinander in Kontakt treten. Die besondere Attraktivität erhält das M-Business aus Sicht des Direct Marketers allerdings durch die Tatsache, dass der Empfänger das Kommunikationsmedium jederzeit bei sich trägt. Dies eröffnet völlig neue Möglichkeiten der Marketing-Personalisierung. So können zum Beispiel abhängig vom Standort des Adressaten aktuelle Wetterdaten, Sehenswürdigkeiten, und Veranstaltungstipps übertragen werden. Auch Messe- und Schaufensterpräsentationen lassen sich durch mobile Informationen ergänzen.

Permission ist wie in allen Bereichen des Direct Marketing auch hier ein wichtiger Faktor. Gerade durch die Nähe zum Kommunikationsmedium wird der Konsument besonders sensibel auf eine Zuwiderhandlung der Grundsätze nach Seth Godin reagieren. Dieser Zwiespalt kann ähnlich einem Newsletter im E-Business durch die Mitgliedschaft in bestimmten Interessenslisten gelöst werden, die von Seiten des Konsumenten jederzeit widerrufbar sind.

Abb. 7: Die Entwicklung der Bandbreiten[6]

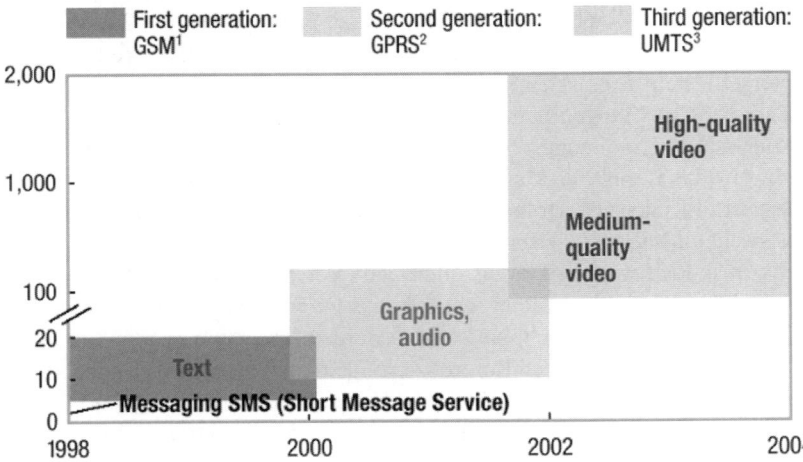

[1]Global System for Mobile Communication.
[2]General Packet Radio System.
[3]Universal Mobile Telephone System.

Mobile Kommunikation wird heute noch stark durch technologische Restriktionen begrenzt. Die Bandbreiten reichen nicht aus, um größere Datenmengen komfortabel zu übertragen und um Werbemitteilungen in attraktiver Form zu übermitteln oder mit Freude durch das Internet zu surfen. Auch stellt die Verschiedenheit der Übertragungsmedien, z.B. die Größe des Display von Mobiltelefonen, in der Praxis heute noch ein Problem dar.

Hoffnung versprechen neue Technologien wie GPRS und UMTS, die in der Lage sind, größere Datenmengen zu transportieren und somit das mobile Direct Marketing attraktiver gestalten werden.

3. Multi-Channel Integration

Dem Direct Marketer stehen heute mehr Kommunikationsmedien zur Verfügung als jemals zuvor. Je nach Anlass, zeitlichem Rahmen, Größe und Wert der Zielgruppe, wird er sich zwischen Direct Response Television, Zeitungs- oder Magazinbeilagen, Direct Mail, E-Mail und SMS, um nur einige zu nennen, entscheiden. Mit zunehmenden Übertragungsraten gewinnt auch ITV, d.h. die Kombination von Fernsehen und Internet, zunehmend an Bedeutung. Wichtig ist hierbei, dass ungeachtet des gewählten Kommunikationskanals für die Ansprache, dem Adressaten verschiedene Möglichkeiten der Response offen stehen. Viele Konsumenten erhalten z.B. gerne Informationen per Post, um diese eingehend prüfen zu können. Sie bevorzugen jedoch eine interaktive Response z.B. per Telefon oder Internet. Das Unternehmen muss hierauf eingestellt und in der Lage sein, die Antworten unabhängig vom gewählten Kommunikationsmedium zu erfassen und zu verarbeiten. Dies kann für ein einzelnes Unternehmen zu einer unlösbaren Aufgabe werden.

Abb. 8: Gesteigerte Werbeeffizienz durch die Integration von klassischer Kommunikation und Direct Marketing[7]

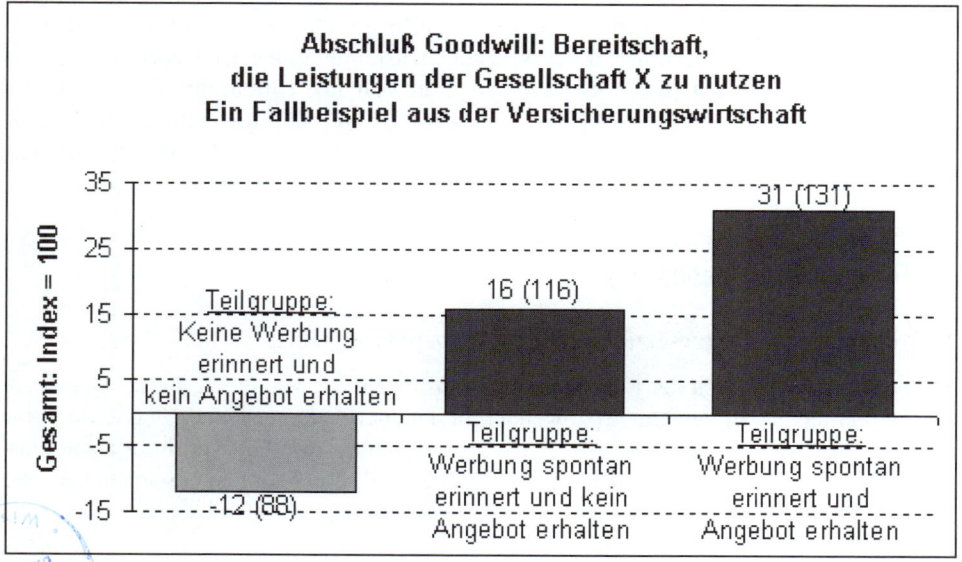

Daher werden zunehmend Direct Marketing Dienstleister herangezogen, die durch moderne Kundeninteraktionszentren und fortgeschrittene Scanning Technologie die notwendige Medienkonvergenz gewährleisten können.

Studien haben gezeigt, dass sich der Erfolg der Direct Marketing Aktivitäten zusätzlich steigern lässt, wenn sie mit klassischer Kommunikation verknüpft wird. Ein bekanntes Beispiel hierfür ist der Fernsehspot eines Lotteristen, der den Zuschauern den Eingang der Lotterieunterlagen in den nächsten Tagen ankündigt. Die nachstehende Graphik belegt diesen Effekt anhand der Bereitschaft des Vertragsabschlusses eines Versicherungsunternehmens. Hierbei zeigt sich eine um 31% höhere Abschlussquote bei einer Kombination der klassischen Medien mit Direct Marketing Aktivitäten.

4. Komplexe Kundendatenbanken

Die Forderung, möglichst umfangreiches Wissen über den Kunden zu erlangen, um diesem auf Basis der gewonnenen Informationen ein möglichst maßgeschneidertes Angebot unterbreiten zu können, ist im Rahmen dieser Abhandlung bereits mehrfach erwähnt worden.

Die Grundlage dieses Wissens bilden leistungsfähige operative und analytische Kundendatenbanken. Operative Datenbanken halten zentrale Daten über den Kunden, sodass allen Kundenkontaktpunkten eines Unternehmens zeitnaher Zugriff ermöglicht wird.

Data Warehouses und Data Marts gehen noch einen Schritt weiter. Diese analytischen Datenbanken sind zur Entscheidungsfindung konzipiert und stellen Informationen zielgerichtet und häufig auch in aggregierter Form zur Verfügung. Moderne Analyse- und Data Mining Software ermöglicht es, komplexe Zusammenhänge in den Daten aufzufinden, Segmentierungen vorzunehmen und einzelne Kunden und Kundengruppen zu identifizieren. Fortschritte in der IT und im Database Management tragen dazu bei, dass die Sammlung, Verknüpfung und Auswertung der Daten in Zukunft immer komfortabler wird (TNS Emnid Studie, 2000, S. 9).

Auch spezialisierte Kampagnenmanagement Software, die zunehmend in CRM Softwarelösungen integriert ist, hat in den vergangenen Jahren einen wichtigen Stellenwert eingenommen. Sie automatisiert und unterstützt die Planung, Durchführung und Erfolgsmessung. Selbst mehrstufige Kampagnen mit kausalen Verknüpfungen und unter Einbeziehung multipler Kommunikationskanäle, können durch diese Software automatisiert werden.

IV. Rechtliche Rahmenbedingungen

1. Wegfall des Rabattgesetzes und der Zugabenverordnung

Mit dem In-Kraft-Treten der E-Commerce Richtline am 04. Mai 2000, die für Geschäfte im Internet das Recht des Landes anwendet, in dem der Anbieter niedergelassen ist, war das bestehende Rabattgesetz und die Zugabenverordnung zum Fall verurteilt (Schotthöfer, 2001, S. 5). Durch ihre Aufhebung seit dem 23. Juli 2001 können nun auch deutsche Anbieter Marketingstrategien verfolgen, die zuvor allein der ausländischen Konkurrenz vorbehalten waren.

Über die Auswirkungen, die der Wegfall für die Unternehmen haben wird, herrschen zurzeit noch weitgehend divergierende Auffassungen. Eine mit Handelsketten und E-Commerce Unternehmen durchgeführte Studie belegt diese Uneinigkeit. Hiernach waren 44% der Befragten der Auffassung, dass die Gesetzesänderung einen Einfluss auf ihre Geschäftstätigkeit hat. 46% der Befragten hingegen rechnen mit keinen Veränderungen. (w&v online, 2001).

Einig ist man sich hingegen in Hinblick auf die verstärkte Nutzung von Kundenbindungsprogrammen. Da jedoch die Anzahl der Programme, an denen ein Kunde teilnehmen möchte, begrenzt ist, 64% der Bevölkerung möchten laut Umfragen an nicht mehr als ein bis drei Programmen teilnehmen, werden firmenübergreifende Konzepte wie Webmiles und Payback einen starken Aufwind erleben (Bottler, 2001, S. 2). Darüber hinaus wird die Zukunft eine Fülle neuer Geschäftsansätze für Kundenbindungsprogramme hervorbringen. Auch der Coupon, der in den Vereinigten Staaten seit vielen Jahren ein selbstverständliches Direct Marketing Medium darstellt, wird in Deutschland schon bald keine Seltenheit mehr sein. Coupons können dann zum Beispiel zur Entzerrung des Kundenandranges zu bestimmten Tageszeiten auch über das Internet bezogen werden (Stadig, 2001, S. 2).

Das viel gepriesene Powershopping stößt jedoch nach wie vor an seine Grenzen. Ausschlaggebend hierfür ist das Gesetz gegen ‚Unlauteren Wettbewerb' (UWG). ‚Übertriebenes Anlocken' sowie andere Irreführungen des Kunden sind daher nach wie vor verboten (Schotthöfer, 2001, S. 5). Weiterhin bleibt abzuwarten, welche Ergebnisse aus der Richtlinie gegen unbeschränkte Preisnachlässe erwachsen werden, an der die EU Kommission gerade arbeitet (Bottler, 2001, S. 1).

2. Auswirkungen der neuen Datenschutzbestimmungen

Auch die im Mai 2001 verabschiedete Novellierung des Bundesdatenschutzgesetzes (BDSG) zieht spürbare Konsequenzen für das Direct Marketing nach sich.

Die Datenschutznovelle enthält erstmalig den Grundsatz der Datenvermeidung und Sparsamkeit. Sie schreibt vor, so wenig personenbezogene Daten wie möglich zu erheben, zu verarbeiten und zu nutzen (§3a BDSG). Neuerungen beziehen sich ebenfalls auf die Datenübermittlung in Drittstaaten sowie die Regelung zur Begrenzung technikspezifischer Risiken der Datenerhebung und -verarbeitung durch Videoüberwachung und Chipkarten (Gerhold/Heil, 2001, S. 377). Der Verbraucherschutz bezieht sich darüber hinaus auch auf direkte Werbeaktionen. Hier sind Adressaten über ihr Widerspruchsrecht in Kenntnis zu setzen.

Allein diese Regelungen haben nicht zu unterschätzende Implikationen für den Direct Marketer. Weiterhin wird die Auskunftsverpflichtung hinsichtlich des Verarbeitungsregisters der Unternehmen als kritisch angesehen, da jedermann, auch Wettbewerbern, entsprechende Informationen zugänglich gemacht werden müssen (vgl. Gliss, 2001, S. 8ff.).

Noch existieren Unsicherheiten über die Auslegung verschiedener Vorschriften. Einige Details sind noch offen und werden in den nächsten Monaten unweigerlich zu weiteren Diskussionen führen. Hinzu kommt, dass trotz des neuen Charakters der Datenschutznovelle bereits eine zweite Stufe in Aussicht gestellt wurde (Gerhold/Heil, 2001, S. 377).

3. Richtlinien für neue Medien

Der rasante Vormarsch der neuen Medien hat in mancher Beziehung zu unvollständigen rechtlichen Grundlagen geführt, die vor allem den Bereich des E-Mail Marketing betreffen. Es bestehen keine grundsätzlichen Regelungen bezüglich der Voraussetzungen, unter denen E-Mail Marketing erlaubt ist. Allerdings stimmt die juristische Literatur in der Regel zwei Urteilen zu, die unaufgeforderte E-Mail Sendungen für unzulässig erachten. Begründet wird dies damit, dass mit dem Downloading und dem Aussortieren der Werbung ungerechtfertigte Kosten und Mühen entstehen (Heil, 2000, S. 61 f.).

Diese Unklarheiten sind aus Sicht des Direct Marketing nicht zufriedenstellend. Um Probleme zu vermeiden und Kundenbeziehungen nicht zu belasten, richtet sich die Branche zumeist nach den restriktivsten Auslegungen. Einige wichtige Regeln sind in der nachstehenden Tabelle zusammengefasst.

Tab. 1:   Do's und Don'ts der E-Mail Werbung[8]

	zulässig	unzulässig
■ Versenden trotz offenkundiger Ablehnung (z.B. Eintrag in die Robinson-Liste)		×
■ E-Mail an Privatpersonen, keine offenkundige Ablehnung		Nach überwiegender Ansicht ✕
■ E-Mail an Gewerbetreibende <u>ohne</u> laufende Geschäftsbeziehung, keine offenkundige Ablehnung		Nach überwiegender Ansicht ✕
■ E-Mail an Gewerbetreibende mit laufender Geschäftsbeziehung, keine offenkundige Ablehnung	×	

V. Globale und wirtschaftliche Einflüsse

1. Gestiegene Markttransparenz

Der Kunde weiß heute in aller Regel das umfangreiche Informationsangebot, das ihm über die verschiedensten Kommunikationskanäle zur Verfügung steht, geschickt zu seinem Vorteil zu nutzen. Produkt- und Leistungsangebote über das Internet, Kataloge, Broschüren oder über das persönliche Gespräch tragen zu einer höheren Markttransparenz bei. Via Internet lassen sich global und in real-time Erfahrungen zu Produkten und Anbietern austauschen. Es ist einfacher und schneller als jemals zuvor möglich, Angebote und Preise verschiedenster Quellen zu evaluieren und mit entsprechenden Konkurrenzprodukten und -leistungen zu vergleichen.

Direct Marketing Aktivitäten haben selbst einen Beitrag zu dieser Entwicklung geleistet, indem, unter Einbeziehung und Integration vielfältiger Medien, relevante Informationen an den Konsumenten vermittelt werden. Das Ergebnis dieses Trends ist, dass zunehmend nicht die Größe eines Unternehmens zum Wettbewerbsfaktor wird, sondern die Geschwindigkeit und Flexibilität, mit der es sich auf die individuellen Bedürfnisse des einzelnen Kunden einzustellen vermag.

2. Internationalisierung – Cross Border Marketing

Moderne Technologien, verminderte Zölle und die Erkenntnis, dass ernst zu nehmende Wachstumsraten heute kaum mehr durch ausschließlich lokalen Handel hervorgerufen werden können, lassen internationales Direct Marketing stetig an Relevanz gewinnen.

Die Technologisierung ermöglicht es auch kleineren Unternehmen, internationale Märkte zu erobern. Unabhängig von der Größe des Unternehmens erfreut sich das Direct Marketing großer Beliebtheit, da dieses einen relativ risikolosen Markteintritt ermöglicht. Vor allem die Chance, den Markt durch Direct Marketing Aktivitäten zunächst zu testen, bevor umfangreiche Investitionen eingeleitet werden, stellt sich als wichtiger Erfolgsfaktor des Direct Marketing im internationalen Marketing dar (Miller, 1997, S. 68 f.).

Auch in Bezug auf die Internationalisierung ist die Technologie wegbereitend. Der technologische Fortschritt ermöglicht die beinahe zeitgleiche globale Kommunikation. Das Internet dient hierbei nicht nur als Kommunikationsplattform, sondern auch als Adress-Generierungsmaschine. Potentielle Kundenadressen und Profilinformationen, unabhängig ihres Herkunftslandes, können über dieses Medium unternehmensintern durch Newsletter oder als Voraussetzung zum Erhalt interessanter Informationen, z.B. Whitepaper, generiert werden. Darüber hinaus können internationale Unternehmen über das Internet Kundenpotentiale von Direct Marketing Dienstleistern selektieren und beziehen.

Abb. 9: Besonderheiten im Cross Border Direct Marketing[9]

Politik:
- Staatliche Regularien (Devisentransferbeschränkungen, Zölle, Steuergesetzgebungen, etc.)
- Postalische Normen (Maße, Gewichtsvorgaben für Mailings, Anschrifts- und Absendergestaltung, Porto- und Gebührenstaffelung bei gleichzeitigem Postmonopol, etc.)
- Telekommunikationsmonopol (technologische Infrastruktur, Vorhandensein von Servicenummern, Preismonopol, etc.)

Soziales und kulturelles Umfeld:
- Sprache, Schriftzeichen, Farbempfinden, Bräuche, Statussymbole, Symbolinterpretationen, Bildungsniveau, Alters- und Familienstruktur, Versandhandelsneigung, Bedürfnis nach Privatsphäre, Technologiefreundlichkeit, etc.

Rechtliche Bestimmungen:
- Datenschutz (Speicherung von personenbezogenen Profildaten, Registrierung von Datenbanken, Regulierung des Listbroking, etc.)
- Konsumentenschutz (Produkthaftung, Achtung der Privatsphäre, Warenumtausch- und Vertragsrücktrittsgesetzgebung)
- Wettbewerbsrecht (Rabattgestaltung, Regulierung von Kaufanreizmechanismen, vergleichende Werbung, Markenschutz, etc.)

Wirtschaftliche Besonderheiten:
- Rahmenbedingungen (BSP, Währungsschwankungen, Inflation, Zahlungsbilanz, Länderrisiko, etc.)
- Wirtschaftliches Potential (Anzahl der Haushalte/Unternehmen, Pro-Kopf-Einkommen, Einkommensverteilung, Mail-Order-Umsatz, etc.)
- Kostenstrukturen (Lohnniveau, DM-Dienstleister, Kommunikations- und Informationsbeschaffungskosten, etc.)

Werbemittel können via Satellit dezentral konzipiert, gedruckt und versendet werden. Customer Service Center stehen den Kunden 24 Stunden am Tag an 7 Tagen in der Woche zur Verfügung, da es aufgrund des technologischen Fortschritts qualitativ keinen Unterschied darstellt, ob sich der Gesprächspartner im Nachbarort oder auf der anderen Seite der Erde befindet (vgl. Miller, 1997, S. 70).

All diese Faktoren haben erheblich dazu beigetragen, das Direct Marketing als Medium für das internationale Marketing zu etablieren. Trotz Globalisierung und Deregulierung existieren jedoch noch immer wichtige politische, soziale, kulturelle und wirtschaftliche Besonderheiten, die auch im Internet-Zeitalter nicht übersehen werden dürfen. Diese sind in Abbildung 9 zusammengefasst.

Innerhalb der EU konnten rechtliche Bestimmungen und zum Teil auch wirtschaftliche Faktoren, z.B. durch die Einführung des Euro, harmonisiert werden. Außerhalb der EU jedoch, beispielsweise in den sich entwickelnden Märkten Osteuropas, nehmen diese Aspekte nach wie vor eine wichtige Stellung ein.

Festzuhalten bleibt, dass Direct Marketing im Rahmen der wachsenden Internationalisierung, die auch das Marketing mit einbezieht, entscheidende Vorteile bietet. Es wird spannend sein zu verfolgen, ob und inwieweit die Technologie als Motor der Entwicklungen zu einer weiteren Harmonisierung beitragen kann.

C. Zusammenfassung und Ausblick

Betrachtet man die Entwicklungen aller Facetten des Bedingungsrahmens, so stellt man die inhaltliche Übermacht des Faktors Technologie fest. Die Technologie fungiert zum einen als einzelner Antriebsfaktor für das Direct Marketing. Sie beeinflusst jedoch gleichzeitig in stärkerer oder schwächerer Form alle anderen Komponenten des Bedingungsrahmens.

Abb. 10: Die Wissensspirale[10]

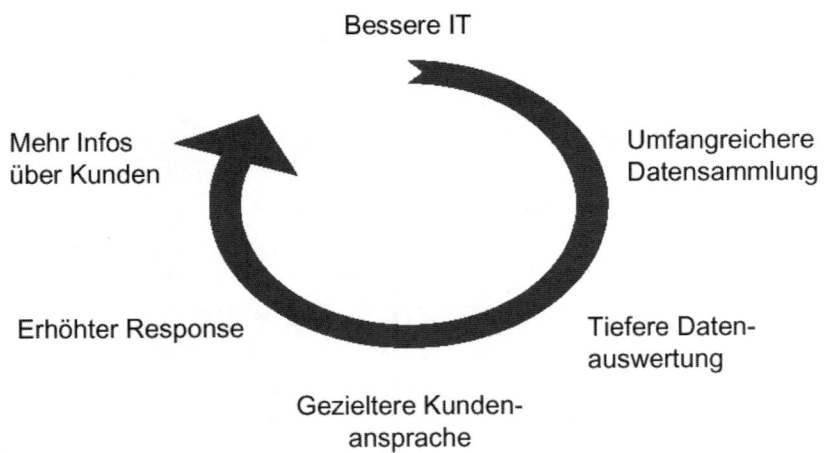

Auf Seiten des Nachfragers führt die Technologie, vor allem hervorgerufen durch Internet, E-Mail und mobile Kommunikation, zu einer steigenden Demokratisierung. Dieser Paradigmenwechsel im Direct Marketing bedingt, dass sich der Verbraucher zunehmend bewusst und in Eigeninitiative aussucht, von wem er oder sie Produkte und Dienstleistungen beziehen möchte (Dallmer, 1995, S. 3). Hiermit verbunden sind deutlich gestiegene Erwartungen von Kundenseite hinsichtlich Individualisierung, Geschwindigkeit und Bequemlichkeit.

Die Technologie als Katalysator der Veränderung der Nachfrager bietet gleichzeitig Lösungsansätze für die Anbieterseite. Leistungsfähige Datenbanken-, Analyse-, Kampagnenmanagement-, Personalisierungs- und CRM-Software ermöglichen dem Anbieter, seine Kunden zu analysieren und auf Basis der individuellen Kundencharakteristika anzuschreiben. Ressourcen können so optimal allokiert werden. Auch Print on Demand Technologie hat zu einer gestiegenen Flexibilität im Direct Marketing beigetragen.

In rechtlicher Hinsicht erwachsen aus den durch die Technologie hervorgerufenen Veränderungen und dem erweiterten Spektrum der Möglichkeiten eine Fülle neuer und überarbeiteter Gesetzgebungen.

Schließlich hat der Faktor Technologie einen starken Beitrag zur Globalisierung des Direct Marketing geleistet, so dass sich zusammenfassend die anfänglich gestellte Frage nach dem oder den Wachstumsfaktoren des Direct Marketing zu einem großen Teil durch die Technologie begründen lässt. Die IT, und digitale Kommunikationskanäle im Besonderen, als alleinigen Erfolgsfaktor der bestehenden Entwicklungen zu bezeichnen, wäre jedoch vermessen.

Direct Marketing Experten sind sich einig, dass die klassische Mail nicht an Relevanz verloren hat. Ganz im Gegenteil. Trotz hoher Zuwachsraten im Bereich Online Marketing investieren Unternehmen nach wie vor ein Vielfaches dieser Beträge in klassische Direct Marketing Aktivitäten (Knauer, 2001, S. 34).

Weiterhin profitiert das Direct Marketing nicht unwesentlich durch die Entwicklungen im CRM, das zwar in der fachlichen Umsetzung durch moderne Software unterstützt wird, jedoch starke strategische und prozessuale Aspekte beinhaltet. Das Direct Marketing stellt einen wichtigen Baustein in der gesamten CRM-Konzeption dar (Winkelmann, 2001, S. 9ff.). Das Direct Marketing übernimmt hierbei die auf die Marketingkommunikation ausgerichtete Kundenanalyse und Durchführung der Kommunikationsmaßnahmen unter Einbeziehung aller Datensammlungs- und Datenaufbereitungs- und Datenpflegeaktivitäten.

Schließlich darf der Faktor Kreativität nicht übersehen werden. Allerorts wird heute ein Informationsüberfluss konstatiert. Um diese Barriere zu überwinden, ist Kreativität unerlässlich. Unter Kreativität ist hierbei nicht nur die gestalterische Aufbereitung des Kommunikationsmediums zu verstehen, sondern auch das Begehen neuer Wege in Hinblick auf das Angebot an den Kunden. Die Forderung richtet sich somit gleichermaßen an die kreative Gestaltung des Angebotsinhaltes selbst, auf Basis der individuellen Kundeninformationen.

Gerade am Beispiel der klassischen Mail, des CRM und der Kreativität wird deutlich, dass die optimale Lösung einmal mehr in der Ausgewogenheit liegt. Die Technologie kann uns hierbei bedeutende Erleichterungen verschaffen. Der letztendliche Erfolg hängt jedoch von der Umsetzung der theoretischen Möglichkeiten ab. Die Zukunft wird zeigen, ob und inwiefern die Direct Marketer in der Lage sind, die zur Verfügung stehenden Mittel zu einem beidseitigen Vorteil der Anbieter und Verbraucher zu nutzen. Ich sehe dieser Entwicklung positiv entgegen!

Anmerkungen

1 Vgl. Scheirer, 2001, S. 4
2 Deutsche Post, Direktmarketing Deutschland 2000, Studie 11, In: Focus Media-Guide 2001, S. 52
3 TNS Emnid Studie 2000, S. 6
4 Brown, 2000, S.13
5 Deutsche Post, Direktmarketing Deutschland 2000, Studie 11, In: Focus Mediaguide 2001, S. 53
6 McKinsey Quarterly 2000, Nr. 3, S. 164
7 Perl 2000, In: Ganz Direkt, S. 85
8 Heil, 2000, S. 62
9 Aßum/Piske, 1997, S. 510
10 TNS Emnid Studie 2000, S. 10

Literatur

Bottler, S., Komm, ich schenk Dir was, In: w&v online, veröffentlicht 19.06.2001.
BDSG 2001, Das Neue Bundesdatenschutzgesetz, Beilage in: DSB, Nr. 5, 2001.
Dallmer, H., Jäger wird Gejagter, In: Mail Marketing, Nr. 361, 1995.
Dallmer, H., Online Dienste lösen Mailings nicht ab, In: Horizont, Nr. 45, 1995.
Dallmer, H. (Hrsg.), Das System des Direct Marketing – Entwicklung und Zukunftsperspektiven, In: Handbuch Direct Marketing, 7. Aufl., Wiesbaden 1997, S. 3–20.
Deutsche Post, Direktmarketing Deutschland 2000, Studie 11, In: Focus Media-Guide 2001, S. 52f.
Deutsche Post, Direktmarketing – Die schönsten Vorurteile, In: www.deutschepost.de/direktmarketing/informationen/
FOCUS Media–Guide (2001), Mai 2001, S. 52–55.
Gerhold, D./Heil, H., Das neue Bundesdatenschutzgesetz 2001, In: DuD – Datenschutz und Datensicherheit, Nr. 25, 2001, S. 377.
Gliss, H., Neues Datenschutzgesetz kann kurzfristig in Kraft treten, In: Datenschutz-Berater, 05/2001, S.8ff.
Heil, U., E-Mail-Recht: Was geht, was geht nicht?– Stand und Perspektiven, In: Ganz Direkt 2000/2001, hrsg. von w&v werben und verkaufen, Landsberg am Lech, S. 61–62.
Knauer, U., Starkes Doppel: Mailing und Internet, In: Acquisa, Februar 2001, S. 34.
Miller, R. N., Multinational Direct Marketing – On the Brink of the New Millenium, In: Handbuch Direct Marketing, hrsg. von Dallmer, H., 7. Aufl., Wiesbaden, S. 67–78.
Peppers, D./Rogers, M., Enterprise One to One, London 1998, S. 105f.
Prescott, C. A., Direct Marketing the Internet and the Survival of Direct Mail, September 2000, 2ff., in: www.//tue-dma.org/library/whitepapers/dmandinternet.shtml.
Sabel, H., Umfeldveränderungen – Wie Marketing antworten sollte, In: absatzwirtschaft, Nr. 7, 1996.
Sabel, H., Marketing – Strategien, Segmentierung und Instrumente, In: ZfU – Zentrum für Unternehmensführung AG, 03/2000.
Scheirer, E., Executing Multidevice Content, Forrester Research Studie, Juni 2001, S.4.
Schotthöfer, P., Zugabeverordnung und Rabattgesetz werden fallen – was dann? in: http://212.86.131.6/cossiopeia/NetCommunity
Schwarz, T., Permission Marketing – Macht Kunden süchtig, Würzburg 1997, 7ff.
Stadig, M., Schnäppchenjäger im Web haben es besser, In: w&v online, veröffentlicht 10.06.2001.
TNS Emnid Studie, Mailings maßgeschneidert modern, für den DDV, Juni 2000, S. 6ff.
Winkelmann, P., Direct Marketing und CRM – auf dem Weg zu einer großen Liebe?, In: DDV-Report, Nr. 1–2/2001, S. 9ff. w&voline: Zustimmung zum Fall des Rabattgesetz, 19.4.01, http://wuv.de/seivlet/wuv/news/print.htmlnachricht_id=69803

Zusammenfassung

Direct Marketing, einst maßgeblich von Seiten des Versandhandels eingesetzt, ist heute in vielen Unternehmen selbstverständlich geworden. Das Direct Marketing verzeichnet seit Jahren hohe Wachstumsraten. Im Jahr 2000 wurde hierbei erstmalig die Schallmauer von 40 Mrd. DM durchbrochen. Der Erfolg des Direct Marketing ist auf fünf Einflussfaktoren und deren Interdependenzen zurückzuführen. Aus dem Zusammenspiel der Einflussfaktoren ist ein Bedingungsrahmen entstanden, anhand dessen sich vergangene und zukünftige Entwicklungen im Direct Marketing herleiten lassen. Dieser Bedingungsrahmen setzt sich aus Veränderungen der Nachfrager- und Anbieterseite, aus technischen Entwicklungen, rechtlichen Rahmenbedingungen sowie wirtschaftlichen und sozialen Einflüssen zusammen. Vor allem die Technologie hat wesentlich zum Wachstum des Direct Marketing beigetragen. Neue Medien und leistungsfähige Software-Lösungen stellen interessante Ansatzpunkte dar, die wiederum Veränderungen auf Anbieter- und Nachfragerseite hervorrufen. Es sollte jedoch nicht übersehen werden, dass neue Medien klassische Direct Marketing Aktivitäten nicht vollständig ersetzen können. Das klassische Mailing und die kreative Kundenansprache werden auch in Zukunft wichtige Erfolgsfaktoren sein.

Summary

Direct Marketing, once primarily used by mail order companies, has grown to become a widely used marketing tool. Direct marketing has shown considerable growth rates over the last decade and has exceeded the 40 billion DM border in 2000. The success of direct marketing attributes to five influencing factors and their interdependencies. These factors create a general framework which explain past and future developments in direct marketing. It consists of changes in demand and supply, as well as technological developments, legal issues and economical influences. Most of all technology has contributed to the growth of direct marketing. New media and powerful software solutions represent important assets which in turn impact consumers and suppliers. However, the role of classic mailings should not be underestimated in today's direct marketing context. Classic white mails as well as creative approaches to consumers will continue be crucial success factors in the future.

60:   Allgemeine Fragen des Absatzes (JEL M30)
64:   Werbung (JEL M37)

Dynamisches Kommunikationsmanagement

Marcus Pradel (Hrsg.)
Dynamik im Marketing
Dynamisches
Kommunikationsmanagement
Optimierung der Marketing-
kommunikation als Lernprozess
2001. XII, 427 S.
Br. € 49,00
ISBN 3-409-11746-6

Axel Theobald/Marcus Dreyer/
Thomas Starsetzki (Hrsg.)
Online-Marktforschung
Theoretische Grundlagen und
praktische Erfahrungen
2001. XIV, 412 S.
Br. € 49,00
ISBN 3-409-11781-4

„Dynamisches Kommunikationsmanagement"
beschreibt ein Lernsystem zur Optimierung der
Marketingkommunikation, das unternehmens-
übergreifend einsetzbar ist. Es hilft Unternehmen,
die Wirksamkeit ihrer externen Kommunikation
zu fokussieren. Gleichzeitig zeigt es Arten und
Instrumente der werblichen Kommunikation. Anhand verschiedener Beispiele veranschaulicht
Marcus Pradel die erfolgreiche Umsetzung des
Lernsystems in der Praxis.

Dieses praxisorientierte Buch gibt einen umfassenden Überblick über den aktuellen Stand der
Online-Marktforschung in Deutschland. Das
Spektrum der Beiträge deckt sowohl die quanti-
tative als auch die qualitative Marktforschung
ab. Die Autoren präsentieren u.a. Abhandlungen
zur Problematik der Teilnehmerrekrutierung, zu
rechtlichen Aspekten und zur Qualitätssicherung
sowie Beiträge zu praktischen Themen- und An-
wendungsbereichen der Online-Marktforschung.

CRM als Führungsinstrument für Marketing und Vertrieb

Von Reinhold Rapp

Überblick

- Marketing als Unternehmensphilosophie hat sich als Gedankengut weit verbreitet, ist aber in der unternehmerischen Praxis häufig der starken Funktions- und Aktionsorientung in seinem Wirkungsgrad stark eingeschränkt worden. Die Marketingtheorie auf der anderen Seite hat sich auf allgemeine Strategien und Ansätze konzentriert und den differenzierten Wert von Kunden und deren unterschiedlichen Beziehungsprozesse als Steuerungsgröße vernachlässigt.

- Hier greift das Customer Relationship Management-Konzept (CRM) als übergreifendes Führungsinstrument ein. Anhand der Prozessbetrachtung aus der Kundenperspektive und der Wirtschaftlichkeitsanalyse des Beziehungsverlaufes wird die konzeptionelle Bestandteile aufgezeigt. Mithilfe eines Fallbeispieles aus dem Handelsbereich und den Anhand den praktischen Erfahrungen werden die Möglichkeiten und Grenzen dieses umfassenden und unternehmensübergreifenden Ansatzes geschildert.

- Der wissenschaftlichen Forschung wird damit ein Vorschlag unterbreitet, die Wertsteigerung für Kunden und Unternehmen systematisch und langfristig zu erfassen und die Wertigkeit von Marketing- und Vertriebsansätzen zu quantifizieren.Zudem stellt die Prozessorientierung die Weiterentwicklung der eher auf die internen Funktionen ausgerichteten TQM und BPR-Ansätze dar. In der Praxis lassen sich durch die übergreifende Kundenperspektive übergreifende Zielsetzungen realisieren und nachhalting der Unternehmenswert steigern. Insbesondere die finanzielle Wertbetrachtung hilft zudem, eine kundenorientierte Resourcensteuerung zu verwirklichen.

Eingegangen: 15. September 2001

Professor Dr. Reinhold Rapp, CRM Group; Cranfield University/School of Widenmayerstraße 42, Management, Bedford/UK 80538 München

A. Die historische Entwicklung von CRM und die heutige Relevanz

CRM ist keine Erfindung der „New Economy", wenngleich elektronische Medien ein Customer Relationship Management im Sinne einer „Tante-Emma-Beziehung" erst ermöglichen. Customer Relationship Management (CRM) ist ein wissenschaftlich fundiertes Konzept, das maßgeblich an den Universitäten von Atlanta, Cranfield und Stockholm entwickelt wurde. Ausgangspunkt war der wachsende Zweifel an der Gültigkeit des traditionellen Marketingansatzes und die wachsende Bedeutung von langfristigen Kundenbeziehungen. CRM ist keine Absatzstrategie, vielmehr ein strategisches Konzept, das tief greifende Veränderungen im gesamten operativen Umfeld mit sich bringt, mit dem Ziel, den Unternehmenswert zu sichern und langfristig zu steigern.

Customer Relationship Marketing definiert die Neuorientierung vom funktionalen, klassischen Marketing, das produktorientiert ist und sich auf die Kundenakquisition konzentrierte, hin zum übergreifenden, ganzheitlichen Marketing, das auf die Beziehungen zwischen Unternehmen und Kunden fokussiert. Sein Kerngedanke ist die Steigerung des Unternehmens- und Kundenwertes durch das systematische Management der existierenden Kunden. CRM ist gleichzeitig eine optimale Plattform zur gezielten Kundenakquisition. Mittels CRM werden neue Geschäftspotentiale in bestehenden Kunden identifiziert und attraktive Neukunden hinzugewonnen. Das Hauptanliegen von CRM ist durch Konzepte wie Kundenbindungssysteme, Loyalitätsmaßnahmen und Kundenlebenswertbetrachtung im Controlling der Erhalt der Kunden. Der Fokus liegt dabei zusätzlich zur Produktdifferenzierung vor allem auf der Prozessdifferenzierung. Durch die Analyse des wertschöpfenden Kundenprozesses werden Kunden bei ihrer Wertschöpfung unterstützt.

Der CRM-Ansatz unterscheidet sich grundsätzlich von anderen Kundenbindungsmodellen durch seine kundenorientierte Perspektive und seinen langfristigen Ansatz. Statt Kunden für Produkte gilt es Produkte für die Kunden zu finden:

— Das klassische Marketing geht vom Produkt aus und der Fragestellung, wo so viel wie möglich Kunden für das Produkt zu finden sind, um es in kürzester Zeit maximal abzusetzen. Der produktorientierte Geschäftsfocus konzentriert sich auf die Entwicklung bestmöglicher Produkte, die in einem für den Kunden angemessenen Preis-/Leistungsverhältnis stehen, und ihre zügige Verbreitung. Die unternehmerische Strategie erfolgt entsprechend von innen nach außen.
— Im Rahmen des kundenorientierten Denkens tritt an die Stelle des einmaligen Massenprodukts die individuelle Maßfertigung (Customization). Jeder Kunde ist anders, durchläuft andere Prozesse und hat andere Bedürfnisse. Auch das hervorragendste Produkt hat keinen Wert, wenn es am Leben des Kunden vorbeigeht.
— Im traditionellen Marketing haben alle Kunden den gleichen Stellenwert. Aber Kunden haben keinesfalls stets dieselbe Attraktivität. CRM unterscheidet Kunden gemäß ihrer Profitabilität und dem individuellen Gewinn, den sie für ein Unternehmen leisten können. Entsprechend selektiv erfolgt die Behandlung der Kunden nach ihrer Wertigkeit. CRM behandelt und investiert zielgenau in die Kunden bzw. Kundengruppe, die messbar den Unternehmenswert steigern.
— Bei CRM tritt an die Stelle des kurzfristigen Verkaufens die neue Betrachtungsgröße der Kundenlebenszeitperspektive (lifetime value). Das Interesse ist, den Kunden le-

benslang zu begleiten und ihm in den jeweiligen Phasen das entsprechende Produkt anzubieten. Auf diese Weise rentieren sich die Investitionen in die Kunden um ein Vielfaches.

B. Vom funktionsorientierten Marketing zum prozessorientierten CRM

Im Zeitalter der Industrialisierung und des Massenkonsums ist einer immer mehr vereinsamt: der individuelle Kunde. Anonym und gleichgestellt avanciert er zu einer ‚no-name Adresse'. Dabei sehnt er sich nicht selten nach der alten Tante-Emma-Laden-Beziehung zurück. Sein Briefkasten quillt über vor Mailings, deren Inhalte ihn nicht interessieren. Er bekommt Kauf- und Leitungsangebote, mit denen er nichts anfangen kann. Es ärgert ihn, dass er zum fünften Mal bei seiner Autowerkstatt seine persönlichen Daten angeben muss, die scheinbar immer noch nicht gespeichert sind. Beim Zeitungslesen erregt nur selten eine Anzeige seine Aufmerksamkeit. Die vielen Werbegeschenke, mit denen er nichts anfangen kann, empfindet er als Verschwendung.

Genauso fühlt sich der heutige Kunde. Geliefert bekommt er eine unfassbare Menge von Produkten, Leistungen und so genannten Mehrwertdiensten, die für ihn sinnvoll, aber auch vollkommen unsinnig und ohne Wert sein können. Genau das, was er persönlich gerne hätte, findet er kaum oder muss lange danach suchen. Entsprechend „träumt" er von einer Geschäftsbeziehung, bei der ein Unternehmen ihn und seine Wünsche kennt, auf dessen Anruf er sich geradezu freut, weil er weiß, dass es ihm attraktive Angebote und Leistungen unterbreiten wird.

Der Kunde hat sich gewandelt. Er ist anspruchsvoller, besser informiert und möchte den Wert seines Geldes durch echte Zusatz- bzw. Mehrwerte über das Produkt hinaus steigern. Aber er ist auch bereit, Informationen über sich zu geben und mit den Unternehmen zu kooperieren, wenn er dadurch einen zusätzlichen Nutzen erhält. Diesem gewandelten Kundenbild kann das klassische Marketing nicht gerecht werden, weil es sich produktorientiert auf Märkte mit kritischer Masse konzentriert und nur darauf abzielt, mit einem Produkt oder einer Dienstleistung kurzfristig möglichst viele Marktanteile zu gewinnen.

Die neuen technologischen Entwicklungen ermöglichen es jedoch zu Beginn eines neuen Jahrtausends, die vom Kunden ersehnte Tante-Emma-Laden-Beziehung wieder Realität werden zu lassen und dem Kunden seinen alten Stellenwert zurückzugeben. Insbesondere durch die Fortschritte in der Datenverarbeitung und durch das Internet können sich auch Unternehmen mit einem großen Kundenkreis die traditionellen Stärken von Kleinunternehmen aneignen. Sie haben jetzt wieder die Möglichkeit, eine enge Beziehung zu jedem einzelnen Kunden aufzubauen und ihn ganz individuell zu bedienen. Denn schon bei Tante Emma stand nicht das einmalige Verkaufen und damit eine einzelne Transaktion im Mittelpunkt, sondern eine langfristige, enge und vertrauensvolle Kundenbeziehung, von den beiden Seiten profitieren.

C. Case Study: Der Tante-Emma-Laden des 21. Jahrhunderts: Die englische Supermarktkette Tesco

Die englische Supermarktkette Tesco gilt seit 1996 als einer der Vorreiter auf dem Gebiet des Customer Relationship Management. Bis 1993 stand Tesco noch auf dem dritten Platz im englischen Supermarktgeschäft. Damals gab es einige Probleme, die Tesco beschäftigten: Der Kampf im Wettbewerb wurde hauptsächlich über den Preis ausgefochten. Dementsprechend sank die Einkaufsstättenloyalität der Kunden ständig. Und die EDV lieferte zwar Daten über Abverkaufszahlen und Umschläge. Diese waren allerdings zu ungenau, um daraus kundentypspezifische Strategien ableiten zu können.

Um Marktführer zu werden, entschied sich das Management, seine Strategie und unternehmerische Ausrichtung zu ändern: weg vom reinen Preiskampf und hin zur systematischen Pflege der Kundenbeziehungen mit Customer Relationship Management. Und das mit enormem Erfolg – heute ist Tesco der Marktführer in England und baut seinen Vorsprung sogar noch systematisch aus. Das Unternehmen hatte in den letzten drei Jahren eine Umsatzrendite, die häufig doppelt so hoch ist wie der Wettbewerb und gleichzeitig die Kunden- und Mitarbeiterzufriedenheit gesteigert. Gleichzeitig gilt das Unternehmen als ein profitabler Pionier im E-Business. Folgerichtig wurde Tesco zu dem am besten geführten Unternehmen in Großbritannien gewählt. Tesco ist heute in Europa ein viel bewundertes Benchmark im Customer Relationship Management, weil es den Wandel vom klassischen Marketing zum Management der Kundenbeziehung vollzogen hat.

D. Der Wandel des klassischen Marketing zum Erlaubnis-Marketing

I. Permission Marketing anstelle Unterbrechung der Kundenbeziehung

Obwohl dieses gewandelte Kundenselbstverständnis kein Geheimnis ist, reagieren Unternehmen nur bedingt darauf. Stattdessen kommunizieren sie nach wie vor global mit den Instrumenten des Massenmarketing und sind erstaunt, dass ihre Strategien und Marketingkonzepte ins Leere zielen. Genau an diesem Punkt greift das Customer Relationship Management (CRM) ein. CRM bildet das Herzstück des so genannten Erlaubnis-Marketing (Permission Marketing), das zukünftig den klassischen Unterbrechungsansatz (Interruption Marketing) ablösen wird.

Der ehemalige Marketingleiter von Yahoo, Seth Godin, bringt die Gründe für die Wirkungslosigkeit der klassischen Marketingkommunikation auf den Punkt. Seine These ist, dass klassische Marketing- und Vertriebsmaßnahmen den Kunden in seinem Tagesablauf unterbrechen und nicht dann zur Verfügung stehen, wenn der Kunde diese Nachrichten, Produkte oder Leistungen wirklich empfangen möchte. Darüber hinaus bergen Marketingmaßnahmen und hier vor allen Dingen die repetitiven Maßnahmen der Massen- und klassischen Direktkommunikation ihre eigene Wirkungslosigkeit in sich. Da dem Kunden nur ein feststehendes Maß an Zeit zum Empfangen aller Nachrichten zur Verfügung steht, werden mit zunehmender Menge der ausgesandten Nachrichten die einzelnen Aktivitäten

Abb. 1: Der Wirkungskreislauf des klassischen Marketing

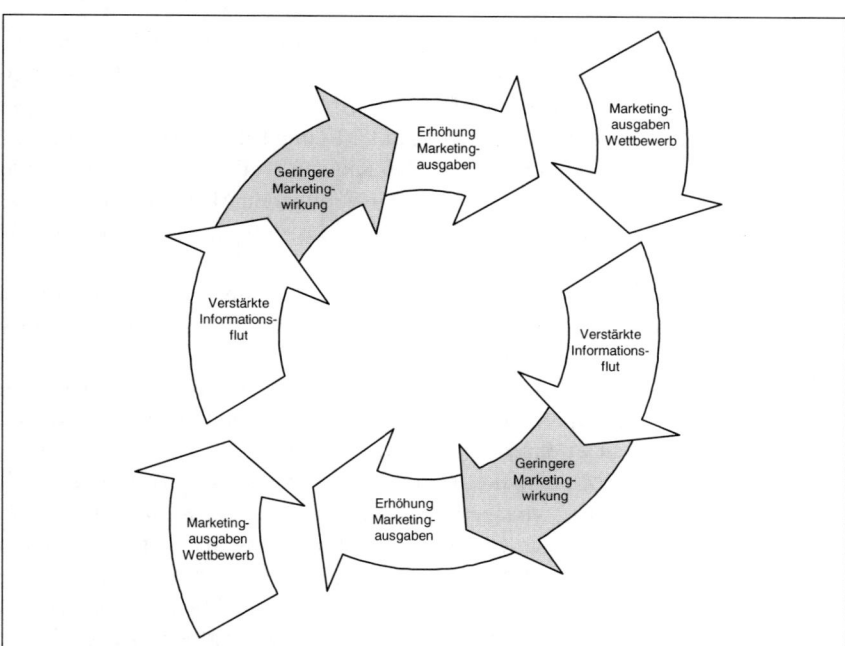

wirkungsloser. Unternehmen reagieren darauf, um wieder die Aufmerksamkeit des Kunden zu erregen, mit der Ausweitung ihrer Anstrengungen – mit noch ausgefalleneren Kampagnen, noch stärkeren Mailings und noch mehr verbreiteten Internet-Bannern.

Diese Vorgehensweise ist ein Teufelskreis, denn es zwingt den Wettbewerber in gleicher Weise zu verfahren und das bedeutet, dass eine nochmals erhöhte Informationsmenge auf den Kunden zukommt. Die Zeit des Kunden aber, in der er all diese Informationen empfangen und verarbeiten kann, bleibt immer konstant. Die Folge ist, dass der Kunde immer stärker selektiert und damit zu einer weiteren Wirkungslosigkeit der Massen-Kommunikationsmaßnahmen beiträgt. Und auch das Ergebnis ist entsprechend. Je mehr Kommunikation desto geringer die Wirkung und desto mehr müssen Unternehmen in die Kommunikation investieren.

Diejenigen Unternehmen, die dabei verbleiben, in die Breite zu kommunizieren, werden, wie sich heute schon zeigt, Millionen investieren und langfristig auf gar keine Kundenresonanz mehr stoßen. Das Ziel muss im Rahmen des CRM-Ansatzes sein, den Kunden genau zum aus seiner Sicht optimalen Zeitpunkt zu informieren und ihm das individuell Gewünschte zu offerieren.

II. Management auf der Basis existierender Beziehungen

Genau dieser Gedanke kommt beim CRM zum Ausdruck. Der Kunde hat bereits eine existierende Beziehung zu einem Unternehmen, hat Transaktionen erlebt und hat Informationen an das Unternehmen weitergegeben. Das Unternehmen kennt den Kunden und weiß, was seine Bedürfnisse und Erwartungen sind. Mit diesem Wissen wird eine zielgerichtete und wertgestützte Kommunikation mit dem Kunden realisierbar, anstelle der undifferenzierten und häufig auf Kundenakquisition ausgerichteten Marketingkommunikation. Auf der Basis einer existierenden Kundenbeziehung lassen sich viel leichter zusätzliche Geschäfte tätigen.

Unternehmen, die diese wichtigen Konsequenzen verstehen, werden mit Customer Relationship Management eine erfolgreiche Re-Orientierung ihrer markt- und kundengerichteten Aktivitäten haben.

Auch wenn CRM heute „in aller Munde" ist, so sind sich viele über dessen genaue Bedeutung und die Inhalte nicht bewusst. Dabei ist das Verständnis von CRM zunächst sehr einfach. Bei CRM geht es darum, die Kundenbeziehung als einen Wert eines Unternehmens zu verstehen. CRM beinhaltet somit die Neuorientierung vom funktionalen, klassischen Marketing, das produktorientiert ist und sich auf die Kundenakquisition konzentriert, hin zum übergreifenden, ganzheitlichen Marketing, das auf die Beziehungen zwischen Unternehmen und Kunden abzielt. Sein Kerngedanke besteht in der Steigerung des Unternehmens- und Kundenwerts durch das systematische Management der existierenden Kunden. Gleichzeitig ist CRM aber auch die optimale Plattform zur gezielten Neukunden-Akquisition. Das heißt, mittels CRM werden neue Geschäftspotenziale in bestehenden Kunden identifiziert und attraktive Neukunden hinzugewonnen. Der Fokus liegt dabei zusätzlich zur Produktdifferenzierung vor allem auf der Prozessdifferenzierung. Durch die Analyse der wertschöpfenden Kundenprozesse werden Kunden bei ihrer Wertschöpfung unterstützt. Der CRM-Ansatz unterscheidet sich damit grundsätzlich von anderen Kundenbindungsmodellen durch seine kundenorientierte Perspektive und seinen langfristigen Ansatz.

Und genau diese Sichtweise hat Tesco eingenommen. Tesco richtet seine Strategie nicht produkt- oder kompetenzbezogen aus, sondern orientiert sich an den für das Unternehmen profitabelsten Kernzielgruppen. Mit diesen baut Tesco eine Kundenbeziehung auf und entwickelt diese – wie noch zu zeigen ist – sukzessiv weiter, um auf diese Weise eine langfristig angelegte Partnerschaft zu ermöglichen.

III. CRM als Prozessbetrachtung aus der Kundenperspektive

CRM beinhaltet vier Faktoren, die es vom klassischen Marketing abhebt:

- Die Perspektive wechselt von der Unternehmens- auf die Kundenseite.
- Der Kunde kommt in den Genuss des Angebots, das er sich wünscht.
- Nicht alle Kunden sind für ein Unternehmen gleich attraktiv.
- Langfristige Beziehungen zu profitablen Kundengruppen steigern messbar die Gewinne.

Abb. 2: Die Weiterentwicklung des Prozess Management

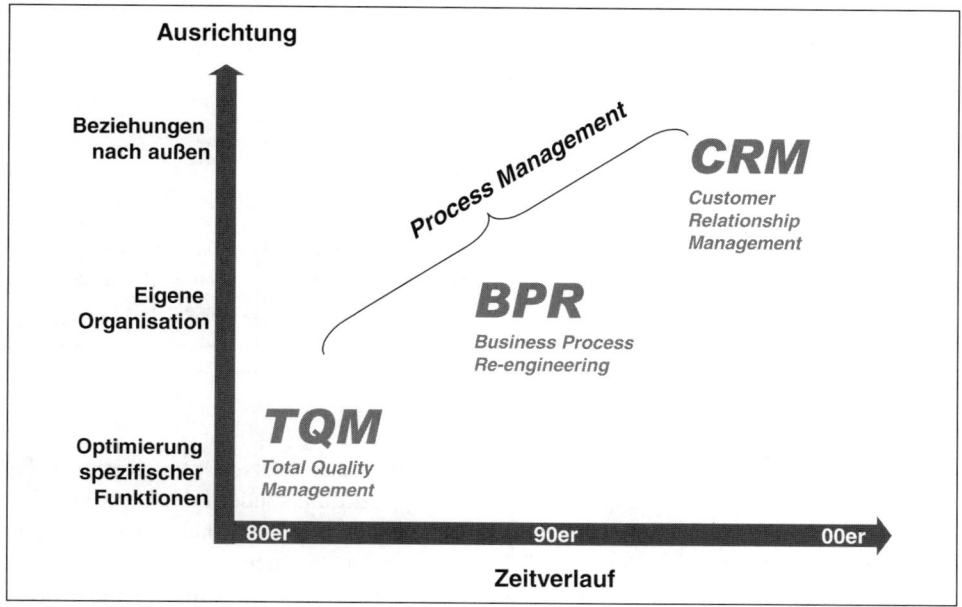

Das klassische Marketing geht vom Produkt und folgender Fragestellung aus: Wo finden wir so viele Kunden wie möglich für unsere Produkte, um diese in kurzfristiger Zeit maximal abzusetzen? Der produktorientierte Geschäftsfokus konzentriert sich somit auf die Entwicklung bestmöglicher Produkte, die in einem für den Kunden angemessenen Preis-/Leistungsverhältnis stehen, und deren zügiger Verbreitung. Die unternehmerische Strategie erfolgt entsprechend von innen nach außen. Die Vorgehensweise, vom Unternehmen aus gesehen den Kunden zu erobern, ist die grundlegende Stoßrichtung des Total Quality Management, dessen Inhalte noch weit bis in die 90er Jahre des vergangenen Jahrhunderts bei der Mehrzahl der Unternehmen das unternehmerische Denken bestimmte. Um die Unternehmens-Wertschöpfungskette komplett zu nutzen, zielt Total Quality Management auf die Optimierung der inneren Prozesse (Führung, Arbeitsabläufe und Kommunikation) ab, die ebenfalls Auswirkungen auf die äußeren Prozesse (Marketing, Vertrieb und Kundenbetreuung) haben. Im Vordergrund steht die produktions- und funktionsorientierte Verbesserung.

Doch in Zeiten, in denen die Produkte und Leistungen immer ähnlicher werden, hat Total Quality Management als unternehmerische Strategie ausgedient. Der Kunde erwartet prinzipiell das ausgereifteste Produkt und die dazu gehörenden Leistungen wie Service oder Erreichbarkeit. Diese Faktoren definiert der Kunde für seine Kaufentscheidung nicht mehr als ausschlaggebend. Die Wahl gibt ihm Recht. Erhält er sie nicht von dem einen Unternehmen, wechselt er ohne zu zögern zum nächsten.

Der CRM-Ansatz geht den umgekehrten Weg und setzt an die Stelle des produktorientierten das kundenwertschöpfende Denken. Die Fragestellung lautet nicht mehr: Wo können wir Kunden für unsere Produkte finden?, sondern: Wie schaffen unsere Kunden für

Abb. 3: Tesco Card: Segmentierung durch Loyalitäts-Karten

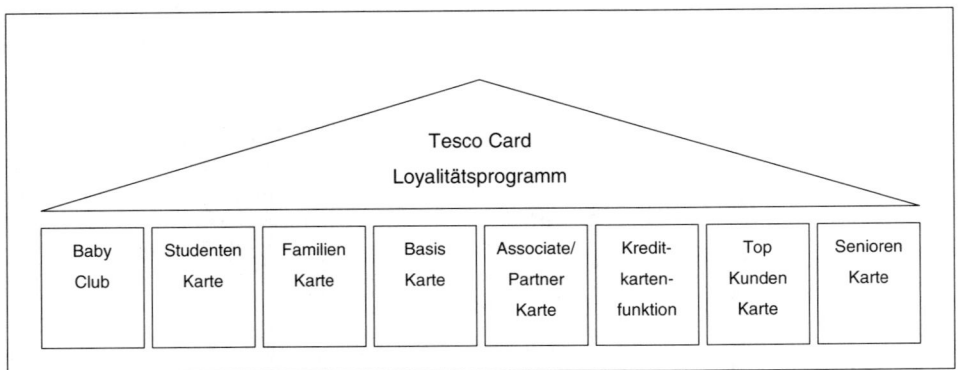

sich selbst Werte? Das heißt, wie können Unternehmen den Wertschöpfungsprozess des Kunden unterstützen und das nicht als eine einmalige Aktion, sondern mit Blick auf eine lebenslange Verbindung. Die Perspektive wechselt somit von der unternehmerischen Seite auf die Kundenseite und das Denken erfolgt von außen nach innen.

Im Rahmen des CRM ist der Beginn somit stets der Kunde. Aus seiner Sicht betrachtet erfolgt eine kundenorientierte Prozessgestaltung der Gesamtorganisation. Der Ausgangspunkt sind nicht mehr wie beim Total Quality Management und beim Business Process Re-engineering (BPR) die aktuellen Unternehmens-, sondern die Kundenprozesse. Es ist auch nicht mehr das Ziel, die größten Unternehmensprobleme zu lösen, sondern Antworten auf die Kundenprobleme zu geben. Das CRM-Ziel besteht darin, auf Basis der Analyse der Kundenprozesse und der daraus resultierenden Kenntnis über die Kunden, die Unternehmensprozesse an die jeweiligen Kundentypsegmente anzupassen und somit kompatibel zu machen.

Auch hier dient Tesco wieder als hervorragendes Beispiel. Um die Kundenbeziehungen zu stärken, startete Tesco 1996 mit einem Loyalitätsprogramm, in dessen Rahmen die Tesco-Club Card angeboten wurde. Statt einfach aus der Airline-Branche bereits bekannte Bonusprogramme zu kopieren, ging Tesco bei der Implementierung systematisch und analytisch vor. Im Vorfeld führte die Supermarktkette eine Kundenanalyse durch, die Tesco das nötige Wissen vermittelte, welche Kundenprofile im Tesco-Portfolio sind, welche profitablen Kundengruppen es primär zu halten galt, welche ausbaufähig waren und welche potenziellen hinzugewonnen werden mussten. Die Inhalte des Loyalitätsprogramms spiegelten von Anfang an die verschiedenen Kundentypsegmente wider. Gestartet wurde mit sechs Grundkarten, die sukzessive erweitert wurden. Heute gibt es neun Karten, beispielsweise eine spezielle Studentenkarte, eine Karte für Familien, eine Partnerkarte, eine Topkundenkarte und eine Seniorenkarte.

Über die Analyse der Kundenprozesse wurde demnach nicht nur ein detailliertes Verständnis über den Kunden gewonnen sondern auch eine Optimierung der Unternehmensprozesse ermöglicht: Die Systematik der Analyse je nach unterschiedlichem Typ ermöglichte die Ermittlung der kritischen Kundenbegegnungen. Durch die darauf aufbauende Veränderung der internen Prozesse entsprechend der Kundenprobleme sowie der Erarbeitung von Verbesserungsmöglichkeiten gelang die Stärkung der Kundenbeziehungen und neue Möglichkeiten der Kundenbegeisterung wurden geschaffen.

E. Die wirtschaftliche Betrachtung der Kundenbeziehung

I. Investition in Kernkunden

Im traditionellen Marketing und ebenfalls aus der Sichtweise des Total Quality Management haben, von innen heraus betrachtet, alle Kunden einen gleich wichtigen Stellenwert. Kunden besitzen aber keinesfalls stets dieselbe Attraktivität. Unternehmen erwirtschaften in der Regel mit zwanzig Prozent der hochprofitablen Kunden einen enormen Anteil ihrer Gewinne. Vor diesem Hintergrund unterscheidet CRM die Kunden gemäß ihrer Profitabilität, eben dem individuellen Gewinn, den sie für ein Unternehmen leisten können. Und entsprechend selektiv erfolgt die Behandlung der Kunden nach ihrer Wertigkeit. Es lohnt sich kaum, in einen ‚Schnäppchenjäger' zu investieren, der von Unternehmen zu Unternehmen wandert. Ein solcher Kundentypus belastet das Unternehmen, ohne kalkulierbare Gewinnsituationen hervorzurufen. Im klassischen Marketing verlief die Investitionsstrategie linear. In der Hoffnung mehr Umsatz zu machen, investierte man mehr ins Marketing und in die Werbung. Der Erfolg wurde und konnte auch niemals gemessen werden. Bei CRM hingegen behandelt und investiert man zielgenau in die Kunden bzw. Kundengruppe, die messbar den Unternehmenswert steigern. Voraussetzung dafür ist die Pflege der Kundendaten.

Der Erfolg von Tesco ist auch auf diesen Aspekt zurückzuführen. Tesco verknüpft die aus den Loyalitätsprogrammen generierten Daten mit den Daten, die aus dem Gebrauch der Kreditkarten kommen. Hinzu kommen Informationen, die an den Points of Sale (Kasse, Internet etc.) entstehen. Alle gesammelten Daten setzt Tesco für Data Mining und spezifische Marktanalysen ein. Auf diese Weise entsteht eine detaillierte, aussagekräftige und kundenspezifische Datenbank, die genaue Aussagen beispielsweise darüber gibt

- welcher Kunde welche Produkte
- in welchen Filialen kauft und
- wie dessen Kaufgewohnheiten sind (durchschnittliche Ausgaben, Besuchshäufigkeiten, Besuchszeiten, Produktpräferenzen etc.).

Diese Daten werden in den Kundenprozess eingebettet, der darüber Aussagen zulässt, wie sich der Kunde derzeit bei seinem Kauf bei Tesco verhält. Ebenso erkennt man, welche Maßnahmen wie erfolgreich durchgeführt wurden und welche eingeleitet werden müssen, damit sich die Beziehung zwischen Kunde und Tesco weiter verfestigt und der jetzige Kunde auch ein zukünftiger bleibt. Die Angebote richten sich dabei nach der Profitabilität der einzelnen Kundentypen.

Bei CRM tritt an die Stelle des kurzfristigen Verkaufens die neue Betrachtungsgröße der Kundenlebenszeitperspektive (Lifetime Value). Vor dem Hintergrund, dass die Mehrzahl der Unternehmen ihre Kunden nicht kennen, sind sie weder in der Lage ihre Profitabilität zu messen, noch verfügen sie über Kenntnisse, welche Gewinne ein einzelner Kunde im Laufe seines Lebens für das Unternehmen erwirtschaften könnte. Auf diese Weise wird nur punktuell das Potenzial der Kunden genutzt. Dies bedeutet, der Erfolg eines Unternehmens beruht nicht nur auf der richtigen Wahl seiner Kernzielgruppe, sondern ebenfalls auf der langfristig angelegten Kundenbeziehung. Das Interesse muss es sein, den Kunden lebenslang zu begleiten und ihm in den jeweiligen Lebensphasen das entsprechende Produkt anzubieten. Auf diese Weise rentieren sich die Investitionen in die Kunden um ein Vielfaches. Kundenlebenszeitperspektive und Profitabilität sind somit untrennbar miteinander verbunden.

II. Das Fünf-Phasen-Modell des CRM

Idealtypisch erfolgt die Durchführung von CRM über ein Fünf-Phasen-Modell. Dieses gibt den systematischen Weg vor, wie Prozesse gesteuert werden, um den Kunden in den Mittelpunkt der unternehmerischen Betrachtungen zu stellen und ihn durch die gezielte Befriedigung seiner Bedürfnisse ein Leben lang zu halten.

Die **erste Phase** wird durch die Kundenanalyse und Segmentierung definiert. Wie bereits dargestellt, ist für die meisten der Unternehmen der Kunde eine anonyme Größe. Vor diesem Hintergrund sind die Unternehmen nicht in der Lage, den derzeitigen und potenziellen Kundenwert ihrer Kunden zu bestimmen. Die Kundenanalyse untersucht die existierenden Kunden. Auf der Basis beispielsweise von Data Warehouses lernt man die Kunden und ihren Wert (wertvoll, potenziell, illoyal) kennen, kann ihren derzeitigen und potenziellen Anspruch identifizieren und sie im Anschluss nach langfristiger Profitabilität (Lifetime Value) in verschiedene Segmente (Kundentypen) einteilen. Die Kundentypisie-

Abb. 4: Das 5-Phasenmodell des CRM-Ansatzes

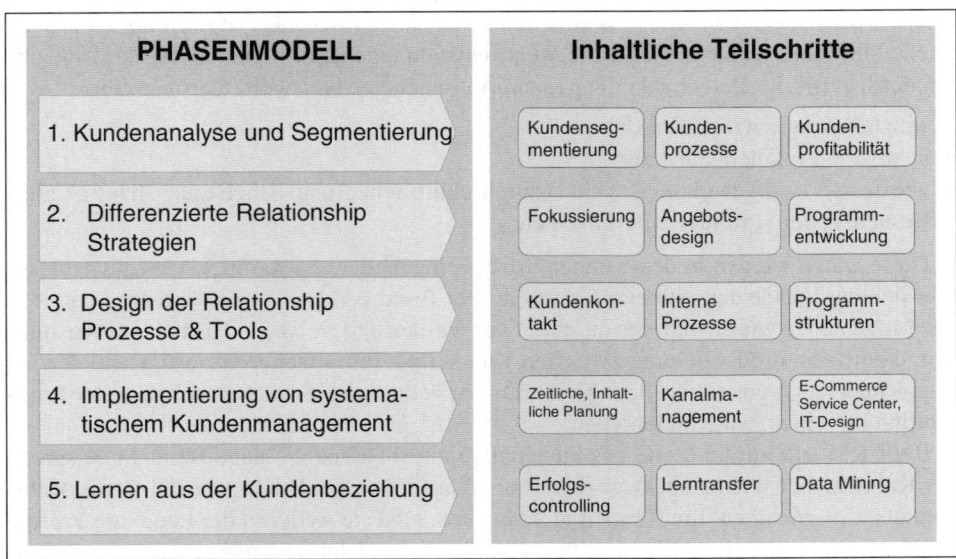

rung und nachfolgende Segmentierung sind die Voraussetzungen für langfristig angelegte und differenzierte Relationship Strategien.

In der **zweiten Phase** von CRM werden auf Basis der Daten ein zielkundenorientierter Dialog und zielkundenorientierte Lösungen mit dem Ziel definiert, eine zielgruppenspezifische Ausrichtung, Individualisierung und Aktivierung aller Unternehmensbereiche zu erreichen.

Nach der kundenbezogenen Entwicklung der Strategie geht es im **dritten Schritt** um die Anpassung des Unternehmensangebots an die Kundenanforderungen. Vor dem Hintergrund, dass Produkte und Dienstleistungen immer austauschbarer werden, erwarten die heutigen Kunden eine für sie spürbare Wertschöpfung. Und der vom Kunden erwartete Mehrwert hängt wesentlich von der Fähigkeit der Unternehmen ab, ihm über das Produkt hinaus etwas zu offerieren, das seine Beziehung zum Unternehmen fördert.

Nach Abschluss der strategischen und konzeptionellen Schritte geht es in der **vierten Phase** um die Implementierung differenzierter, zielkundenspezifischer Aktivitäten. Dazu werden die strategischen Ziele in operative Maßnahmen herunter gebrochen, die sich in der Optimierung der Distribution (traditioneller Vertrieb, E-Commerce) oder in der Optimierung der Kommunikation (z.B. Einrichtung eines Call Centers) äußern können.

Die **letzte Phase**, die mit Lernen aus der Kundenbeziehung überschrieben ist, garantiert, dass der Kunde immer individueller umworben wird und dadurch eine lebenslange Beziehung zum Unternehmen aufbaut. Zum Lernen gehört eine quantifizierbare Beurteilung der einzelnen Maßnahmen. Im Gegensatz zum klassischen Marketing, wo kundenbezogene Serviceverbesserungen mit Einzelmaßnahmenüberprüfungen (Response) gemessen werden, aus denen aktions- und nicht kundenbezogenes Lernen erfolgt, wird bei CRM der Erfolg einer Marketingmaßnahme daran beurteilt, ob sie messbar dazu beigetragen hat, die einzelne Kundenbeziehung zu optimieren. Das Erfolgscontrolling und der Lernprozess werden beispielsweise über Systeme des Campaign Measurement gesteuert, das Antworten gibt, auf den richtigen Einsatz von Investitionen und damit teure Streuverluste vermeidet.

Auf Basis der fünf CRM-Phasen können Unternehmen, die ihre Kundenbeziehungen systematisch und ganzheitlich angehen, den Erfolg und Misserfolg sehr schnell erkennen und über den Hebel der Kundenprofitabilität und Lebenswertmessung die Steigerung des Unternehmenswerts verfolgen und dokumentieren. Die Kraft und der Wert von CRM liegen in der unternehmensübergreifenden Implementierung mit kundenrelevanten Funktionen.

III. Revolution im Marktgeschehen durch CRM

Unser Wirtschaftsmodell und die Aktivitäten von Unternehmen und Konsumenten sind immer noch von der Produktion geprägt. Die Fabriken wurden zum Herzstück des Geschäftsmodells und die Unternehmensstrategie war ausschließlich darauf ausgerichtet, sie bestmöglich auszulasten. Die Ingenieure und Techniker, die diese Produktionsanlagen konzipierten und betrieben, avancierten zu den wichtigsten Personen im Unternehmen.

Danach folgte die Phase des Produktmanagements, in der die Diversifikation in den Mittelpunkt des Unternehmensinteresses rückte. Auf der Basis von Produktions- und Produktqualitäten erfolgte die Planung der Vertriebsaktivitäten sowie die Optimierung des bestehenden Geschäftsmodells sowie der Unternehmensorganisation. Verkaufsförderung, Kanalmanagement und Vertriebsstrategien dominierten immer stärker bis Marketing-kommunikation, Distribution und Preispolitik bis zum Anschlag ausgereizt waren. Ein grundsätzlicher, strategischer Wandel trat nicht ein.

Nach wie vor fokussieren die Unternehmen vorrangig die internen Kapazitäten und Kompetenzen und die Kunden bleiben an ihrer angestammten Position ganz am Ende des Prozesses. Bei der radikalen Neuorientierung weg vom Produkt und hin zum Kunden werden beide Parteien zufrieden gestellt.

F. Schlußbemerkung

Für die erfolgreiche Verwirklichung, eine systematische Vorgehensweise und die Integration von Strategie, Marketing, Organisation, Kommunikation und IT erfordert es eine umfassende CRM-Konzeption. Nur an einer Stelle zu beginnen, zum Beispiel die Daten-grundlage losgelöst aufzubauen, hat sich als nicht vielversprechend erwiesen. Erst durch das Erkennen der Kundenprozesse und die darauffolgende Typisierung der Kunden kann man die Grundlagen für den sinnvollen Einsatz schaffen und ein ganzes Unternehmen im Sinne von CRM optimieren. Dabei hat es sich gezeigt, dass alle entsprechenden Unter-nehmensgruppen, die den Kontakt mit dem Kunden verstehen und verbessern sollen, in die Konzeptionalisierung miteingebunden werden müssen, um ein gemeinsames Ver-ständnis zu schaffen. Ebenso ist es sehr wichtig, frühzeitig den Beitrag von CRM zur Stei-gerung des Unternehmenswertes zu ermitteln, um die finanziellen Erträge genau zu be-ziffern. Dieser Nachweis muss von einem systematischen CRM erbracht und kann bei stra-tegischer Vorgehensweise auch klar aufgezeigt werden.

Literatur

Godin, Seth: Permission Marketing. Turning Strangers into Friends, and Friends into Customers, New York 1999.

Payne, Adrian und Rapp, Reinhold: Handbuch Relationship Marketing. Konzeption und Umsetzung, München 1999.

Rapp, Reinhold: Customer Relationship Management. Das neue Konzept zur Revolutionierung der Kundenbeziehung, Frankfurt/M. 2000.

Zusammenfassung

Customer Relationship Management (CRM) ist ein übergreifendes Führungsinstrument mit dem Ziel den Unternehmenswert zu sichern und langfristig zu steigern. Unter dem Hintergrund des existierenden Marketing der „Unterbrechung" setzt CRM als Ansatz des Erlaubnis-Marketing bei der existierenden Kundenbeziehung an. Durch die Analyse unterschiedlicher Wertschöpfungsprozesse der Kunden und die Quantifizierung des Kundenwertes bietet die Methodik die Möglichkeit bestehende klassische Geschäftsmodelle in kundenorientierte Führungsansätze zu wandel und die Integration von verschiedenen Funktionen – und damit ein ganzes Unternehmen – nachhaltig zu optimieren. Die Realisierung des Konzeptes wird anhand der Fallstudie der englischen Einzelhandelskette Tesco aufgezeigt, die die betriebswirtschaftlichen Potentiale und Erfolgsmöglichkeiten deutlich nachweist.

Summary

Customer Relationship Management (CRM) should be perceived as a company-wide management instrument to stabilise and increase the value of an organisation. CRM is an answer to the limitations of the existing interruption marketing approaches by leveraging the permisson of an existing relationship. The methodology is based on the analysis of the different value creation processes of customers and the quantification of different customer values and supports the change of existing business models into customer-centric leadership and control. Thus CRM can support and guide the integration of different business functions and will optimise a whole organisation. By using the case study of Tesco – a leading english retailer – the implementation and its business success is described.

60: Allgemeine Fragen des Absatzes (JEL M30)
61: Absatz- und Marktforschung (JEL M31)

Wenn die Wertschöpfung weiter sinkt, stirbt die Marke!

Von Bernd M. Michael

Überblick

- Dieser Beitrag zeigt, dass der Markenartikel zunehmende Schwierigkeiten hat, auskömmliche Wertschöpfung im Markt zu finden. Gründe, Erscheinungsformen und Folgen der Krise werden erläutert.

- Diskutiert wird, wie Anbieter durch ganzheitliche Markenführung der Entwicklung entgegenwirken und ein stabiles Fundament in den Verbraucherpräferenzen aufbauen können.

- Beschrieben wird, mit welchen Techniken man Wertschöpfung erzeugt: Der Wert einer Marke liegt im – vom Verbraucher akzeptierten – Preisabstand zum Wettbewerb. Abstand im Preis setzt Abstand in der Position voraus.

Eingegangen: 15. September 2001

CEO & Chairman GREY Worldwide Europe, Middle East and Africa und Managing Partner & CEO GREY Global Group Middle Europe, Corneliusstrasse 12–36, 40215 Düsseldorf. Sitz in Düsseldorf und London. 10 Jahre Vorstandsmitglied des GWA, davon 2 Jahre als deren Präsident. Heute ehrenamtlich im ZAW, bei der IHK Düsseldorf und in verschiedenen Beiräten. President der EACA (European Association of Communication Agencies). Seine Veröffentlichungen in Büchern, Magazinen und Vorträgen beschäftigen sich mit Konsumtrends sowie Techniken und Methoden zur Führung von Marken.

ZfB
ZEITSCHRIFT FÜR
BETRIEBSWIRTSCHAFT

A. Der Wertverfall der Marke

I. Die schöne Idee der Marke – ein kurzer Blick zurück

Das abgepackte Backpulver des Apothekers Dr. August Oetker, die Pelikan-Tinten des Günther Wagner, Henkels Bleichsoda und Lingners Odol: Solchen Marken-Klassikern gemeinsam war das Streben aus der Anonymität des Warenangebots heraus zur Profilierung; durch die Alleinstellung ihrer Marke schützten die Produzenten ihre Marktinvestitionen.

Jahrzehntelang war die Marke das herausragende Instrument, um Wertschöpfung zu erzielen: Mit garantierter Qualität und einem eigenständigen Image schuf sie Distanz zu den Angeboten – und den Preisen – der Konkurrenz. Zugleich wurde der Verbraucher von unnötigem Entscheidungsaufwand entlastet; der schnelle Griff zur vertrauten Marke machte das Einkaufen einfacher.

Das hat sich geändert: Die schiere Fülle der Angebote verdirbt den Käufern die Übersicht und den Herstellern die Rendite – ihren Marken fällt es zunehmend schwerer, Premium-Preise durchzusetzen.

II. Gründe für die Krise des Markenartikels

1. In der Leistung gibt es kaum noch Unterschiede

In den meisten Angebotsfeldern – ob Produkt oder Dienstleistung – verflachen die Unterschiede. Die Anbieter bedienen gleiche Bedürfnisse im Markt mit annähernd gleichen Leistungen; was funktioniert, wird kopiert. So werden die Waren in Beschaffenheit und Nutzen zunehmend austauschbar, ehemals starke Marken verlieren an erlebtem Wert. An echten Innovationen mangelt es.

2. Heute sind Marken von vergleichbarer Qualität

Deutliche Qualitätsabstände findet man selten. Die Stiftung Warentest sucht immer wieder danach, muss jedoch in jeder Ausgabe ihrer Zeitschrift konstatieren, dass alle von ihr geprüften Marken annähernd gleich gute Dienste leisten.

Die Qualität ist durch die Bank in Ordnung. Deshalb, übrigens, ist der Meinungsbildner verschwunden, der uns früher unbedingt von der Überlegenheit seines neuen Videorecorders überzeugen wollte. Und es verschwinden die Reparaturwerkstätten, die früher den defekten Recorder instandsetzten: Bei der gestiegenen Zuverlässigkeit der Produkte – und den niedrigen Neupreisen – lohnt ihre Arbeit nicht mehr.

3. Heute liegen die Marken-Images nahe beieinander

Wenn Leistungs- und Qualitätsunterschiede kaum auszumachen sind, können sich auch keine ausgeprägten Image-Unterschiede herausbilden – das führt zu nahezu deckungsgleichen Imageprofilen.

Abb. 1: Vier Image-Differentiale im Zahncreme-Markt.

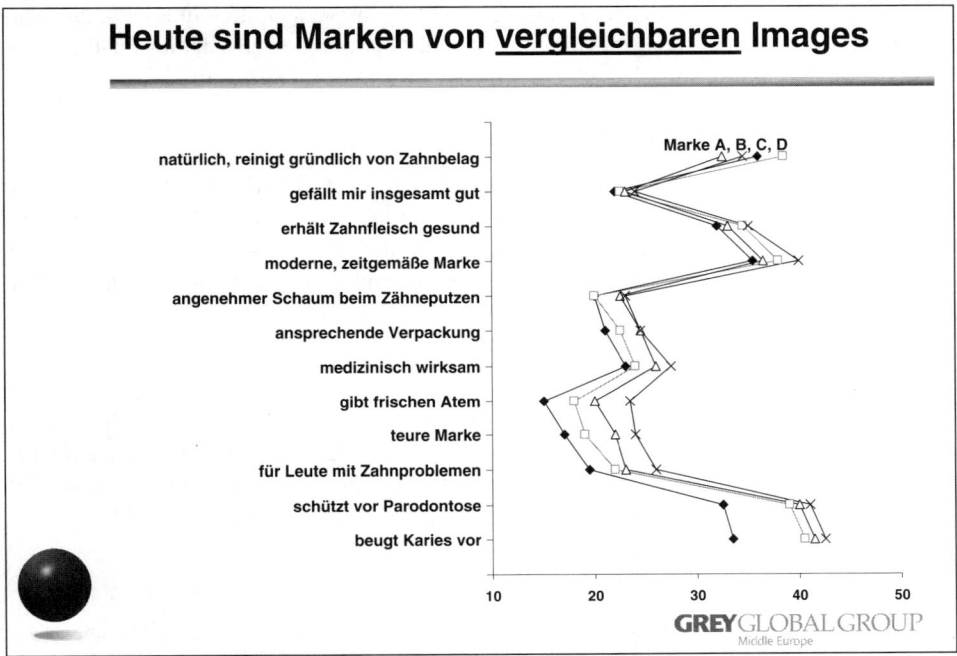

Abb. 2: VHS-Recorder und Notebooks: Wo ist die Differenzierung?

Derart ähnlich werden Profile, wenn man die Erwartungen der Verbraucher abfragt und dann 1 : 1 zurückspiegelt. Das ist zu kurz gedacht. Selbstverständlich muss man die Vorstellungen und Wünsche der Umworbenen sorgfältig erkunden – das daraus resultierende Angebot an den Markt muss jedoch von eigener imaginärer Kraft sein.

4. Heute zeigen sich Marken in vergleichbarer Optik

Viele Sortimente werden von der gleichen Optik bestimmt. Das kann an technischen Zwängen liegen – ein Notebook braucht nun mal einen Monitor und ein Keyboard. Häufig entwickelt der Markt aber auch feste Vorstellungen darüber, wie ein Produkt auszusehen hat. Diese Vorstellungen lassen dem Designer wenig Freiraum: Für die Avantgarde gibt es keinen Massenmarkt.

5. Heute sind Marken gleichartig verpackt

Optische Ähnlichkeit zeigen auch die Packungen. Konsumerlebnisse, die gestern Abend im TV-Spot noch so einzigartig wirkten, begegnen heute der Hausfrau im Supermarkt-Regal in vergleichbarer Form. Was ähnlich ist und Ähnliches verspricht, wird auch ähnlich verpackt und ähnlich gestaltet – in Faltschachteln und Dosen, in Gläsern und Bechern.

Abb. 3: Welchen Unterschied macht es für die Hausfrau, ob sie nach rechts oder nach links greift?

6. Heute werden Marken mit vergleichbaren Klischees beworben.

Wenn die Werbung die Erwartungshaltungen des Marktes reproduziert, folgen ihre Aussagen und Bilder allzu leicht einer Ideallinie, die geradewegs zum Klischee führt. Solche Klischees entstehen aus dem Wunsch, unkomplizierte Signale zu senden. Häufig geht das problemlose Verständnis des Umworbenen aber auf Kosten der eigenständigen Markenpersönlichkeit.

Abb. 4: Wer eine Bieranzeige gesehen hat, hat alle gesehen.

7. Vormarsch der Handelsmarken

Mit anderen Worten: Die Marke macht schlapp. Der Verbraucher lässt sich von ihr nicht mehr im Maße früherer Jahre faszinieren. Er hat gelernt, dass er beim Einkauf nicht mehr viel falsch machen kann und reagiert deshalb sensibel auf den Preis – er geht auf Schnäppchenjagd (von der er allerdings Marken immer noch besonders gern mitbringt).

Das führt im Handel zum Preiskrieg; nirgendwo sonst in Europa ist der Wettbewerb so hart. Er drückt die Umsatzrenditen auf Prozentsätze, die schon heute häufig unter der Diebstahlsrate liegen. Der Fall des Rabattgesetzes wird weitere Preiszugeständnisse forcieren. Während Nachlässe bisher – zumindest gesetzlich – auf drei Prozent beschränkt waren, gewinnen die Smart Shopper jetzt neuen Spielraum fürs Feilschen.

Die zum Preis verlagerte Orientierung der Verbraucher kommt den Handelsmarken zugute. Deren Anteile steigen zumal bei Commodities – bei Low-Involvement-Produkten im mittleren Qualitätssegment, die im Gebrauchswert wenig differenziert sind. Weil sie

Abb. 5: Commodities: Wo Handelsmarken stark werden.

Handelsmarken-Anteile nach Warenklassen / Umsatz

Angaben in %	LEH 1999	LEH 2000	Angaben in %	LEH 1999	LEH 2000
Total Food	14,7	16,5	Total Nonfood	13,8	15,6
Tierfutter & Hygiene	24,8	28,8	Papierhygiene	33,5	36,0
Nassfertigprodukte	27,0	28,5	Haushaltseinwickler	34,7	35,9
Gelbe Linie SB	26,5	27,1	Haushaltsartikel	18,3	19,4
TKK & Eis	23,4	26,4	Reinigungs- & Pflegemittel	12,3	13,8
Weiße Linie	24,8	25,3	Waschmittel	10,9	12,6
Tabakwaren	12,6	18,3	Gesundh.- & Fitnessprodukte	7,5	8,9
Brotaufstrich	14,4	16,8	Babypflege & -nahrung	8,0	8,9
Spirituosen	12,8	14,5	Körperpflegemittel	5,2	6,6
Alkoholfreie Getränke	13,4	14,3	Haarpflege	4,6	6,1
Feinkost	13,0	13,7	Mundpflege	4,2	5,,3
Wein & Sekt	9,5	11,9			
Heißgetränke	12,0	11,8			
Fette & Öle	11,3	11,0			
Trockenfertigprodukte	9,9	10,7			
Bier	8,5	9,8			
Süßwaren	7,9	9,3			
Saisonartikel	5,9	7,2			
Gelbe Linie Theke	0,8	1,2			

Quelle: LZ, 12.04.01

GREY GLOBAL GROUP
Middle Europe

für den Lebensstil wenig bedeuten, lassen sie sich leicht gegeneinander austauschen – es kommt nicht darauf an. Nur auf die großen Markennamen kann der Handel in seinem Sortiment nicht verzichten; sie weisen ihn als kompetente Einkaufsquelle aus.

Nicht nur Produkt-, sondern auch Service-Marken lassen sich mehr und mehr auf den Preiswettbewerb ein: Telefonanbieter und Energieversorger liefern die aktuellen Beispiele.

8. Verstärktes Rauschen auf den Kommunikationskanälen

Auch dies gehört zu den erschwerten Lebensumständen der Marke: Die Inflation von Werbeauftritten, das explosionsartige Wachstum des Medienmarktes sowie das Vordringen neuer, interaktiver Kommunikationstechnologien haben die Kommunikationsbedingungen in den letzten Jahren dramatisch verschärft. Das Rauschen nimmt zu – potente Anbieter versuchen weiterhin, es mit Hilfe massiver Werbeetats zu übertönen.

9. Marke und Life Style

Weder Preiskrieg noch werblicher Overkill können Marken, die in so vielen Aspekten austauschbar sind, ein stabiles Fundament in den Verbraucherpräferenzen verschaffen – und beides geht zu Lasten der Rendite. Vielmehr muss jetzt die Marke selbst nachdrücklich leisten, wozu sie vor hundert Jahren angetreten ist: Sie allein kann für ihre Profilierung bei den Umworbenen sorgen.

Abb. 6: Die Zahl der Kampagnen über 1 Mio. DM ist größer als der durchschnittliche Wortschatz eines Deutschen

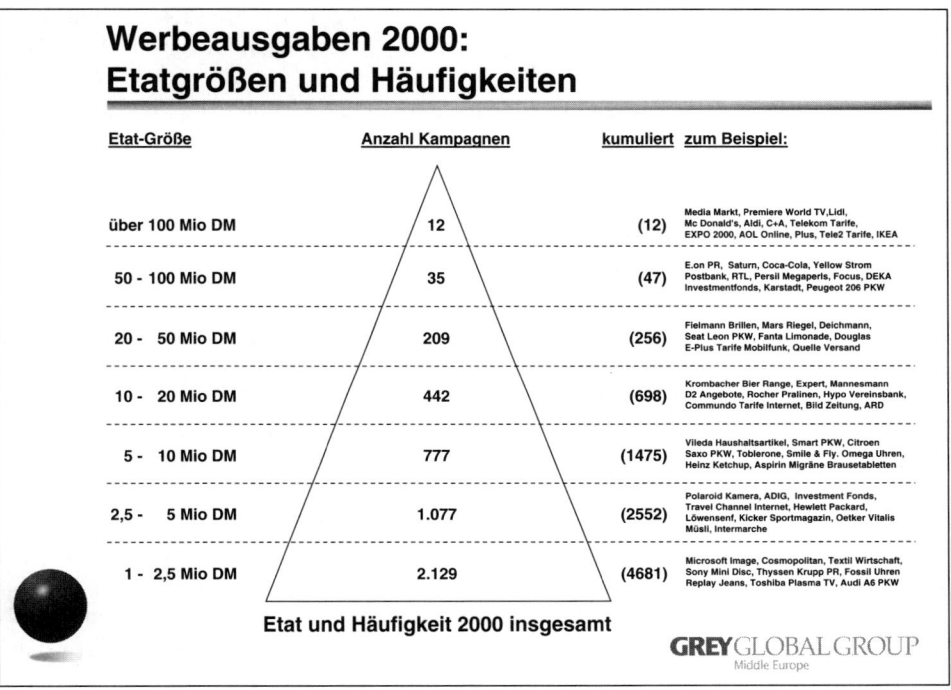

Das Leben einer Marke ist das Ergebnis dessen, was sich in den Köpfen ihrer Käufer abspielt. In Umsatzkurven, Marktanteilen und Gewinnspannen schlagen sich die Vorlieben und Entscheidungen von hunderttausenden einzelnen Menschen (genannt „der Markt") nieder.

Dabei werden Produktnutzen und Qualität heutzutage vorausgesetzt. Es sind die subjektiven Werte, die zählen – es ist der Erlebnisnutzen statt des funktionellen Nutzens. Der Umworbene muss mit dem Produkt Assoziationen verbinden, die für ihn kaufentscheidende Bedeutung haben: In jeder Marke steckt eine gute Portion Phantasie.

Eine starke Marke vermittelt Lebensgefühl. Sie sagt etwas über den Käufer aus, gibt seinen Geschmack und seine Möglichkeiten zu erkennen, verbindet ihn mit einer Bezugsgruppe gleichen Zuschnitts.

High-Involvement-Produkte transportieren den Erlebnisnutzen leichter. Bei der Wahl eines Autos oder eines Ferienziels beachtet der Konsument sowohl die Produktdetails als auch die Gesellschaft, in die er gerät (fragen Sie einen Volvo-Fahrer). Die Produkte sprechen – in anschaulichen Begegnungssituationen – für sich.

Einer Nudel begegnet man nicht. Für Glaubenskriege gibt sie wenig her; Bezugsgruppen würde man vergebens suchen. Wenn ein solches Low-Involvement-Produkt nicht Beute der Discounter werden soll, muss man in die „Education" des Verbrauchers erheblichen Einfallsreichtum investieren.

B. Techniken zur Wertschöpfung mit Marken

Der Wert einer Marke liegt im – vom Verbraucher akzeptierten – Preisabstand zum Wettbewerb. Je größer der Abstand, desto attraktiver die Marke, desto höher die Wertschöpfung.

Abstand im Preis setzt Abstand in der Position voraus. Erprobte Techniken erzeugen die nötige Distanz zur Konkurrenz – und geben der Marke mehr Wert.

I. Brand Value Signals machen Marken unverwechselbar – und schaffen messbaren Mehrwert

Starke Brand Value Signals sind Voraussetzung für kompetitive und unverwechselbare Werbung. Sie transportieren einen Mehrwert an Leistung („Added Value"). Der führt zu einem beachtlichen akzeptierten Abstand gegenüber dem Durchschnittspreis auf dem Markt und gewährleistet einen befriedigenden „Return on Advertising Investment".

Nur unverwechselbare Key Signals mit klaren Bedeutungsinhalten kommunizieren den Added Value. Solche Key Signals können sowohl visuelle als auch verbale Metaphern sein. Zu den visuellen Varianten gehören beispielsweise der Marlboro-Cowboy, der Apfel von Apple, aber auch der Auftritt von Boris Becker für AOL. Dessen „Bin ich schon drin oder was?" gibt obendrein ein unverwechselbares verbales Signal ab.

SHEBA ist ein Paradebeispiel für die erfolgreiche Entwicklung eines Marken-Signals zur Steigerung der Wertschöpfung. SHEBA überzeugte nicht nur bestehende Verwender von Katzennahrung, sondern konnte auch eine völlig neue Zielgruppe erschließen, nämlich Verwender von speziell für die Katze gekauftem frischen Fleisch. Solche Katzenhalter haben eine sehr intensive emotionale Beziehung zu ihrer Katze. Die Fütterung spielt eine psychologisch wichtige Rolle für sie, um dieser Beziehung Ausdruck zu verleihen.

Folgerichtig verdeutlichen die SHEBA Brand Value Signals die liebevolle Beziehung zwischen Mensch und Tier – in einem eleganten Setting und in einer innigen Situation. Accessoires wie ein Petersilien-Sträußchen vermitteln spezielle Human Quality Food Signals. Das Zelebrieren eines besonderen Gefühls gibt der Marke ihren Added Value.

SHEBA veranschaulicht, dass Premium-Marken ein besonders starkes emotionales Markenerlebnis brauchen. Die entsprechende kreative Strategie führte zu einem akzeptierten Preisabstand zwischen 20 und 30% zum Wettbewerb – und obendrein zu einer „Effie"-Auszeichnung für die Agentur.

II. The Whole Brain: From Trust-Brands to Love-Brands

Die Psychologie weiß, dass Gefühle, Ansichten und Handlungen meist in einer gewissen Übereinstimmung (affective-cognitive consistency) vorzufinden sind: Wenn ein Objekt angenehme Gefühle hervorruft, wird man ihm auch eine erhöhte Wirksamkeit zuschreiben – und dieser Annahme entsprechend handeln.

Eine Marke, die mit positiven Gefühlen besetzt wird, hat folglich beste Aussichten auf eine höhere Wertschöpfung. Es wird also darum gehen, mit emotionalen Werten die rechte

Abb. 7a: SHEBA: Die Markensignale zelebrieren ein besonderes Gefühl.

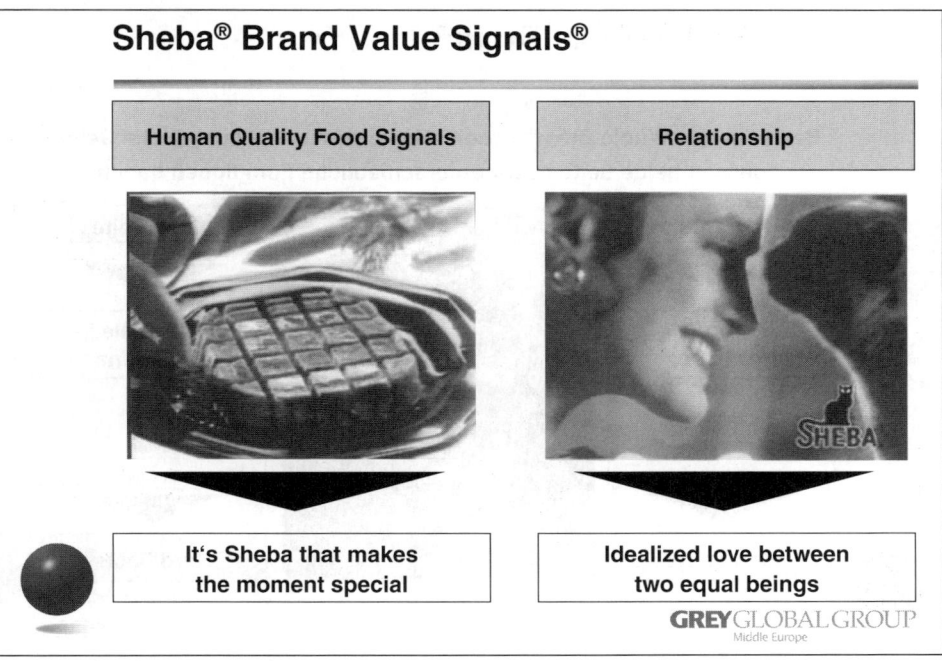

Abb. 7b: SHEBA: Das besondere Gefühl schafft Added Value

Abb. 8:   Emotional Linking: von „Trust Brands" zu „Love Brands"

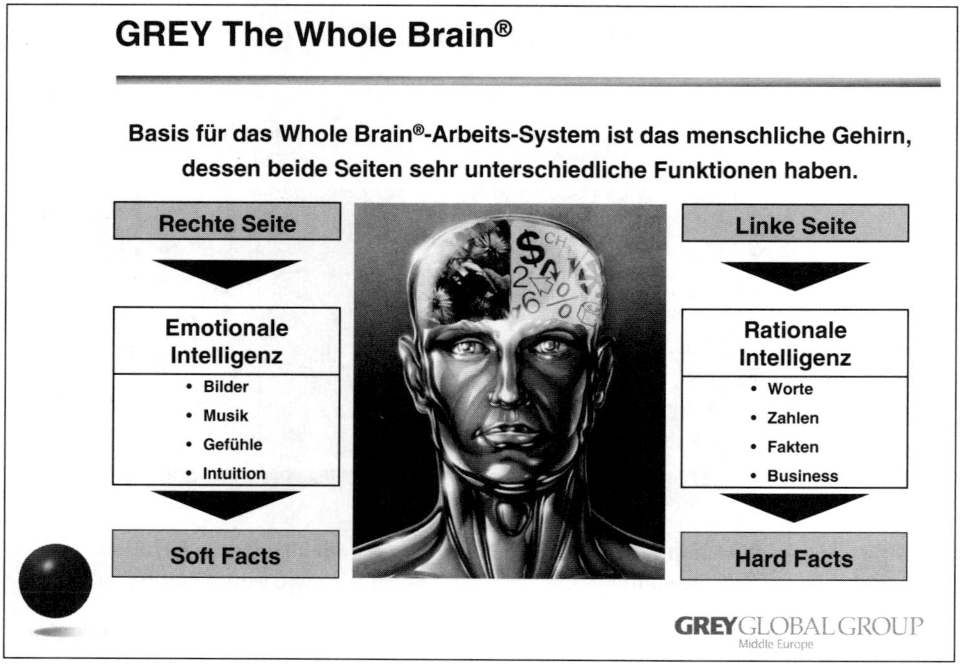

Gehirnhälfte der Umworbenen anzusprechen – sie ist dominant unter anderem in Bezug auf schöpferisches Empfindungsvermögen sowie Gefühlsausdruck und -erkennung.

Der Whole Brain-Ansatz setzt emotionale und rationale Werte in ein ausgewogenes Verhältnis zueinander; er ergänzt Hard Facts (Worte, Zahlen, Daten) durch Soft Facts (Bilder, Musik, Gefühle). Marken gewinnen Profil durch „emotional linking" – der entscheidende Schritt von der Produktdifferenzierung (USP) zur Emotional Selling Proposition (ESP).

Zum Beispiel: Der Whole Brain Approach für AOL verbindet das Argument der einfachen Bedienung (Ratio) mit dem sympathischen Leitbild Boris Becker (Emotio).

III. Wertschöpfung durch Kontinuität in der Markenführung

Mit der Entwicklung eines starken Brand Value Signals und dem ausgewogenen Einsatz rationaler und emotionaler Aspekte wird der Standort der Marke eindeutig deklariert. Im Kopf des Umworbenen nimmt sie eine unverwechselbare Position ein.

Zur Festigung dieser Position ist disziplinierte Markenführung unerlässlich. Kontinuität ist Bestandteil dieser Disziplin.

Der Marlboro-Cowboy reitet seit mehr als dreißig Jahren für Philip Morris und ist in dieser Zeit – ohne alt zu werden – zum Synonym für eine richtige Zigarette geworden. Gleichzeitig hat der Konkurrent Camel auf seinem Zick-Zack-Kurs zwischen dem Claim „Ich gehe meilenweit . . ." und spaßigen Stofftieren deutlich an Boden verloren.

Markenaufbau und Wertschöpfung brauchen Kontinuität und Dauerhaftigkeit, um langfristig zum Erfolg zu führen. Ebenso unerlässlich ist eine stringente Marken-Architektur.

IV. Wertschöpfung durch eine optimale Marken-Architektur

Die gesteigerte Konzentration der Unternehmen auf den Shareholder-Value diktiert auch dem Marketing eine Return-on-Investment-Mentalität. In den Marken-Portfolios beginnt das große Aufräumen: Alle Förderung den profitablen Cashcows und den viel versprechenden Neuentwicklungen – kein Geld mehr für die Stars von gestern oder für marginale Spezialitäten. Nebenmarken werden eingestellt oder verkauft.

In Advertising Age war zu lesen, dass ein so proliferationsfreudiges Unternehmen wie Unilever seine Marketing-Unterstützung von 1600 auf diejenigen 400 Marken konzentriert hat, die 90% des Umsatzes bringen. In Deutschland tritt die Firma bisher auf drei Marken-Ebenen auf: Mit der Holding-Marke Unilever, mit mehreren Unternehmensmarken – wie Langnese und Union – und mit einer ganzen Armada von Produkt-Marken wie Magnum und Rama, Omo und Rexona.

Wieviele Marken-Ebenen kann ein Unternehmen sich leisten?

Die Weltmarke NOKIA leistet sich genau eine: „NOKIA. Connecting People". Mit dieser Aussage meldet sie sich auf dem Kapital- wie auf dem Personalmarkt, beim Handel und beim Endkunden, dem sie ein reiches Sortiment an Mobilephone-Modellen anbietet.

Dachmarken reduzieren Komplexität. Nur eine stringente (Dach-)Marken-Architektur eröffnet kommunikative Effizienz-Reserven. „NOKIA. Connecting People" ist Leitthema der ganzheitlichen Markenführung: In der klassischen Kommunikation, im Marken Guide Book, auf der Home Page, auf dem Messestand.

NOKIA, übrigens, ist (lt. Interbrand) mit einem Markenwert von 38 Milliarden Dollar die fünftteuerste Marke der Welt – wegen ihres kaum noch zu steigernden Bekanntheitsgrades und ihres wertschöpfenden Images.

V. Wie man im Wettbewerb mit einem Monopolisten Wertschöpfung durchsetzt

Im Wettbewerb der Online-Dienste war Ende der neunziger Jahre der Showdown zwischen dem Monopolisten T-Online und dem Newcomer AOL besonders spannend. Wie bei anderen Medien hat auch der Provider-Markt zwei Seiten: die Marketing-Leute bemühen sich, möglichst viele Intensivnutzer hereinzuholen, der Anzeigenvertrieb will diese Nutzer möglichst vielen Werbekunden schmackhaft machen.

Die AOL-Kampagne zielte darauf ab, eine hohe Zahl von Usern zu gewinnen, sie zum häufigen Besuch der AOL-Site zu animieren und möglichst lange darauf festzuhalten. Dies gelang mit einer ausgefeilten Kommunikations-Mechanik:

Für das Image-Dach sorgte eine Leitfigur mit hohen Sympathiewerten: Boris Becker. Seine Frage „Bin ich schon drin oder was?" war nach drei Monaten der meistzitierte – und meistkopierte – Slogan in Deutschland. Und das für eine Marke, die bis dahin ein Schattendasein führte und mit authentischer Werbung zum Meinungsführer wurde.

Abb. 9: Ein Brand Value Signal macht die Werbung unverwechselbar.

Der einfache Zugang zu AOL war auch in der Printwerbung das zentrale Thema; es wurde unterstützt durch breit gestreute Gratis-Software sowie durch eine Vorteils-Argumentation, die den vielschichtigen Inhalt der AOL-Seiten hervorhob.

Content is King: Es ist AOL in der Tat gelungen, die durchschnittliche Verweildauer auf seiner Website dramatisch hochzutreiben. Mit rund 400 Minuten monatlich pro privatem Nutzer übertrumpft die Marke den Konkurrenten T-Online (rund 50 Minuten) heute um ein Vielfaches. Entsprechend rege wird die AOL-Site von der Werbewirtschaft gebucht.

VI. Wertschöpfung durch präzise Consumer Insights

Consumer Insights sind die Grundlage für erfolgreiches Marken-Management.

Selbstverständlich wird nur derjenige Anbieter die richtige Einflugschneise in den Kopf des Umworbenen finden, der sich in diesem Kopf auskennt. Er muss wissen, wie, wann und wo die Verbraucher das Produkt nutzen. Er muss verstehen, welche emotionalen und rationalen Werte („Benefits") sie mit der Nutzung verbinden.

Niemand kann alle Verbraucher über einen Kamm scheren. Wenn sie aber bestimmte Merkmale miteinander teilen, lassen sie sich bestimmten „Milieus" zuordnen. Zum Beispiel nutzt die Firma NOKIA Typologien, um ihre einzelnen Handy-Modelle im jeweils ergiebigsten Zielgruppen-Segment zu platzieren.

Die Typologie ordnet die (Mobil-)Telefonierer nach ihrem Kommunikationsverhalten und unterscheidet: Highflyer, Poser, Social Contact Seekers, Trendsetters, Youth und andere.

Der „Poser", beispielsweise, ist überwiegend männlich, 25 bis 39 Jahre alt, job- und fun-orientiert. Er ist trendy, markenbewusst und sehr gesellig. Seine Mobilfunk-Rechnung wird vom Arbeitgeber bezahlt.

Der Typ „Youth" hat eine Sonderstellung. Er ist – als Teenager – der Kunde von morgen, will aber auch schon heute immer online sein; sein SMS-Aufkommen ist hoch. Individueller Look und eine an Kult grenzende Marken-Orientierung sind ihm wichtig.

Aus dem Verständnis für solche Segmente gewinnt NOKIA Impulse für die Produktentwicklung; Basic, Mid und High sind nur die einfachsten Parameter, nach denen das Unternehmen seine Angebote differenziert.

Abb. 10: Die Kunden-Typologie bestimmt die Produkt-Entwicklung.

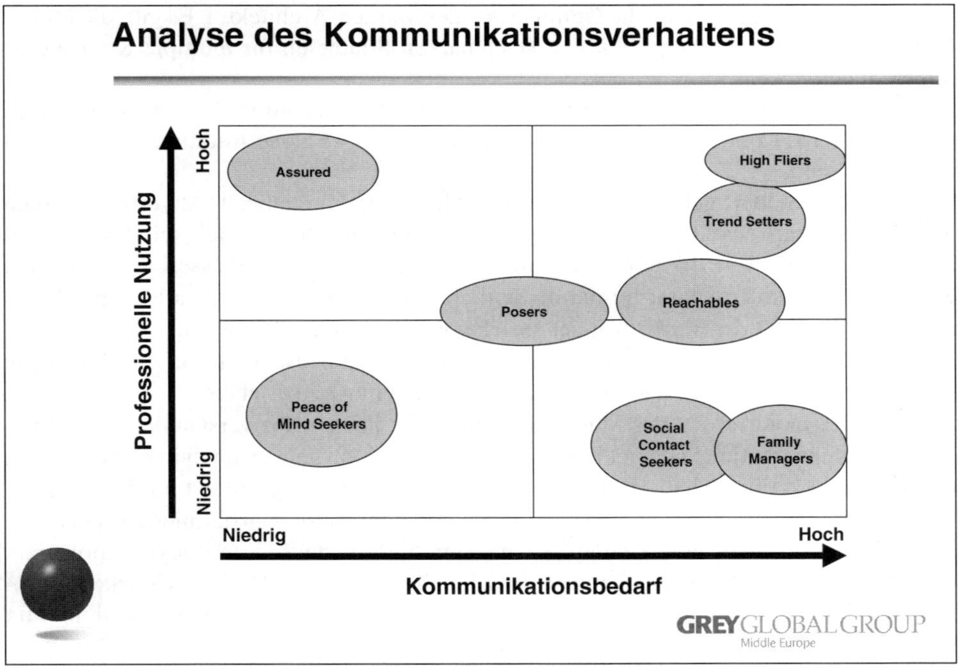

VII. Steigerung der Wertschöpfung durch integrierte Kommunikation

1. Integrierte Kommunikation

Wenn der Konsument immer weniger zur Marke kommt, muss die Marke zum Konsumenten gehen. Das bedeutet: Die Marke darf nicht länger auf Besuch warten, sondern muss sich der Kundschaft in den Weg stellen, indem sie deren Wege an vielen erdenklichen Stellen kreuzt. Zu diesem Zweck müssen viele Instrumente zu integrierter Kommunikation ineinander greifen:

Werbung, Verkaufsförderung, Database-Marketing, Sponsoring – und nicht zuletzt Internet-Offerten – gehören unter anderen dazu.

Klassische Werbung allein genügt nicht mehr. Die Herausforderung der Zukunft liegt in der Ausschöpfung von Synergie-Vorteilen durch die Vernetzung der eingesetzten Disziplinen. Markenkompetenz muss heute übergreifend wirksam werden – durch eine Strategie, die alle Ebenen der Kommunikation miteinander verbindet.

Die Realität ist noch weit davon entfernt. Ganzheitliche Markenführung fehlt weitgehend, stattdessen ist kommunikativer Wildwuchs an der Tagesordnung. Aus Unkenntnis über die Wirkungszusammenhänge werden die einzelnen Instrumente isoliert voneinander geplant. Die Folge: Unkoordinierte Solo-Auftritte, die sich in ihrer Wirkung behindern, anstatt einander zu unterstützen.

2. In drei Schritten zur Synergie

Im **ersten Schritt** geht es um die Optimierung der Marken-Architektur. Es gilt, die Mono-Marken-Potentiale zu überprüfen und Dachmarken-Strategien für multiple Kompetenzfelder zu entwickeln.

So wurde beispielsweise der Marken-Auftritt von NOKIA auf nur eine Ebene konzentriert. „NOKIA. Connecting People" – darum herum gibt es keine Additive; darunter wildert nichts aus.

Im **zweiten Schritt** geht es um eine formal identische Markenwelt. Angestrebt werden unverwechselbare Marken-Schlüsselsignale und die totale Durchgängigkeit des Markenauftritts. Damit alle Effizienz-Potentiale ausgeschöpft werden, müssen die genutzten Kanäle den zentralen Claim formal einheitlich transportieren – durch alle Maßnahmen muss sich die Welt der Marke wie der sprichwörtliche rote Faden ziehen.

Bei NOKIA ist diese Durchgängigkeit in Anzeigen und Broschüren, auf der Homepage und im Store, im TV-Spot und in der Bedienungsanleitung zu erleben.

Solche Harmonisierung des Markenauftritts sollte heute selbstverständlich sein. Integrierte Kommunikation bedeutet jedoch viel mehr. Deshalb geht es im **dritten Schritt** um den Kommunikations-Mix, der auf Return-on-Investment hin gesteuert wird. In der gewählten Maßnahmen-Kombination muss jedem Element eine genau definierte – und messbare – Wirkung zugewiesen werden. Thema sind hier die optimierte Budget-Allokation, gewichtetes Zielgruppen-Management (einschließlich Customer Relations Marketing) sowie eine objektivierte Erfolgsmessung, wobei der ROI-gesteuerte Kommunikations-Mix an die Lebensphasen der Marke anzupassen ist.

3. Ein Arbeitsmodell für integrierte Kommunikation: GREY Brand Synergy 130®

GREY Brand Synergy 130® ist der Beginn einer neuen Hard Facts-Markenführung. Grey hat damit ein Arbeitsmodell für integrierte Kommunikation entwickelt, das konkrete Zahlen liefert. Durch die systematische Vernetzung sämtlicher Kommunikationsdisziplinen und Medien garantiert das Modell bis zu 30 Prozent mehr Wirkung bei gleichem Budget bzw. 30 Prozent Einsparung ohne Wirkungsverluste.

Abb. 11: In drei Schritten zur integrierten Markenkommunikation.

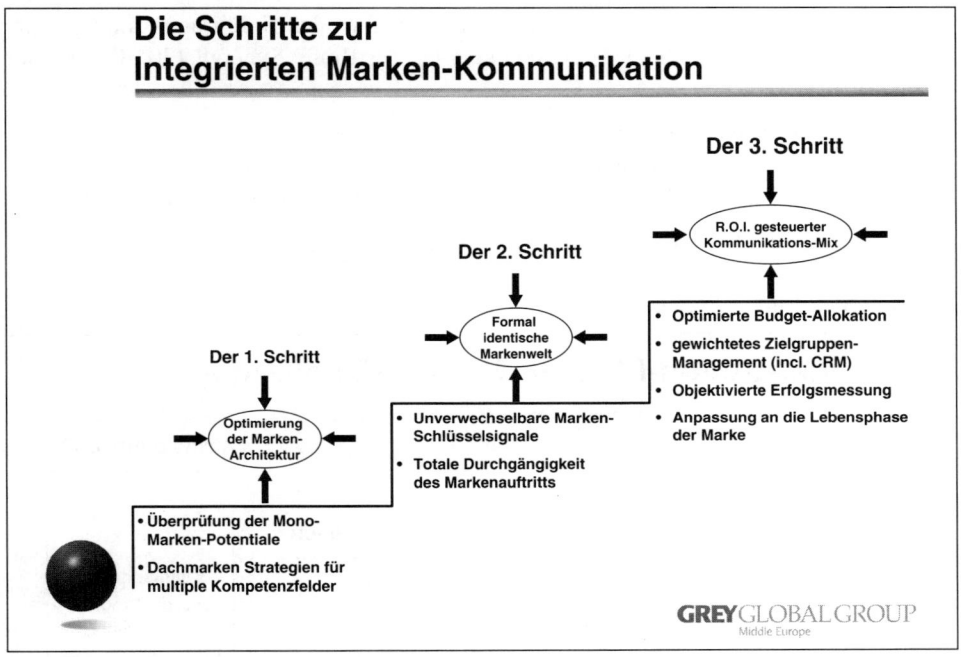

Abb. 12: Brand Synergy 130®

Die Marke e·on ist ein gutes Beispiel.

Der Status der Marke wurde zu Beginn und zum Abschluss der Einführungskampagne gemessen. Zwischen diesen beiden Messpunkten lag der Brand Synergy 130®-Prozess. Er optimierte dreierlei:

– die integrierte Marken-Kommunikation auf allen Kanälen.
– die Budget-Allokation auf die einzelnen Kommunikationsinstrumente.
– den integrierten Work Flow zur Beschleunigung der Marketingprozesse.

Etabliert wurde die Marke e·on nach einem Vier-Stufen-Plan:

Abb. 13: Vier-Stufen-Plan e·on

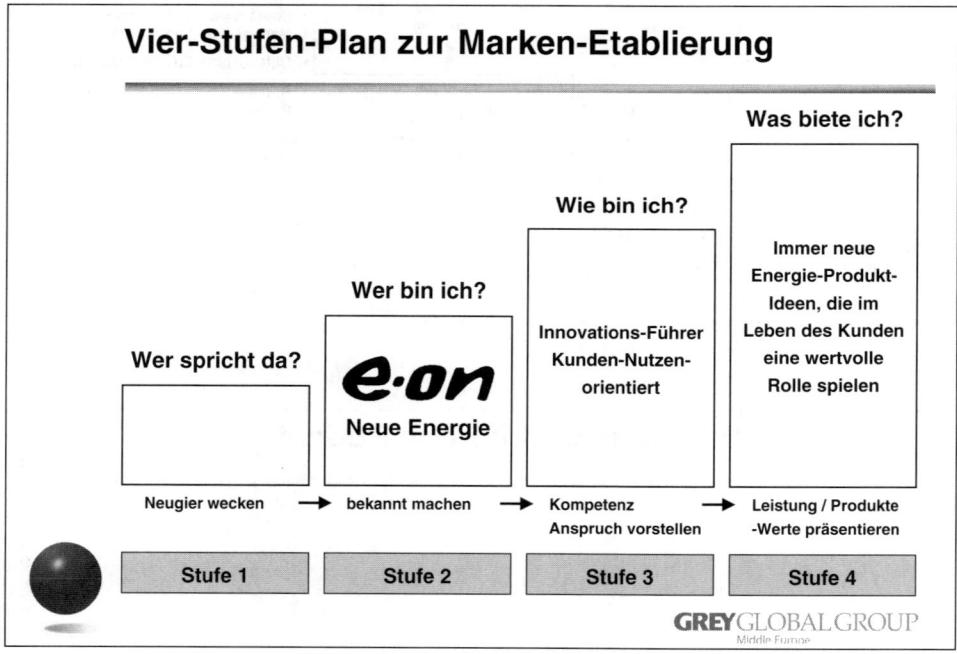

Die Resultate können sich sehen lassen:

In der ungestützten Markenbekanntheit überholt e·on nach vier Monaten die bisher führende Marke. Erzielter Wert im November 2000: 75%.

In der ungestützten Werbe-Erinnerung überholt e·on schon nach zwei Monaten die bisher führende Marke. Erzielter Wert im November 2000: 66%.

Auf Anhieb erobert e-on Platz 5 der wertvollsten deutschen DAX-Unternehmen.

Es wäre falsch, integrierte Kommunikation als Wirkstoffkombination aufzufassen, die einmal abgestimmt wird und dann für alle Zeiten ihren Nutzen bringt. Vielmehr müssen die einbezogenen Maßnahmen dem Lebenszyklus einer Marke folgen – und dabei unterschiedliche Voraussetzungen beachten.

4. Lebenszyklen einer Marke

Mit der erfolgreichen Einführung einer Marke ist die Arbeit nicht getan. Marken durchlaufen Zyklen, die vom Aufbau zum Ausbau, von der Kundenbindung zur Revitalisierung reichen. Jede Station des Zyklus verlangt den Einsatz von Kommunikations-Paketen in unterschiedlichem Mix.

Dieser Mix kann nach dem derzeitigen Stand der Dinge auf folgende Instrumente zurückgreifen:

Klassische Werbung:

TV-, Radio-, Plakat und Kino-Werbung: Image-Aufbau zur langfristigen Markenführung, Steuerungs-Disziplin integrierter Kommunikation.

Public Relations:

„Verlängerter Arm" der Markenführung, steuert die Beziehung und den Informationsfluss zu allen wichtigen Zielgruppen, insbesondere Meinungsführern und Investoren.

Brand Design:

Etabliert Marken mit unverwechselbarem Brand Character durch Design und Verpackung.

Event-Marketing:

Intensiviert die Markenbeziehung und lädt sie emotional auf. Die Marke trifft direkt auf ihre Zielgruppe, als Inszenierung oder bei speziellen Aktionen.

Point-of-Sale-Marketing:

Schafft den direkten Kontakt zwischen Zielgruppe und Produkt. Liefert Impulse für Erstkäufe, aber auch zur Markenaktualisierung.

Dialog-Marketing:

Direkte Kommunikation mit den Zielgruppen per Telefon, Mailings oder E-Mails. Datenbank-Systeme ermöglichen modernes Customer-Relationship-Marketing zur Kundengewinnung und -bindung.

Sponsoring:

Direkter oder medialer Markenauftritt auf Werbeflächen und bei Events, die andere bereitstellen bzw. veranstalten. Schafft Imagetransfer vom Event zur Marke und steigert die Markenbekanntheit.

Internet:

Neben dem Dialogmarketing die einzige „echte" interaktive Disziplin. Einbindung der Kunden in die Markenwelt; Bereitstellung von Content und Services zur Vertiefung der Kundenbeziehung und Ausdifferenzierung der Marken-Philosophie.

Abb. 14: Für jede Lebensphase der Marke gibt es eigenständige strategische Ziele der Markenführung – und einen optimalen Kommunikations-Mix (Beispiel).

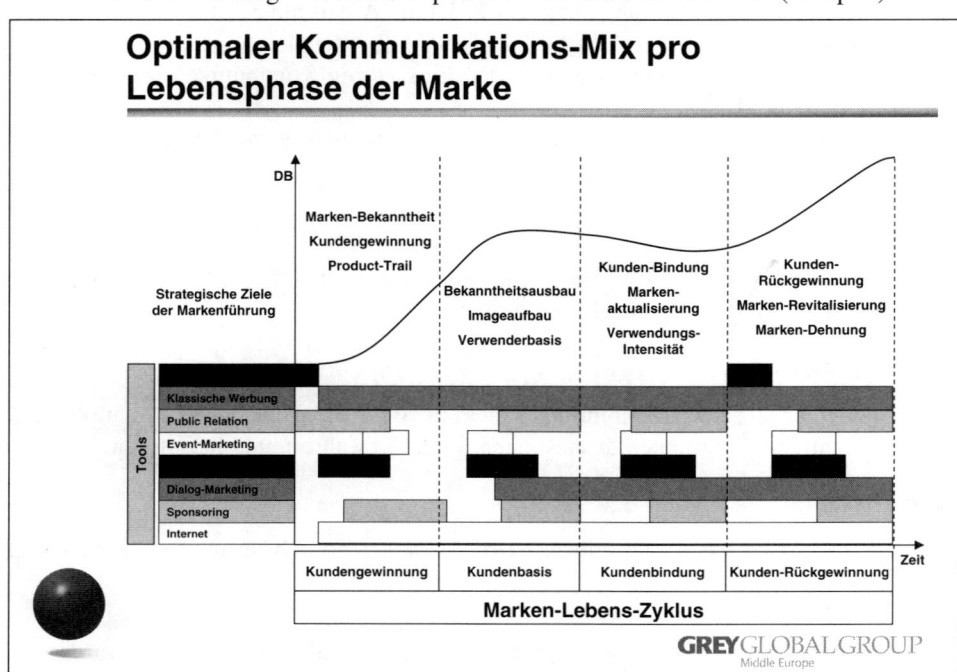

C. Wertschöpfung durch optimale Online-Nutzung

I. Das Internet als Vertriebsmedium

Das Internet wird so selbstverständlich werden wie alle anderen Medien – schon allein, weil es nicht nur Kommunikationskanal ist, sondern auch Vertriebsmedium. Dieses Medium kann beachtliches leisten:

Das größte E-Commerce-Geschäft weltweit macht die britische Tesco Direct. Die Company hat insgesamt über 750.000 registrierte Kunden – und innerhalb eines Jahres 200.000 neue gewonnen. Bei 60.000 Aufträgen pro Woche erzielte das Unternehmen im Jahr 2000 einen Umsatz von rund 250 Millionen Pfund.

Die Kunden bestellen per Telefon und Fax – und immer häufiger per Mausklick. Die Ware kommt „from mouse to house" – Lebensmittel und Computerspiele, Blumen und Bücher, Mode und Möbel. Tesco setzt mehrstufige Direktmarketing-Aktivitäten ein: Telemarketing stöbert interessierte Kunden auf, Kataloge und CD-ROMS aktivieren sie. Zu den Follow-up-Aktivitäten gehört die Tesco Club Card, deren Nutzungsdaten lukrative Kundensegmente identifizieren.

Das Internet erschließt ein viel versprechendes wirtschaftliches Potential, und seine Entwicklung steht erst am Anfang. Die erfolgreiche Nutzung des neuen Mediums setzt allerdings voraus, dass die Regeln der Markenführung beachtet werden.

Denn das Wesen des Internets mutet den Menschen einiges zu. Vielen ist der Kauf bei virtuellen Adressen nicht geheuer: Wenn die Online-Bank keine Tür hat, durch die ich gehen kann – wem kann ich dann meinen fehlerhaften Kontoauszug auf den Tisch hauen?

Hinzu kommt: Rund um die Welt kann jeder ins Netz stellen, was ihm einfällt. Ein in seinen Dimensionen und Verzweigungen unübersehbares Universum lädt den Nutzer zum Besuch ein, verlangt aber Navigationstechniken, die er noch nicht gelernt hat. Von unruhigen – oft chaotischen – Sites ist der User ebenso verwirrt wie von der schieren Fülle des Angebots. Er gerät in Orientierungsnot: „Wer spricht da zu mir? Und was will er mir sagen?"

II. Erfolgreiches Branding von On- und Offline-Marken im Internet

Marken sind Orientierungs-Punkte für Menschen. Wer unverwechselbare (Marken-)Signale sendet, vermeidet Austauschbarkeit auch im Internet. Ein scharfes Profil ist unentbehrlich: Wenn Eigennamen erklärungsbedürftig sind, hilft ein Claim, der knapp und einprägsam erste Hinweise über das Angebot gibt. ricardo.de ist „the auction channel".

Abb. 15: Sind Offline Brands die besseren Online Brands?

III. Die neue Quadratur der Marke: „Beide Welten"

Online-Marken manifestieren sich auf dem Monitor überwiegend über Ratio und Content. Was ihnen oft fehlt, ist emotionale Bodenhaftung. Dell, einer der größten PC-Hersteller der Welt und zugleich einer der erfolgreichsten Direktanbieter, hat das erkannt. Er unterstützt seine Internet-Angebote durch Anzeigen, die den freundlichen Gründer zeigen: Ein lächelnder Michael Dell erläutert seine Firmenphilosophie.

Offline-Brands werden – in der realen Welt – von Emotio plus Ratio gebaut. Für sie stellt sich die Frage, wie sie die emotionalen Werte in ihren Netz-Auftritt übertragen. Sie sind gut beraten, wenn sie formale Konstanten ihres Markenauftritts ins Internet mitnehmen: Viele Offline-Marken scheitern bei ihrem Sprung ins Internet an dieser Stelle.

Farben, Signale und Worte machen Marken. Key Visuals aus der Printwerbung bauen eine Brücke auf die Homesite – zum Beispiel beim Otto-Versand oder bei BOSS. Der Lycos-Hund („Ihr persönlicher Internet-Guide") wedelt sowohl on- als auch offline mit dem Schwanz. Bewährte Schriftzüge und Signets (Coca Cola, Kellogg's) melden dem Internet-User sofort, dass er an der richtigen Adresse ist – und in bewährten Händen. Wenn der Nutzer dieses belebende Gefühl verspürt, hat der Markenartikel seine Qualitäts- und Leitfunktion im neuen Medium erfüllt: Mission accomplished.

Abb. 16: Die neue Quadratur der Marke: Online-Brands müssen realer werden, Offline-Brands virtueller

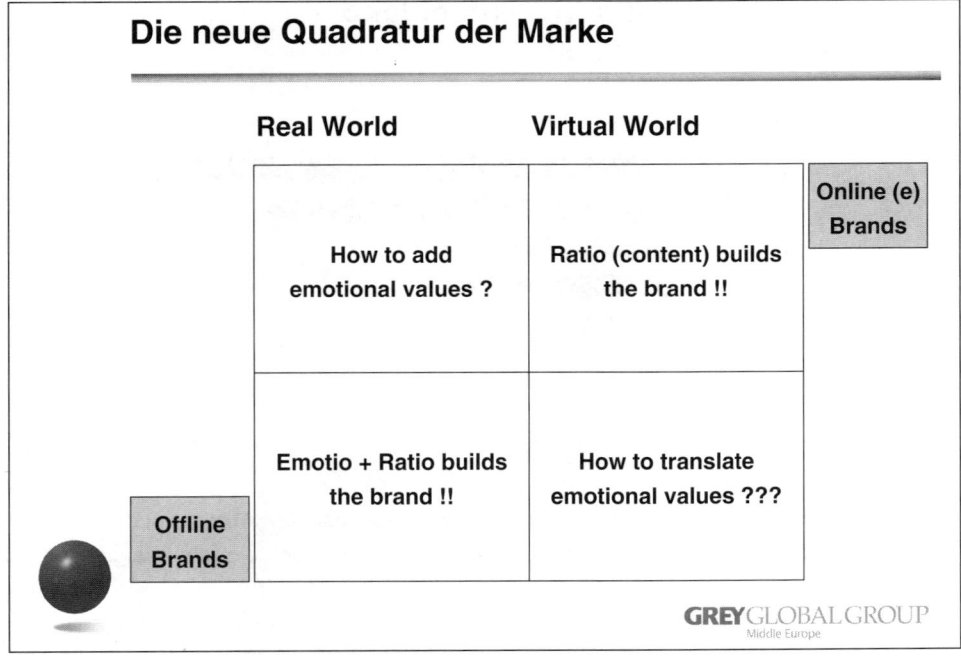

IV. Die Marke ist tot – es lebe die Marke

Die Marke hat Zukunft, ohne Zweifel. Ihre Idee ist im Kern gesund – und etwas besseres ist noch nicht erfunden worden.

Nur die Marke kann einem Produkt, einem Service eine unverwechselbare Position im Kopf des Umworbenen zuweisen. Nur die Marke fasst Qualitäten und Leistungen in einem Kürzel zusammen, das – wenn aufgerufen – erwünschte Assoziationen aktiviert und spezifische Wünsche anspricht.

Das Markenkapital ist wichtiger als das Stammkapital.

Vitale Marken tragen zur Wertschöpfung entscheidend bei. In den Worten eines General Managers, der es wissen muss: „Procter & Gamble wird in den Balance Sheets mit 20 Mrd. $ bewertet und mit ca. 100 Mrd. $ an der Börse gehandelt. Die Differenz bildet den Wert unserer Marken."

Im Wertschöpfungsprozess hat das Ansehen der Marke eine defensive und eine offensive Funktion. In preisaggressiven Märkten leistet ein gefestigtes Markenbild dem Downtrading hartnäckigen Widerstand. In stagnierenden Märkten ist es die Verdrängungskraft der Marke, die Umsatz und Rendite bestimmt.

Allerdings schafft die Marke das nicht nur dadurch, dass sie überall erhältlich und gern zu Diensten ist. Vielmehr muss sie in der Wahrnehmung des Marktes immer wieder zu neuer Hochform auflaufen.

Zu erfinden ist, was fehlt: Neue Wünsche.

Gekonntes Markenmanagement erzeugt solche Hochform durch eine stringente Markenarchitektur, durch das Ausreizen von Synergie-Effekten sowie durch die Kreation klarer Signale, die – emotional aufgeladen – der Marke im Wertsystem des Umworbenen eine bevorzugte Position sichern.

Auf unseren Märkten sind nicht mehr die Angebote knapp, sondern die Wünsche. Es gilt also, neue Wünsche zu erfinden – durch substantielle Innovationen ebenso wie durch die Feinabstimmung von Marken-Portfolios auf vielfältige Mentalitäten und Möglichkeiten. Aber schon eine neue Sicht auf die Dinge kann neue Zuwendung auslösen: Neugier ist stets der erste Schritt – für den Erfolg der Markenkommunikation und damit für die Zukunft der Marke.

Zusammenfassung

Der Markenartikel hat jahrzehntelang eine dominierende Rolle in der Warenwelt gespielt. Mit seiner Qualitäts- und Leitfunktion hat er die Verbraucher überzeugt; den Anbietern hat er gute Renditen gesichert. Heute verliert die Marke an Boden. Produkte und Marketing-Instrumente sind einander zu ähnlich geworden; weil die Konsumenten nüchterner rechnen, grassiert der Preisverfall. Gegenüber den Herstellern hat der Handel immer mehr an Kraft gewonnen; er besetzt wichtige Segmente mit Eigenmarken und spielt deren preislichen Vorteil aus.

Wenn die Marke wieder auskömmliche Wertschöpfung erzeugen soll, muss das Markenmanagement zu allererst absolute Klarheit über die Befindlichkeiten und Bedürfnisse seiner Zielgruppen gewinnen: Consumer Insights sind das A und O im Marketing. Aus diesem Verständnis heraus muss die Marke emotionale und rationale Werte in ein ausgewogenes Verhältnis setzen und mit deutlichen Signalen vermitteln. Sie braucht Kontinuität und eine optimale Architektur – und sie muss bewährte und neue Möglichkeiten für integrierte Kommunikation nutzen.

Summary

For decades branded products have played a dominant role in the different markets. Their function as model products, setting the standard for quality, has convinced consumers; to their suppliers they yielded high returns. Today brands are loosing ground: products and marketing-tools have grown too similar; consumers calculate more rationally resulting in a rampant drop-off in prices. Trade has grown his muscle vs. manufacturers; he occupies important segments with own trade brands using competitive pricing to his advantage.

If brands are to yield adequate value again, brand management needs to be totally clear about the sensitivities and needs of its target groups: consumer insights are essential to marketing. With this in mind, brands need to strike a balance between emotional and rational values and clearly communicate both. They need continuity and the best possible architecture and they need to use tried and new opportunities for integrated communication.

60: Allgemeine Fragen des Absatzes (JEL M30)
62: Absatzplanung (JEL M30)

Unternehmenskultur und geistiger Wandel

Die tieferen Herausforderungen der Globalisierung

Von Hermann Simon

Überblick

- Globalisierung ist ein Phänomen, das über den Austausch von Gütern hinausgeht.

- Talentgewinnung, Führungskräfteentwicklung und die Bildung einer globalen Unternehmenskultur werden zunehmend bedeutsamer.

- Doch die Globalisierung ist auch physischen und geographischen Grenzen unterworfen.

- Unternehmen können im Hinblick auf die Globalisierung von anderen Gesellschaftsbereichen wie dem Sport und der Kultur lernen.

Eingegangen: 15. September 2001

Professor Dr. Hermann Simon ist Vorsitzender der Geschäftsführung von SIMON, KUCHER & PARTNERS Strategy & Marketing Consultants in Bonn, München, Paris, Boston, London, Tokio, Wien und Zürich sowie Visiting Professor an der London Business School (www.simon-kucher.com).
Haydnstr. 36, 53115 Bonn

A. Was ist Globalisierung

Was ist eigentlich Globalisierung? Was bedeutet Internationalisierung der Märkte und des Wettbewerbs? Traditionell verbinden wir mit diesen Begriffen Aspekte wie Export, Auslandsinvestitionen oder Akquisitionen. Doch das sind nur die sichtbaren und keineswegs neuen Manifestationen des Phänomens der Globalisierung. Die wirklichen Herausforderungen der Globalisierung liegen tiefer, in unseren Köpfen und unseren Herzen. Sie sind geistiger, emotionaler, kultureller Art.

Dabei steht die Globalisierung erst am Anfang. Im Jahre 1900 betrug der Weltexport 6 Dollar pro Kopf der Weltbevölkerung. Heute liegt dieser Wert bei 1000 Dollar.[1] Zwei Drittel des Anstieges ereigneten sich dabei in den letzten zwanzig Jahren. Ich wage die Prognose, dass sich diese Zahl in den nächsten zwanzig Jahren auf 2000 Dollar Weltexport pro Kopf vergrößern wird – bei steigender Weltbevölkerung. Eine ungeheure Explosion! Was steckt dahinter? Die Wünsche von Milliarden Menschen! Selbst ein scheinbar gesättigter Markt wie der Automarkt wird sich weltweit verdoppeln. Heute haben 60% aller Menschen noch nie einen Telefonanruf erhalten, 70% Prozent noch nie ein Photo gemacht. Die Potenziale der Globalisierung sind unvorstellbar.

Wie zeigen sich die Probleme der kulturellen Integration nun konkret? Ein Beispiel, das mir der Vorstandsvorsitzende eines großen deutschen Industrieunternehmens kürzlich berichtete. Er sagte: „Wir haben eine amerikanische Firma gekauft. Um führende Mitarbeiter zusammenzubringen, entsandten wir eine größere Zahl von Amerikanern in unsere deutschen Fabriken. Es war ein Desaster. Die Amerikaner wurden vom deutschen Immunsystem regelrecht abgestoßen. Die deutschen Ingenieure taten alles, um zu beweisen, dass die Amerikaner nichts können und schlechte Qualität produzieren. Zwei völlig unterschiedliche Kulturen kollidierten. Wir fangen jetzt wieder ganz von vorne an."

Globalisierung ist kein neues Phänomen.[2] Es gibt globale Organisationen, die sehr alt sind. Ein Beispiel ist die katholische Kirche, ein anderes der Jesuitenorden. Die Jesuiten würde man in der heutigen Terminologie als „born global" bezeichnen. Denn die sieben Gründer stammten aus fünf Ländern. Und innerhalb einer Generation schaffte der Orden es, in allen wichtigen Ländern eine Basis aufzubauen. Der Italiener Matteo Ricci brachte zunächst das „Büro" in Japan ans Laufen und wartete dann in China zwanzig Jahre auf einen Termin beim chinesischen Kaiser – und bekam ihn. Es gab die „Weltreiche" von Fugger oder der englischen East India Company. Bayer gründete seine amerikanische Tochtergesellschaft bereits im Jahre 1864. Und Siemens erzielte schon vor dem Ersten Weltkrieg mehr als die Hälfte seines Umsatzes im Ausland, vor allem in Russland.

Zu dieser Zeit dürfte auch die kulturell am weitesten internationalisierte Gesellschaftsgruppe existiert haben – wenn man von Kirche und Adel absieht. Ich meine die Gesellschaft in der österreichisch-ungarischen Monarchie, vor allem das Bürger- und Großbürgertum. Stefan Zweig beschreibt diese mondialisierte Gruppe in seinem Buch „Die Welt von Gestern".[3] Es war selbstverständlich, dass man viele Sprachen beherrschte. Kürzlich besuchte ich in Los Angeles Peter Drucker, der dieser Welt entstammt, und sich heute, neunzigjährig, noch an viele Details erinnert. Er selbst wuchs zum Beispiel mit vier Sprachen auf.

Heute sind wir von einer Managerelite mit internationaler Kultur weit entfernt. Kürzlich stellte der Darmstädter Soziologieprofessor Michael Hartmann fest, „dass von einer wirklichen Internationalität des Topmanagements immer noch keine Rede sein kann" und es weder „eine gemeinsame Elitesozialisation" noch einen „eindeutigen transnationalen Habitus" gebe. Es fehle bisher an dem, „was die herrschenden Klassen alter Großreiche ausgezeichnet habe: eine gemeinsame Kultur und Sprache"[4].

Ich fasse zu einer ersten These zusammen:

These 1: Die Globalisierung ist ein altes Phänomen. Doch die Beschleunigung der Globalisierung beginnt erst jetzt, ihre Potenziale sind unvorstellbar. Die kulturelle und geistige Integration hinkt dabei der Internationalisierung der äußeren Gegebenheiten hinterher. Wir sind weit von einer Globalisierung der Köpfe und Herzen entfernt. Deshalb liegt hier die größte Herausforderung.

B. Talentgewinnung

Wo zeigen sich nun die konkreten Auswirkungen? Ich will im folgenden speziell auf Talentgewinnung, Führungskräfteentwicklung und Ausbildung eingehen.

Bei der Globalisierung geht es nicht mehr primär um Standorte, niedrige Kosten oder staatlichen Einfluss. Mit der Verlagerung auf eine Dienstleistungs-, Informations- und letztlich Wissensgesellschaft verlagert sich der Wettbewerb auf Wissen und Talente. Nur wer die Besten gewinnen und halten kann, wird im weltweiten Konkurrenzkampf obsiegen. Dazu schreibt das Wall Street Journal: „Global operierende Unternehmen befinden sich im Krieg um die besten Talente des 21 Jahrhunderts. Die Gewinnung von Weltklasseabsolventen wird immer schwieriger. Große wie kleine Firmen müssen diesen High-Potentials überzeugende Gründe bieten, zu ihnen zu stoßen und bei ihnen zu bleiben."[5]

Es versteht sich, dass die Unternehmenskultur in diesem Kontext eine herausragende Rolle spielt. Firmen, die eine stark durch nationale Eigenheiten geprägte Kultur aufweisen, tun sich bei der Gewinnung ausländischer Absolventen extrem schwer. Selbst kleine Unternehmen werden in dieser Hinsicht gefordert. Als Beispiel darf ich unsere eigene Beratungsfirma anführen. Wir haben zwar nur 160 Mitarbeiter, aber Büros in sieben und Mitarbeiter aus zwölf Ländern. Nur wenn wir es schaffen, diesen eine wirklich globale Unternehmenskultur zu bieten, haben wir eine Chance.

Das hat konkrete, bis ins Detail gehende Auswirkungen. Ein Beispiel: Bis vor zwei Jahren hatte unsere Weihnachtsfeier, zu der wir alle Mitarbeiter einladen, einen eindeutig christlichen Anstrich („Christmas Party"). Wir haben in unserem Kreis jedoch Angehörige jüdischen, moslemischen und shintoistischen Glaubens. Auf Wunsch einiger Mitarbeiter gestalten wir deshalb die Feier heute neutraler als früher, sie heißt jetzt „Holiday Party".

Und ich kann aus eigener Erfahrung sagen, wie schwer der Weg zur internationalen Unternehmenskultur ist. Ausländische Mitarbeiter müssen sich in fremden Umgebungen einarbeiten. Verständnis- und Sprachprobleme bedingen Friktionen und Effizienzverluste. Echte und vermutete Vorurteile führen zu falschen Entscheidungen. Solche Hindernisse und Reibungen lassen sich nur überwinden, wenn es seitens der Führung eine klare Vision und ein unbeugsames Durchhalten gibt.

These 2: Im globalen Wettbewerb geht es heute vor allem um die besten Talente. Diese wird man nur gewinnen und halten, wenn es gelingt, eine wahrhaft globale Unternehmenskultur zu schaffen, in der sich Mitarbeiter aus allen Ländern wohlfühlen.

C. Führungskräfte und Unternehmenskultur

Wie entwickeln wir nun die Führungskräfte, die all diesen Forderungen gerecht werden? Ich denke, wir müssen ganz vorne anfangen, das heißt in der Schule und in den Universitäten. Internationaler Schüler- und Studentenaustausch müssen massiv intensiviert werden. Je früher und umfangreicher solche Erfahrungen gewonnen werden, desto besser. Heute haben in Deutschland nur 15% der Topführungskräfte der 500 größten Unternehmen im Ausland studiert, nur ein Viertel hat überhaupt Auslandserfahrung, also Studium oder Praxis. In den USA haben sogar nur 2% im Ausland studiert, und insgesamt nur 7% Auslandserfahrung.[6] Was soll man da an internationaler Offenheit, Informiertheit, Verständnis erwarten? Für unsere Politiker sehen diese Zahlen wahrscheinlich noch katastrophaler aus, vor allem im Hinblick auf praktische Erfahrung. Das erklärt manches.

Die Internationalisierungsinitiative muss sich natürlich in der Personalentwicklung fortsetzen. Und zwar in weit größerem Maßstab als bisher. Erst eine Minderheit der Unternehmen fordert internationale Erfahrung als conditio sine qua non für die Beförderung in obere Ränge. Und noch weniger halten sich wirklich an diese Bedingung. Es ist nach wie vor der schnellste Weg, sich möglichst nah am deutschen Machtzentrum zu profilieren. Solange Auslandseinsätze das Risiko beinhalten, sich zu sehr vom Radarschirm des Vorstandsvorsitzenden zu entfernen, werden sich nur wenige danach drängen. Ich habe jedenfalls noch keine Firma kennen gelernt, die sich über zu viel internationales Talent beklagte, aber schon sehr viele, bei denen ein derartiger Mangel die Internationalisierung ernsthaft behinderte bzw. zu gravierenden Fehlbesetzungen führte.

Im übrigen ist es im Sinne der Kulturintegration unverzichtbar, dass nicht nur Deutsche ins Ausland entsandt werden, sondern in gleichem Maße ausländische Mitarbeiter an den deutschen Standorten Erfahrung gewinnen. Dieser Punkt erweist sich als sehr schwierig.

Das Haupthindernis ist dabei natürlich die Sprache. Ein Beispiel: Hochtief hat kürzlich ein sehr großes amerikanisches Bauunternehmen, Turner Construction, erworben. Ein meines Erachtens sehr gutes Mitarbeiteraustauschprogramm in beide Richtungen stößt bei den Sprachbarrieren an seine Grenzen. Letztlich gibt es hier nur einen Weg: Englisch als Unternehmenssprache. Deutschland schneidet in dieser Hinsicht im internationalen Vergleich nicht schlecht ab. Immerhin beherrschen 15% der Bevölkerung Arbeitsenglisch, in Frankreich liegt dieser Prozentsatz bei 3%, in Italien gar nur bei 1%.[7] Wir werden uns daran gewöhnen müssen, in zwei Sprachen zu leben. Englisch im Geschäft, Deutsch im Privatleben. Das ist im übrigen auch nichts Neues, früher wurde in der Kirche Latein und an den Höfen Französisch gesprochen. Schon Anton Fugger sagte: „Die beste Sprache ist die Sprache des Kunden". Und international erfolgreiche Handelsleute beherrschten stets fremde Sprachen, waren mit den Kulturen anderer Länder vertraut, zeichneten sich durch Urbanität aus.

Oft habe ich den Eindruck, dass kleine Firmen in dieser Hinsicht am weitesten sind. So verlangt die Nürnberger Firma Barth, ein „Hidden Champion" und Weltmarktführer bei

Hopfen, dass Führungskräfte drei Fremdsprachen sprechen. Geschäftsführer Peter Barth begründet diese Forderung nicht nur mir sprachlichen Aspekten, sondern mit dem tieferen kulturellen Verständnis: „Wer drei Fremdsprachen gelernt hat, der kann sich auf jeden Kunden in der Welt einstellen." Dem kann ich nur zustimmen und jedem Unternehmen, das international erfolgreich werden will, empfehlen, bei Fremdsprachen hohe Anforderungen an seine Mitarbeiter zu stellen.

Der internationale Tourismus spielt in diesem Zusammenhang eine wichtige Rolle. Jemand der Auslandserfahrung als Tourist gesammelt hat, ist wesentlich eher zu einem beruflichen Auslandseinsatz entsendbar. Wer erfahren hat, wie schwer sich Mitarbeiter ohne jede Auslandserfahrung bei solchen Vorhaben tun, wird dies bestätigen. Der Vorrat an auslandsbereiten Mitarbeitern, aus dem man in Deutschland schöpfen kann, ist relativ groß. So sagt mir der Chef der Firma Wirtgen, Weltmarktführer bei Straßenrecycling-Maschinen: „Wir brauchen immer wieder kurzfristig Teams, die wir irgendwo in der Welt einsetzen können. Wir haben heute genügend Leute, die zu solchen Einsätzen bereit sind. In kürzester Zeit kann ich ein Team zusammenstellen, egal ob das für Alaska oder für die Sahara ist. Im internationalen Vergleich ist das ein großer Wettbewerbsvorteil."[8]

Das bedeutet aber auch, dass Unternehmen bei Rekrutierung und Beförderung Auslandserfahrung stärker honorieren müssen. Der Anreiz, solche Erfahrungen zu gewinnen, steigt dadurch – eine positive Rückkopplung. Denn kulturelle Integration lässt sich effektiv nur auf dem Wege eigener Erfahrung erreichen. Per e-mail oder am Telefon gelingt das nur sehr unvollkommen.

These 3: Eine globale Unternehmenskultur kommt nur zustande, wenn die Menschen direkt interagieren und sich kennen lernen. Alle Maßnahmen, die diesem Ziel dienen, müssen höhere Priorität erhalten. Denn der mentale Prozess der Internationalisierung braucht sehr viel Zeit. Wenn er nicht genügend schnell bewältigt wird, wandelt sich das ungeheure Chancenpotenzial in eine kulturelle Zeitbombe.

D. Grenzen der Globalisierung

Trotz aller Euphorie und der scheinbaren Aufhebung von Ort und Zeit durch das Internet sollten wir auf dem Boden bleiben. Ich meine das im wörtlichen Sinne und will deshalb einige geographische Aspekte der Globalisierung ansprechen. Daraus ergeben sich auch kulturelle Implikationen. Wenn ich sage, dass kulturelle Integration persönliche Interaktion erfordert, dann stoßen wir auch an physische Grenzen.[9] Allerdings wird dieses Thema in der Diskussion unter den Teppich gekehrt. Das dürfte sich langfristig rächen. Denn die Erde hat nach wie vor 40 000 Kilometer Umfang, es gibt Zeitzonen, die Reisegeschwindigkeit hat sich seit den sechziger Jahren nicht erhöht und das Überschallzeitalter geht sogar zu Ende.

Vor einiger Zeit sprach ich mit einem Automobilvorstand. Er berichtete mir über seine zahlreichen Transatlantik- und Asien-Reisen und wie sehr diese an seiner Kondition nagen. Ein Geschäftsbereichsleiter eines Elektronikzulieferers beklagte sich über seine ständigen Reisen zu Kunden in Japan und im Silicon-Valley. Er war Anfang vierzig, sah aber eher wie Ende fünfzig aus.

Was sind die Konsequenzen? Die Internationalisierung wird sich vor allem auf Transatlantica konzentrieren. Diese Region entspricht im wesentlichen dem heutigen NATO-Gebiet. Transatlantica hat zwar mit gut 800 Millionen Einwohnern nur etwa ein Siebtel der Weltbevölkerung. Transatlantica erzeugt aber 59% des globalen Outputs und dürfte über 90% des ökonomisch relevanten Wissens auf sich vereinigen. Gerade in hochentwickelten Märkten wird die Musik für viele Jahrzehnte in Transatlantica spielen. Ich rate deshalb, sich bei der kulturellen Integration auf diese Region zu konzentrieren und sich nicht zu viel auf einmal vorzunehmen.[10]

Unter dem geographischen Aspekt der Globalisierung muss man die Position Westeuropas neu bewerten. Die geostrategische Position unserer Region ist einzigartig. Westeuropa ist nämlich die einzige Region der nördlichen Hemisphäre – dort liegen die Wirtschaftszentren –, in der man innerhalb etwas ausgeweiteter Bürozeiten mit ganz Eurasien und ganz Amerika (inklusive Westküste) kommunizieren kann. Die Ursache dafür liegt im „Dreieckscharakter" der Erde. Die drei Seiten des Dreiecks sind die eurasische Landmasse, Transatlantica (Westeuropa bis Westküste USA) und der große Pazifik. Westeuropa liegt genau in der Mitte der beiden „Landseiten" dieses Dreiecks. Der geostrategische Vorteil gilt nicht nur für die Telekommunikation, sondern auch für Reisen. Entscheidender Grund ist hier, dass man aus Westeuropa nie den weiten Pazifik überqueren muss, um in die wirtschaftlich bedeutsamsten Länder zu reisen. Man kann also schließen, dass sich Westeuropa für global operierende Unternehmen als Standort besonders eignet.[11] Von hier lässt sich die für die Kulturintegration unerlässlich mediale und persönliche Kommunikation am leichtesten bewerkstelligen.

These 4: Die Globalisierung bleibt den Gesetzen der Distanzen und der Zeitzonen unterworfen. Es ist ratsam, sich zumindest in der ersten Phase der kulturellen Integration auf Transatlantica zu konzentrieren. Westeuropa besitzt eine im Hinblick auf die Kommunikation einzigartige geostrategische Position.

E. Lernen von anderen Gesellschaftsbereichen

Von wem können wir nun lernen im Hinblick auf die mentalen und emotionalen Probleme der internationalen Unternehmenskultur? Hierzu einige abschließende Gedanken! Neben der schon erwähnten katholischen Kirche und ihren Orden gibt es viele Gesellschaftsbereiche, in denen die Internationalisierung sehr viel weiter fortgeschritten ist als in den Unternehmen oder der Politik. Herausragend in dieser Hinsicht sind die Kunst, vor allem die Musik, und der Spitzensport. In einem Weltklasseorchester finden sich heute Musiker aus vielen Nationen, der Dirigent kommt irgendwoher. Peter Drucker sieht „das Orchester als das Führungsmodell der Zukunft".[12] Bei den Salzburger Festspielen dirigierte der Inder Zubin Mehta die Wiener Philharmoniker. Die Oper „Iphigénie en Tauride" stammt von Gluck. Gluck kam aus Deutschland, die Sprache war französisch, die Darstellerin von Iphigénie war eine Engländerin, Orest wurde von einem Amerikaner gespielt, und die Zuschauer stammten wahrscheinlich aus mehr als 20 Ländern. Oder nehmen wir Spitzenmannschaften im Fußball. Kein Team kann mithalten, das sich nicht aus der ganzen Welt die besten Spieler zusammen sucht. Und der Trainer kommt von irgendwoher. Im Zweifel spricht er die Sprache des Landes, in dem er arbeitet, überhaupt nicht (etwa deutsche Trainer in der Türkei) oder auf dem „Habe fertig-Niveau" wie der Italiener Trappatoni. Es geht trotzdem. Ich rate dringend jedem Manager, sich einmal mit den Verantwortlichen zu unterhalten. Man kann eine Menge im Hinblick auf die Internationalisierung von Teams lernen. Ist es ein Zufall, dass das Sportunternehmen adidas den wohl internationalsten Vorstand eines deutschen Unternehmens hat? Neun Vorstände aus sechs Ländern!

Die letzte Herausforderung liegt in uns selbst. Für die meisten von uns ist die Nationalität Teil unserer Identität. Wir sollen unsere nationalen Werte auch nicht verleugnen, aber wir müssen über sie hinauswachsen, auf die Werte anderer Länder zugehen und sie integrieren. Wir müssen uns befreien von Vorurteilen, Stereotypen, Präferenzen und Verhaltensweisen, die Menschen aus anderen Ländern und Kulturkreisen stören. Natürlich dürfen wir das reziproke Verhalten von diesen erwarten. Wir alle sollten die Zacken beseitigen, an denen sich die anderen unnötig reiben. Wahre Globalität der Unternehmenskultur ist erst dann erreicht, wenn jeder Mitarbeiter unabhängig von seiner Herkunft, Nationalität, Kultur, Religion gefördert und befördert wird. Das ist ein langer Weg. Es ist die Überwindung des kulturellen Turms von Babel in unseren Köpfen und Herzen.

These 5: Es gibt zahlreiche Gesellschaftsbereiche, von denen Unternehmen im Hinblick auf die mentale Internationalisierung lernen können. Ziel ist das Erreichen wahrer Globalität, bei der die Herkunft nach Land und Kultur für das Fortkommen im Unternehmen keine Rolle mehr spielt.

Ich fasse zusammen:

1. Globalisierung ist alt, Globalisierung ist jung und beginnt gerade erst. Die wirkliche Herausforderung liegt in der Globalisierung der Köpfe und der Herzen.
2. Im globalen Wettbewerb geht es heute vor allem um die besten Talente. Diese gewinnt und hält man nur, wenn die Unternehmenskultur wahrhaft global ist und sich Mitarbeiter aus allen Ländern wohlfühlen.
3. Eine globale Kultur kommt nur zustande, wenn die Menschen direkt interagieren und kommunizieren. Alle Maßnahmen, die diesem Ziel dienen, verdienen höchste Priorität. Die Zeit drängt.
4. Die Globalisierung bleibt den Gesetzen der Distanz und der Zeit unterworfen. Eine Konzentration auf Transatlantica erscheint angezeigt, zumindest in der ersten Phase. Westeuropa besitzt eine geostrategisch einzigartige Position.
5. Bereiche wie Kunst und Sport sind in der Internationalisierung weiter als die Unternehmen. Von ihnen sollte man lernen, um möglichst schnell zu wahrer Globalität zu kommen. Globalität ist nichts anderes als die Überwindung des Turmes von Babel in unseren Köpfen und unseren Herzen.

Anmerkungen

1 Quelle: Statistisches Jahrbuch für das deutsche Reich 1905, IWF, UNO
2 Siehe hierzu u.a. Vern Terpstra, Ravi Sarathy, International Marketing, Forth Worth, Texas: Hartcourt College Publishers 2000.

3 Stefan Zweig, Die Welt von gestern – Erinnerungen eines Europäers, Stockholm: Bermann-Fischer 1944.
4 Michael Hartmann, Topmanagement – national oder international? in: Simon, H. (Hrsg./Ed.): Unternehmenskultur und Strategie – Corporate Culture and Strategy, Frankfurt a. M, 2001, S. 295f.
5 The Wall Street Journal Europe, February 23, 1999.
6 Michael Hartmann, Das Topmanagement – national oder international?, in: Hermann Simon (Hrsg.); Unternehmenskultur und Strategie, Frankfurt am Main: FAZ-Buch 2001.
7 Hermann Simon, Die heimlichen Gewinner, Frankfurt: Campus-Verlag 1997, S. 78.
8 Hermann Simon, Die heimlichen Gewinner, Frankfurt: Campus-Verlag 1997, S. 78.
9 Vgl. dazu auch Ghemawat, P.: Distance still Matters, The Hard Reality of Global Expansion, in: Harvard Business Review, September 2001, S. 137–147.
10 Zu näheren Ausführungen zu Transatlantica siehe Hermann Simon, Max Otte, The New Atlantic Century, Harvard Business Review, Jan – Feb 2000, S. 17, 20.
11 Hermann Simon, Die einzigartige geostrategische Position Westeuropas – Neubewertung im Lichte der Globalisierung, unveröffentlicht.
12 Peter F. Drucker, Management Challenges for the 21st Century, New York: Harper Business 1999.

Literatur

Drucker, P. F.: Management Challenges for the 21st Century, New York: Harper Business 1999.
Ghemawat, P.: Distance still Matters, The Hard Reality of Global Expansion, in: Harvard Business Review, September 2001, S. 137–147.
Hartmann, M.: Topmanagement – national oder international? in: Simon, H. (Hrsg./Ed.): Unternehmenskultur und Strategie – Corporate Culture and Strategy, Frankfurt a. M, 2001, S. 295–296.
Simon, H.: Die einzigartige geostrategische Position Westeuropas – Neubewertung im Lichte der Globalisierung, unveröffentlicht.
Simon, H.: Die heimlichen Gewinner, Frankfurt: Campus-Verlag 1997, S. 78.
Simon, H.; Otte, M.: The New Atlantic Century, Harvard Business Review, Jan–Feb 2000, S. 17, 20.
Statistisches Jahrbuch für das deutsche Reich 1905, IWF, UNO
Terpstra, V.; Sarathy, R. International Marketing, Forth Worth, Texas: Hartcourt College Publishers 2000.
The Wall Street Journal Europe, February 23, 1999.
Zweig, Stefan: Die Welt von gestern – Erinnerungen eines Europäers, Stockholm: Bermann-Fischer 1944.

Zusammenfassung

Der Beitrag beschäftigt sich mit der Frage, was Globalisierung eigentlich ist und Internationalisierung der Märkte und des Wettbewerbs bedeutet. Fünf Thesen fassen die Herausforderungen, die in der Globalisierung liegen zusammen und formulieren, dass Globalisierung ein junges wie altes Thema ist, deren Herausforderung in der Globalisierung von Köpfen und Herzen und deren Kern in den besten Talenten liegt. Globale Kultur, direkte Interaktion und Schnelligkeit sowie die anfängliche Konzentration auf Transatlantica sind ebenso Charakteristika der Globalisierung wie die Tatsache, dass Bereiche wie Kunst und Sport den Unternehmen in der Internationalisierung voraus und damit brauchbare Denkmuster sind.

Summary

The article discusses the real challenges of globalization and its meaning for the internationalization of markets and competition. Five theses are presented to describe the gist of globalization. The real challenge is to globalize hearts and minds. Best talents and a global, interactive, and fast corporate culture are prerequisites. Globalization should start with Transatlantica and corporations should seek guidance in the arts and sports sectors which are more advanced with respect to globalization.

20:   Allgemeine Fragen der Organisationstheorie (JEL M19)
014:   Volkswirtschaftlicher Rahmen (JEL P00)

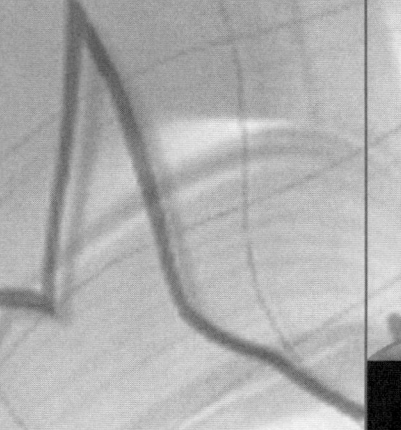

Schlüsselfaktor Materialmanagement

Inhalt:

Grundlagen der
Materialwirtschaft

Beschaffung

Materialdisposition

Lagerwirtschaft

e-Business

Übungsfragen mit Lösungen

Klaus Bichler/Ralf Krohn
Beschaffungs- und Lagerwirtschaft
Praxisorientierte Darstellung
mit Aufgaben und Lösungen
8., vollst. überarb. Aufl. 2001.
XVIII, 298 S.
Br. € 32,00
ISBN 3-409-30768-0

Dieses klar strukturierte und praxisorientierte Lehrbuch vermittelt die wesentlichen Grundlagen einer modernen Beschaffungs- und Lagerhaltung. Dabei werden vom Beschaffungsmarketing bis zum automatischen Kleinteilelager alle wichtigen Themen und aktuelle Trends wie beispielsweise e-Business, Benchmarking und Logistik-Controlling, näher erläutert. Für die 8. Auflage der "Beschaffungs- und Lagerwirtschaft" wurden alle Inhalte auf den neuesten Stand gebracht sowie das Thema e-Business aufgenommen.

Die Autoren:

Prof. Dr. Klaus Bichler lehrte Industriebetriebslehre und Logistik an der Fachhochschule Nürtingen. Er ist Geschäftsführer der MBS Prof. Dr. Bichler, Schwarz und Partner GmbH, einer mittelständischen Unternehmensberatung mit den Schwerpunkten Logistik, Industrieplanung und Organisation.
Dr. Ralf Krohn ist als Projektleiter bei der MBS beschäftigt.

Prospect Theorie und Marketing

Der ausstehende Wandel in der Erklärung und Beschreibung von Konsumentenverhalten unter Unsicherheit

Von Claudio Felten

Überblick

- Entscheidungen unter Unsicherheit sind die in der Realität am häufigsten vorkommenden Konsumentenentscheidungen. Die in der ökonomischen Theorie und auch im Marketing vorherrschende Erwartungsnutzentheorie zur Beschreibung von Entscheidungsverhalten unter Unsicherheit ist nicht zur Beschreibung von Konsumentenentscheidungen geeignet.

- Die prominenteste behavioristische Theorie zur Beschreibung von Konsumentenverhalten unter Unsicherheit ist die Prospect Theorie, die Bewertungsverhalten unter Sicherheit mit Risikoverhalten verbindet. Im Marketing wird bislang jedoch ausschließlich der Theoriebestandteil zur Modellbildung und Erklärung von Konsumentenverhalten verwendet, der Konsumentenentscheidungen unter Sicherheit erfaßt. Die Verbindung mit Risikoverhalten wird gewöhnlich nicht vorgenommen.

- Als Gründe für die verkürzende Rekursnahme auf die Prospect Theorie werden zum einen Defizite in der Betrachtung der Risikoeinstellung und fehlende Anhaltspunkte zur Operationalisierung der Prospect Theorie und zum anderen die – verglichen mit der Erwartungsnutzentheorie – höhere Komplexität bei der Anwendung der Theorie identifiziert.

- Der vorliegende Beitrag analysiert den Aspekt der Risikoeinstellung in der Prospect Theorie.

Eingegangen: 15. September 2001

Dr. Claudio Felten ist Consultant bei Simon Kucher & Partners, Marketing and Strategy Consultants, Büro Bonn, Haydnstr. 36, 53115 Bonn, www.simon-kucher.com, und ehemaliger Mitarbeiter des Instituts BWL III – Marketing, Direktor: Prof. Dr. Hermann Sabel, der Rheinischen Friedrich-Wilhelms-Universität Bonn.

A. Vorbemerkungen

I. Prospect versus Utility

Durch die wachsende Komplexität von Markt- und Wettbewerbsbedingungen sowie die Tatsache, dass der Kunde im Zentrum von Marketingentscheidungen steht, entsteht die Notwendigkeit für Theorie und marktorientierte Unternehmenspraxis, Konsumentenentscheidungen zu erklären und zu beschreiben. Konsumentenverhalten erweist sich dabei als zunehmend volatil und polypodistisch.[1] Vor diesem Hintergrund setzt moderne marktorientierte Unternehmensführung z.B. im Rahmen der Entwicklung und Einführung neuer Produkte und Dienstleistungen die Nutzung sophistizierter Decision Support Modelle voraus, die auf der Messung von Präferenzen aufbauen und das Ableiten von im Sinne der Unternehmenszielsetzung optimalen Marketingstrategien ermöglichen.[2]

Dabei ist zu berücksichtigen, dass Kaufentscheidungen von Konsumenten – vor allem im Kontext extensiver Kaufentscheidungsprozesse – primär Entscheidungen unter Unsicherheit sind.

Wie in der allgemeinen ökonomischen Theorie wird auch im Marketing überwiegend die Erwartungsnutzentheorie in der Formulierung von von Neumann und Morgenstern bzw. Savage[3] zur Beschreibung und Analyse von Konsumentenverhalten unter Unsicherheit verwendet,[4] obwohl die mangelnde Eignung der Erwartungsnutzentheorie zur Erklärung und Beschreibung menschlichen Entscheidungsverhalten unter Unsicherheit inzwischen unbestritten ist[5], oder aber – wie z.B. im Rahmen traditioneller Conjoint Analysen – vollkommen auf die Betrachtung der Unsicherheit verzichtet.[6] Tabelle 1 zeigt eine Auswahl von empirisch gesicherten Phänomenen menschlichen Entscheidungsverhaltens, die Falsifikationen der Erwartungsnutzentheorie darstellen und deren mangelnde deskriptive Eignung manifestieren.[7]

Tab. 1: Phänomene menschlichen Entscheidungsverhaltens und Erwartungsnutzentheorie

Phänomen	Widerspruch zur Erwartungsnutzentheorie
Common Consequence-Effekt	Anders als es die Unabhängigkeitsannahme der Erwartungsnutzentheorie fordert, ist es bei der Bewertung von Konsequenzen nicht irrelevant, welcher Art weitere Konsequenzen sind, die die Wahl einer Handlungsalternative (Lotterie) noch zur Folge haben kann (Allais-Paradox 1).
Common Ratio- bzw. Certainty-Effekt	Bei der Betrachtung verschiedener Handlungsalternativen gewinnen bei einer gleichen proportionalen Reduktion der Gewinnwahrscheinlichkeiten riskantere Alternativen an Attraktivität (Allais-Paradox 2).
Konfundierungseffekt	Unabhängig davon, welcher Auffassung in der ausführlichen ZfB-Debatte, welche Präferenzen von Individuen – Risiko und/oder Wert – das Bernoulli-Prinzip eigentlich berücksichtigt bzw. ob die Erwartungsnutzentheorie Nutzen kardinal misst, folgt, konfundiert sie Risiko- und Bewertungsaspekte menschlichen Entscheidungsverhaltens, was vor allem auch aus Praxis-Sicht unbefriedigend ist, da Unternehmen Wertschätzungen und Risikoempfinden von Konsumenten mit unterschiedlichen Instrumenten zu steuern versuchen.[8]

Tab. 1: (Fortsetzung)

Phänomen	Widerspruch zur Erwartungsnutzentheorie
Kontext-Effekt 1: Vierfach-Verhaltens-muster der Risiko-einstellung	Die Risikoeinstellung eines Individuums ist weder unabhängig davon, ob Gewinne oder Verluste betrachtet werden, noch von der Höhe der jeweiligen Eintrittswahrscheinlichkeiten.
Kontext-Effekt 2: Lottospielen und Versicherung	Individuen spielen Lotto und schließen gleichzeitig Versicherungen ab. Damit haben Individuen keine allgemeingültigen, sondern kontext-spezifische Risikoeinstellungen.
Reflection- und Framing-Effekte	Präferenzen bezüglich Handlungsalternativen werden nicht generell über Endvermögenszustände, sondern als subjektive Repräsentation eines Ent-scheidungsproblems kontextspezifisch über Gewinne und Verluste relativ zu einem Referenzpunkt gebildet. Es existiert eine Grundtendenz von In-dividuen, die Beibehaltung des Status quo Veränderungen vorzuziehen (Endowment Effekt, Status Quo Bias) und Sunk Costs werden von Indi-viduen bei Entscheidungen berücksichtigt.
Ambiguität	Individuen empfinden Unsicherheit in der Unsicherheit. Maße für die subjektiven Vorstellungen von Individuen bezüglich des Eintreffens unsi-cherer Ereignisse (Beliefs) können nicht durch subjektive Wahrschein-lichkeiten operationalisiert werden, die wie objektive den Kolmogoroff-Axiomen genügen, und sind insbesondere nicht σ-additiv (Ellsberg Para-dox).

Angesichts der aufgezeigten Probleme werden in neuerer Zeit eine Reihe alternativer Ansätze zur Erwartungsnutzentheorie (Expected Utility Theory, EUT), sogenannte Non EUT, vorgetragen,[9] deren prominentester und derzeit wichtigster Vertreter zur Abbildung von Konsumentenentscheidungen unter Unsicherheit die Prospect Theorie (PT) von Kah-neman und Tversky ist[10]. Während die EUT rationales Verhalten von Individuen unter-stellt und der normativen Entscheidungstheorie zuzuordnen ist, basiert die Prospect Theo-rie auf empirisch gehaltvollen Hypothesen, ist eine behavioristische Entscheidungstheo-rie, die insbesondere in der Lage ist, die in Tabelle 1 aufgezeigten Phänomene zu erfas-sen, und bildet das Verhalten beschränkt rationaler Individuen ab.[11] Die Prospect Theorie stellt damit den derzeit geeignetsten Ansatz zur Modellierung von Konsumentenent-scheidungen unter Unsicherheit da.

II. Mangelnde Berücksichtigung der Prospect Theorie im Marketing

Da die Prospect Theorie die Höhenpräferenz von Individuen bezüglich Gewinnen und Ver-lusten unter Sicherheit und Unsicherheit gleichermaßen abbildet, stellt sie für Entschei-dungen unter Sicherheit eine eigenständige deskriptive Theorie bereit. Dieser Teilaspekt der Prospect Theorie wurde inzwischen bereits mehrfach zur Beschreibung und Erklärung von marketingtheoretischen Phänomenen unter Sicherheit verwendet, hat sich dabei em-pirisch bewährt[12] und bereits den Status eines allgemeinen Bewertungsgesetztes erhalten[13]. Demungeachtet finden sich im Marketing kaum Ansätze, die das eigentliche Potential der Prospect Theorie – die Berücksichtigung von Unsicherheitsaspekten in Konsumentenentscheidungen – ausschöpfen.[14] Der Wandel in der Erklärung und Beschreibung von Konsumentenverhalten unter Unsicherheit steht im Marketing noch aus.

Die folgenden Gründe können für die zögerliche Nutzung identifiziert werden:

- Anders als im Fall der Erwartungsnutzentheorie existiert für die Prospect Theorie noch keine umfassende Betrachtung der Zusammenhänge zwischen Theorie und Risikoeinstellung von Individuen.
- Für die Theoriebestandteile der Prospect Theorie, die das Unsicherheitsveralten von Individuen abbilden, existieren nur vereinzelt Hinweise zu deren Operationalisierung.
- Die größere Realitätsnähe der Theorie geht einher mit einer höheren Komplexität der mathematischen Handhabung.

Während der letzte Aspekt als Preis für die höhere Realitätsnähe in Kauf genommen werden muss,[15] wird im folgenden – nach einer kurzen formalen Darstellung der Prospect Theorie – der Zusammenhang zwischen Risikoeinstellung und Prospect Theorie herausgearbeitet. Für Hinweise zur Operationalisierung der Theorie wird auf die Literatur verwiesen.[16]

B. Die Prospect Theorie

I. Grundlagen

Die Prospect Theorie ist durch vier wesentliche Charakteristika gekennzeichnet[17]:

(1) **Prozessbetrachtung**: Die mentalen Aktivitäten von Individuen zur Vorbereitung von Entscheidungen werden explizit betrachtet.
(2) **Prospects**: Handlungsalternativen, deren Konsequenzen als mögliche Gewinne und Verluste bezüglich eines vom Entscheidungskontext abhängigen Referenzpunktes kodiert sind.
(3) **Intrinsische Risikoeinstellung**: Bewertungsverhalten gegenüber Konsequenzen von Handlungen und Risikoverhalten werden jeweils explizit modelliert.
(4) **Entscheidungsgewichte**: Bewertete Konsequenzen werden nicht linear mit Wahrscheinlichkeiten gewichtet, sondern mit Entscheidungsgewichten „. . . [to] *measure the impact of events on the desirability of prospects*"[18].

Das Entscheidungsverhalten von Individuen wird als zweistufiger Prozess betrachtet. Auf der ersten Stufe, der **Framing-Phase**[19], analysieren die mit der Entscheidung konfrontierten Individuen das Entscheidungsproblem und führen verschiedene Operationen durch „*to organize and reformulate the options so as to simplify subsequent evaluation and choice*"[20]. Insbesondere kodieren Individuen in dieser Phase die mit einer Alternative verbundenen Konsequenzen als Gewinne und Verluste relativ zu einem Referenzpunkt. Das **Entscheidungsmodell** stellt die zweite Stufe des Entscheidungsprozesses dar und bildet das Bewertungs-, Unsicherheits- und Entscheidungsverhalten von Individuen ab. Bezeichne $X = \{x_1, x_2, \dots, x_M\}$ die Menge aller Prospects (Handlungsalternativen) x_m, $m = 1, \dots, M$, und z_{ms}, $s = 1, \dots, S$, die möglichen Konsequenzen einer Handlung x_m

als Gewinne und Verluste relativ zu einem für die Entscheidungssituation relevanten Referenzpunkt R, die mit Wahrscheinlichkeit p_{ms} auftreten. Die unterstellte Entscheidungsregel ist die Maximierung des Prospectnutzens, wobei der Nutzen $U_{PT}^R(x)$ einer Handlungsalternative x bezüglich eines Referenzpunktes R unter Unsicherheit in der Prospect Theorie für einfache Prospects mit nur zwei von Null verschiedenen Konsequenzen wie folgt formalisiert ist:

(1) $U_{PT}^R(x) = \pi(p_1)\, v_{PT}(z_1) + \pi(p_2)\, v_{PT}(z_2)$

mit $v(z_3 = 0) = 0$

Der Nutzen eines Prospects entspricht laut Gleichung (1) der Summe aus den bezüglich eines Referenzpunktes bewerteten Gewinnen und Verlusten der Konsequenzen einer Handlungsalternative $v_{PT}(z_s)$, die jeweils mit in Wahrscheinlichkeiten formulierten Entscheidungsgewichten $\pi(p_s)$ gewichtet werden.

Abb. 1:   Wertfunktion der Prospect Theorie

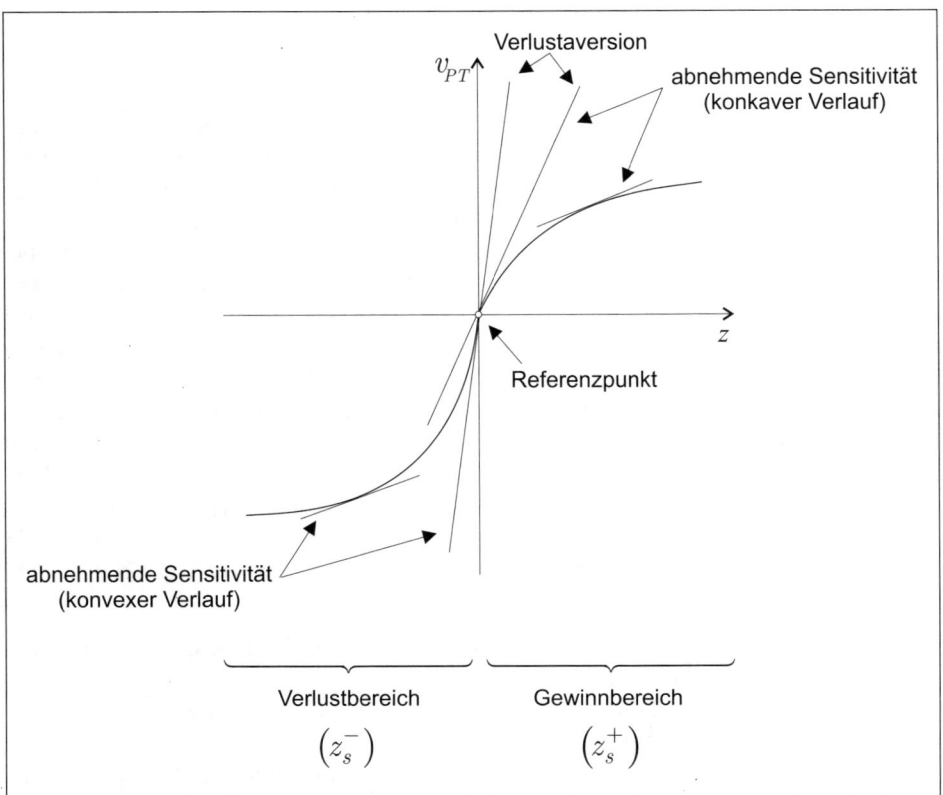

Quelle: *In Anlehnung an Kahneman, D.; Tversky, A.: Prospect, 1979, S. 279, und von*

Nitzsch, R.: Entscheidungslehre, 1996, S. 155.

II. Die Bewertungsfunktion

Die Bewertungsfunktion v, die Abbildung 1 in idealtypischer Form zeigt, ist über Gewinne (z^+) und Verluste (z^-) relativ zu einem Referenzpunkt (R) definiert. Dementsprechend weist v, $v : Z \to \mathbb{R}$, jeder mit einer Konsequenz verbundenen Abweichung $z \in Z$ vom Referenzpunkt eine Zahl $v(z)$ zu, die das Ausmaß der subjektiven Wertschätzung dieser Konsequenz widerspiegelt. v ist eine Wertfunktion im entscheidungstheoretischen Sinn und bildet als Höhenpräferenz ausschließlich die Wertschätzung einer Konsequenz unter Sicherheit ab,[21] sie ist bis auf affine Transformationen bestimmt und der Wert des Referenzpunktes kann zur Festlegung der Skala ohne Einschränkung der Allgemeinheit auf Null gesetzt werden: $U_{PT}^R(R) = 0$. Die Wertfunktion v ist durch unterschiedliches Verhalten im Bereich von Verlusten und von Gewinnen gekennzeichnet. Insbesondere unterstellen Kahneman und Tversky für die Bewertung von Gewinnen einen konkaven sowie von Verlusten einen konvexen, also insgesamt S-förmigen (sigmoiden) Verlauf als typisch, wobei für eine bestimmte Differenz vom Bezugspunkt d gilt: $|v(d)| < |v(-d)|$ und damit die Wertfunktion im Verlustbereich steiler als im Gewinnbereich verläuft (Verlustaversion).

III. Die Entscheidungsgewichtefunktion

Die Entscheidungsgewichte π der Prospect Theorie erfassen, welchen Beitrag die möglichen, mit v bewerteten Konsequenzen einer Handlungsalternative zu deren Gesamtbeurteilung leisten. Die Eintrittswahrscheinlichkeiten der Konsequenzen bilden das Argument der **Entscheidungsgewichtefunktion**, wodurch letztere mathematisch den Charakter einer Wahrscheinlichkeitstransformationsfunktion erhält, die jeder Wahrscheinlichkeit p ein entsprechendes Entscheidungsgewicht $\pi(p)$ zuordnet. Da die Höhenpräferenz v per definitionem frei von Unsicherheitsverhalten bestimmt ist, kommt das Risikoverhalten allein in den Entscheidungsgewichten zum Ausdruck.[22] Entscheidungsgewichte haben zwei natürliche Bezugspunkte: $\pi(0) = 0$ und $\pi(1) = 1$.[23] Aus der Überlegung, dass das Wertäquivalent, einen bestimmten Gewinn (Verlust) nicht mit Sicherheit zu bekommen, $U(z, 0 < p < 1; 0, 1 - p)$, kleiner (größer) als das Wertäquivalent ist, diese Konsequenz mit Sicherheit zu erhalten, $U(z, 1) = v(z)$, folgt $\pi(p \in (0, 1)) < 1$. Die Entscheidungsgewichte diskontieren mithin den Wert von Konsequenzen im Kontext von Unsicherheit ab[24] und sind auf das geschlossene 0–1-Intervall normiert: $\pi : p \to [0, 1]$. Die Entscheidungsgewichtefunktion hat idealtypisch einen monotonen invers-S-förmigen Verlauf (vgl. Abbildung 2), der die folgenden Eigenschaften widerspiegelt:[25]

- **Übergewichtung** niedriger Wahrscheinlichkeiten: Die Entscheidungsgewichtefunktion ist bis zu einem Fixpunkt konkav.
- **Untergewichtung** mittlerer und höherer Wahrscheinlichkeiten: Die Entscheidungsgewichtefunktion ist ab diesem Fixpunkt konvex.
- **Unstetigkeitsstellen** bzw. extreme Steigungen in den Endpunkten der Wahrscheinlichkeitsskala: Sicherheit und Unmöglichkeit von Ereignissen unterscheiden sich wesentlich in ihrer Gewichtung von wahrscheinlichen bzw. lediglich möglichen Ereignissen. Das bedeutet, der Übergang von sicheren Gewinnen und/oder Verlusten zu möglichen

Abb. 2: Idealtypische Entscheidungsgewichtefunktion der Prospect Theorie

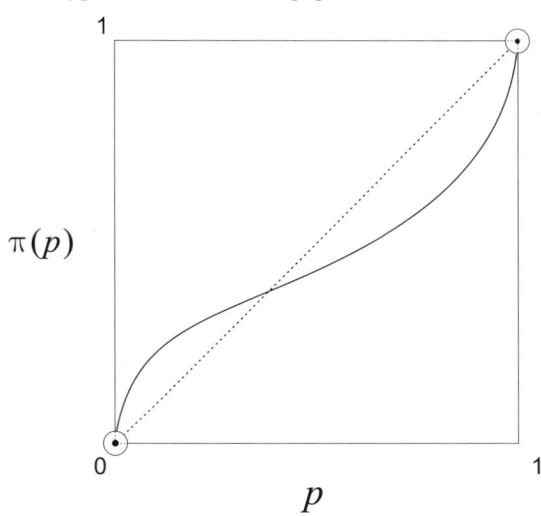

hat einen besonders starken Einfluss auf das Gewichtungsverhalten von Individuen. Dabei ist zu beachten, dass auch ein „unmöglicher" Gewinn bzw. Verlust ($p = 0$) ein sicheres Ereignis ist.

- **Abnehmende Steigung** von den Bezugspunkten (0, 0) und (1, 1) aus: Veränderungen von Wahrscheinlichkeiten in der Umgebung der Extrema haben größere Auswirkungen auf die Beurteilung von Prospects als gleichgroße Veränderungen im mittleren Bereich der Skala.
- **Subcertainty**[26]: Für $0 < p < 1$ gilt $\pi(p) + \pi(1 - p) < 1$. Entscheidungsgewichte addieren sich nicht zu eins auf.

Empirische Befunde zeigen, dass für Gewinne und Verluste jeweils unterschiedliche Entscheidungsgewichtefunktionen derart existieren, dass die generelle funktionale Form für beide Fälle gilt, der Fixpunkt der Entscheidungsgewichtefunktion jedoch für Verluste bei höheren Wahrscheinlichkeiten liegt und das jeweilige Ausmaß der Konkavität bzw. Konvexität, also der Krümmung der Funktionen, unterschiedlich stark ist.[27] Bezüglich der relativen Lage der Fixpunkte sowie bei welcher der Funktionen die Krümmungen stärker ausgeprägt sind, sind die Befunde jedoch nicht einheitlich.[28] Dementsprechend sollten aus theoretischer Perspektive immer zwei Entscheidungsgewichtefunktionen $\pi + (\cdot)$ und $\pi - (\cdot)$ für Gewinne und Verluste formuliert werden. Aus der Perspektive der empirischen Anwendung von Modellen auf der Grundlage der Prospect Theorie ist jedoch abzuwägen, ob die sich daraus ergebende Komplexitätszunahme und steigende Anzahl zu schätzender Parameter die größere deskriptive Genauigkeit rechtfertigen.

Festzuhalten ist, dass Unsicherheitsaspekte im menschlichen Entscheidungsverhalten in der Prospect Theorie alleine in der Entscheidungsgewichtefunktion zum Ausdruck kommen. Die Wertfunktion ist frei von Unsicherheitsaspekten.[29]

C. Prospect Theorie und Risikoeinstellung

I. Das Konzept der intrinsischen Risikoeinstellung

1. Risikoeinstellung in der Erwartungsnutzentheorie

Ausgangspunkt der Analyse der Risikoeinstellung ist eine adäquate Definition derselben. In der Erwartungsnutzentheorie ist ein Individuum mit Bernoulli-Nutzenfunktion u genau dann risikoavers (RA), wenn es den Erhalt des Erwartungswertes einer Lotterie p mit Sicherheit der Teilnahme an der Lotterie vorzieht (risikofreudig (RF) im umgekehrten Fall und risikoneutral (RN) bei Indifferenz): $u(\mathsf{E}[p]) > U(p)$, wobei das Arrow-Pratt-Maß $r_A(z)$ das Ausmaß (lokaler) absoluter Risikoaversion misst[30]:

$$r_A(z) := -\frac{\frac{\partial^2 u}{\partial z^2}}{\frac{\partial u}{\partial z}} = \frac{u''(z)}{u'(z)} \quad \text{mit} \quad r_A(z) \begin{cases} > 0 & \text{RA} \\ < 0 & \text{RF} \\ = 0 & \text{RN} \end{cases}$$

Diese Definition führt zu den in Tabelle 2 aufgeführten Äquivalenzbeziehungen zur Kennzeichnung der Risikoeinstellung von Individuen, wobei das Sicherheitsäquivalent ($CE(p)$) einer Lotterie p den sicheren Betrag bezeichnet, der Indifferenz zur Teilnahme an der Lotterie herbeiführt ($CE = U^{-1}(p)$),[31] und die Risikoprämie (RP) die Differenz zwischen Erwartungswert und Sicherheitsäquivalent einer Lotterie[32]:

Tab. 2: Äquivalente Definitionen von Risikoeinstellungen in der EUT

Risikotyp	$u(\mathsf{E}[p])$	$u(\cdot)$	$CE(p)$	$RP(p)$
Risikoavers	$> U(p)$	konkav[33]	$< \mathsf{E}[p]$	> 0
Risikofreudig	$< U(p)$	konvex	$> \mathsf{E}[p]$	< 0
Risikoneutral	$= U(p)$	linear	$= \mathsf{E}[p]$	$= 0$

2. Intrinsische Risikoeinstellung in der Erwartungsnutzentheorie

Anders als in der Erwartungsnutzentheorie werden in der Prospect Theorie Bewertung der Konsequenzen (Wertfunktion) und Verhalten gegenüber Unsicherheit (Entscheidungsgewichtefunktion) getrennt erfasst. Die obige Definition zur Kennzeichnung der Risikoeinstellung in der Erwartungsnutzentheorie ist somit nicht weiter tragfähig. Betrachte in einem ersten Schritt die folgende Reformulierung der EUT (Krellesche Zerlegung), wobei $v(z)$ messtheoretisch wie mathematisch eine kardinale Höhenpräferenz (strength-of-preference) im Sinne einer Wertfunktion darstellt:[14]

$u(z) = \psi(v(z))$

mit $\quad v : Z \to \mathbb{R} \quad$ und $\quad \psi : V \to \mathbb{R}$.

Die Funktion $\psi(\cdot)$ ist eine Risikopräferenzfunktion im eigentlichen Sinne, die den Unsicherheitsaspekt der Konsequenzen bei der Bewertung von Alternativen repräsentiert,

Tab. 3: Äquivalente Definitionen intrinsischer Risikoeinstellung (EUT)

Risikotyp (intrinsisch)	$\psi(\mathsf{E}[v(z), p])$	$\psi(\cdot)$	$u(\cdot)$	$v(CE(p))$
RA	$> U(p)$	konkav	konkaver als $v(\cdot)$	$< \mathsf{E}[v(z), p]$
RF	$< U(p)$	konvex	weniger konkav	$> \mathsf{E}[v(z), p]$
RN	$= U(p)$	linear	konkaver als $v(\cdot)$	$= \mathsf{E}[v(z), p]$

Abb. 3: Intrinsische Risikoeinstellung und EUT

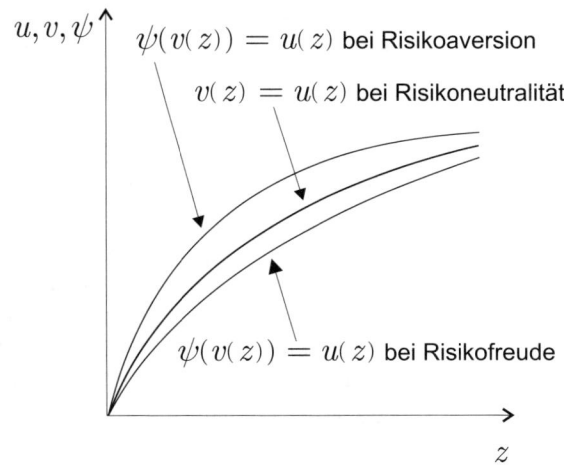

$\psi(v(z)) = u(z)$ bei Risikoaversion

$v(z) = u(z)$ bei Risikoneutralität

$\psi(v(z)) = u(z)$ bei Risikofreude

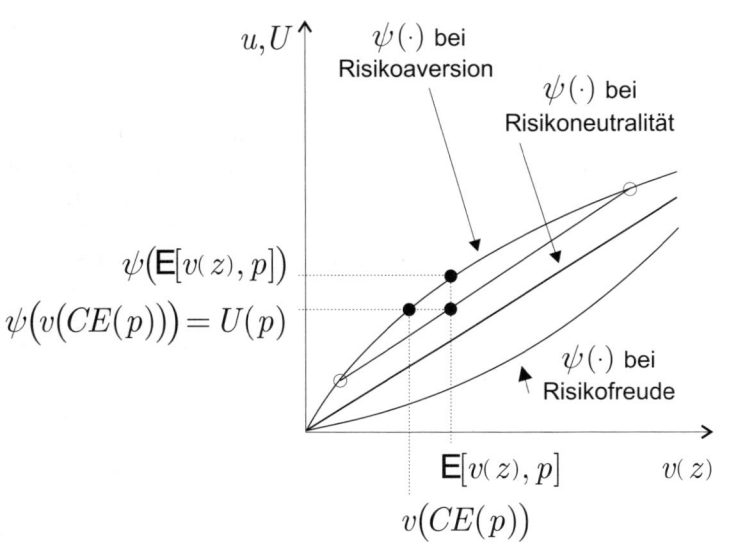

und der Erwartungsnutzen einer Lotterie ergibt sich als $U(p) = \sum_s p_s \psi(v(z_s))$. Bezeichnet $E[v(z), p] = \sum_s p_s v(z_s)$ den Erwartungswert der mit v bewerteten Konsequenzen, dann kann intrinsische Risikoeinstellung durch das „Ausblenden" des Einflusses der Höhenpräferenz für die Erwartungsnutzentheorie wie folgt definiert werden[35]:

Ein Individuum mit einer Höhenpräferenz $v(z)$ für sichere Konsequenzen und eine Risikopräferenzfunktion $\psi(\cdot)$ ist genau dann intrinsisch RA, wenn es den Erhalt des Erwartungswerts der mit v bewerteten Konsequenzen einer Lotterie mit Sicherheit der Teilnahme an der Lotterie vorzieht (intrinsisch RF im umgekehrten Fall und RN bei Indifferenz): $\psi(E[v(z), p]) > U(p)$. Daraus ergeben sich unmittelbar die in Tabelle 3 dargestellten Äquivalenzbeziehungen.

Der Sachverhalt intrinsischer Risikoeinstellung ist in Abbildung 3 dargestellt und unmittelbar einleuchtend: Konkavität alleine ist nicht mehr hinreichend für Risikoaversion und Risikoneutralität bedeutet, dass die Konsequenzen einer Alternative bei Unsicherheit und Sicherheit gleich bewertet werden.

3. Intrinsische Risikoeinstellung in der Prospect Theorie

Zwar gelten in der Prospect Theorie die in Tabelle 3 dargestellten Äquivalenzbeziehungen zwischen Risikoeinstellung und der Krümmung der das Risikoverhalten von Individuen abbildenden Funktionen auf Grund der multiplikativen Verknüpfung von Wert- und Entscheidungsgewichtefunktion nicht mehr, erhalten bleibt jedoch das Konzept der intrinsischen, auf die Höhenpräferenz bezogenen Risikoeinstellung. Dementsprechend wird im Rahmen der Prospect Theorie ein Individuum in Analogie zu den Ausführungen zur intrinsischen Risikoeinstellung genau dann als intrinsisch RA oder kurz RA bezeichnet, wenn gilt:[36]

$$U_{PT}(E[v(z), p], 1) = v(E[v(z), p]) > \pi^+(p_1)\, v(z_1) + \pi^-(p_2)\, v(z_2) = U_{PT}(p)$$

Umgekehrtes gilt für Risikofreude, Gleichheit im Fall von Risikoneutralität.

II. Analyse der Risikoeinstellung in der Prospect Theorie

In der Prospect Theorie ergibt sich die Risikoeinstellung eines Individuums aus der jeweiligen Risikoeinstellung bezüglich Gewinnen und Verlusten. Um einen allgemeinen Zusammenhang zwischen Risikoeinstellung einerseits und Entscheidungsgewichtefunktionen $\pi(\cdot)$ andererseits abzuleiten, bietet es sich an, das Sicherheitsäquivalent eines risikoneutralen Individuums zu betrachten, für das definitionsgemäß $v(CE(p)) = E[v(z), p]$ sowie $v(CE(p)) = U_{PT}(p)$ gilt und mithin:

$$(2) \quad E[v(z), p] = p_1 v(z_1) + p_2 v(z_2) = \pi^+(p_1)\, v(z_1) + \pi^-(p_2)\, v(z_2)$$

$$\Leftrightarrow (p_1 - \pi^+(p_1))\, v(z_1) = (\pi^-(p_2) - p_2)\, v(z_2)$$

$$\Leftrightarrow (p_1 = \pi^+(p_1) \wedge p_2 = \pi^-(p_2)) \vee \frac{(p_1 - \pi^+(p_1))}{\underbrace{(\pi^-(p_2) - p_2)}_{>0}} = \frac{\overbrace{v(z_2)}^{<0}}{\underbrace{v(z_1)}_{>0}}$$

Offensichtlich ist ein Individuum genau dann risikoneutral bezüglich eines regulären Prospects, wenn die Entscheidungsgewichte für Gewinne wie für Verluste deren Eintrittswahrscheinlichkeiten entsprechen, $\pi^+(p) = \pi^-(p) = p$, also keine Gewichtung stattfindet und die Entscheidungsgewichtefunktion in Abbildung 2 für Gewinne wie für Verluste jeweils durch die Diagonale repräsentiert wird. Darüber hinaus weist Gleichung (2) in Abhängigkeit der Wertverhältnisse der Konsequenzen noch zwei weitere spezielle Lösungen auf, die genau dann zu Risikoneutralität führen, wenn die Gewinn- und Verlustwahrscheinlichkeiten derart gewichtet werden, dass sie den relativen Wertunterschied der Gewinne und Verluste genau kompensieren. Aufgrund der Eigenschaften von $v(\cdot)$ und $\pi(\cdot)$ impliziert dies, dass risikoneutrale Individuen, die die Gewinnkomponente eines Prospects absolut höher bewerteten als die Verlustkomponente, $v(z_1) > |v(z_2)|$, beide Wahrscheinlichkeiten übergewichten: $\pi^+(p_1) > p_1 \wedge \pi^-(p_2) > p_2$.[37] In Prospects, deren Gewinnkomponente absolut niedriger bewertet wird als die Verlustkomponente, $v(z_1) < |v(z_2)|$, werden risikoneutrale Individuen beide Wahrscheinlichkeiten untergewichten: $\pi^+(p_1) < p_1 \wedge \pi^-(p_2) < p_2$.[38]

Aus diesen Überlegungen folgen zwei wesentliche Aspekte des Risikoverhaltens von Individuen in der Prospect Theorie:

(1) Das Risikoverhalten gegenüber einem Prospect wird aus der Relation zwischen Risikoverhalten gegenüber Gewinnen und Risikoverhalten gegenüber Verlusten – abgebildet durch $\pi^+(p)$ und $\pi^-(p)$ – bestimmt und

(2) das Risikoverhalten gegenüber einem Prospect ist abhängig von den jeweiligen Konsequenzen und deren Relation.

Da sich das Risikoverhalten gegenüber einem regulären Prospect aus der Relation zwischen Risikoverhalten gegenüber Gewinnen und Risikoverhalten gegenüber Verlusten bestimmt, wird im folgenden der Zusammenhang zwischen Entscheidungsgewichtefunktionen und Risikoeinstellung gegenüber einzelnen Gewinnen und Verlusten ermittelt.

Betrachte den hedonistischen Zwilling B zu einem risikoneutralen Individuum A sowie den Prospect $(z > 0. p; 0,1 - p)$. B sei bezüglich des betrachteten Prospects risikoavers. Bezeichne $CE_A(p)$ das Sicherheitsäquivalent für A, für das $v(CE_A(p)) = \pi_A^+(p) \, v(z)$ gilt, und $CE_B(p)$ das Sicherheitsäquivalent für B, für das $v(CE_B(p)) = \pi_B^+(p) \, v(z)$ gilt. Da die Bewertungsfunktionen und damit auch der auf $v(\cdot)$ bezogene Erwartungswert der hedonistischen Zwillinge identisch sowie B annahmegemäß „mehr" risikoavers als A ist, folgt unmittelbar $v(CE_A(p)) > v(CE_B(p))$ und $pv(z) > \pi_B^+(p) \, v(z)$:

Risikoaversion bezüglich Gewinnen ist also äquivalent zu Entscheidungsgewichten, die an der Stelle p kleiner als p sind.

Ein analoges Argument führt dazu, dass für Risikofreude die Entscheidungsgewichte an der Stelle p größer als p sind und dass für Risikoneutralität die Gleichheit von Entscheidungsgewicht und Wahrscheinlichkeit gilt.

Das bedeutet, dass Individuen, die durch die Entscheidungsgewichtefunktion der Prospect Theorie charakterisiert werden, bei Gewinnen für kleine Wahrscheinlichkeiten risikofreudig und für große Wahrscheinlichkeiten risikoavers sind. Da die Entscheidungsgewichte ratio-skaliert sind, ergibt zudem ein zu oben analoges Argument, dass ein Individuum A an einer Stelle p genau dann „mehr" risikoavers bzw. „weniger" risikofreudig

Abb. 4: Risikoeinstellung bezüglich Gewinnen in der Prospect Theorie

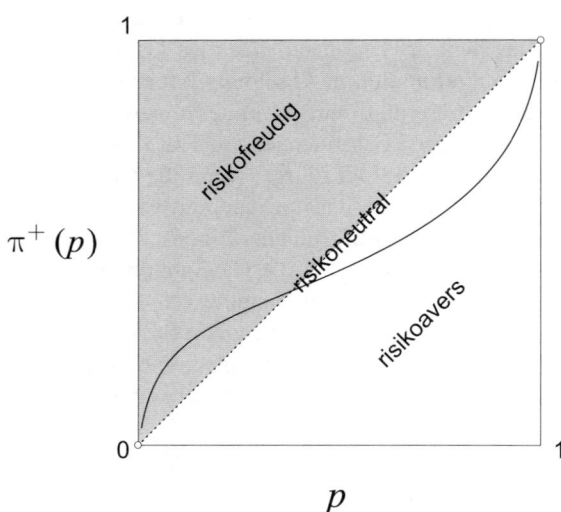

(„mehr" risikofreudig bzw. „weniger" risikoavers) bezüglich Gewinnen ist als ein Individuum B, wenn gilt $\pi_A(p) < \pi_B(p)$ $(\pi_A(p) > \pi_B(p))$, also die Entscheidungsgewichtefunktion von A an dieser Stelle unterhalb (oberhalb) der von B verläuft.

Abbildung 4 veranschaulicht die Zusammenhänge zwischen Risikoeinstellung und Entscheidungsgewichtefunktion bezüglich Gewinnen.

Im Fall von Verlusten, also Prospects der Form $(z < 0, p; 0,1 - p)$, gilt aufgrund der Negativität der Werte $v(CE_A(p)) < v(CE_B(p))$ die Umkehrung der Zusammenhänge zwischen der Entscheidungsgewichtefunktion $\pi^-(p)$ und der Risikoeinstellung:

Risikoaversion (Risikofreude) bezüglich Verlusten ist äquivalent zu Entscheidungsgewichten, die an der Stelle *p* größer (kleiner) als *p* sind.

Für Risikoneutralität muss weiterhin die Gleichheit von Entscheidungsgewicht und Wahrscheinlichkeit gelten. Das bedeutet, dass Individuen, die durch die Entscheidungsgewichtefunktion der Prospect Theorie charakterisiert werden, bei Verlusten für kleine Wahrscheinlichkeiten risikoavers und für große Wahrscheinlichkeiten risikofreudig sind.

Abbildung 5 veranschaulicht die Zusammenhänge zwischen Risikoeinstellung und Entscheidungsgewichtefunktion bezüglich Verlusten.

Obige Ausführungen bedeuten für die Risikoeinstellung, dass diese sich quasi als Netto-Risikoeinstellung aus der jeweiligen Risikoeinstellung bezüglich der Verluste und Gewinne ergibt. Hieraus folgt zum Beispiel, dass ein Individuum genau dann risikoneutral bezüglich eines regulären Prospects ist, wenn es

- entweder risikoneutral bezüglich Gewinnen wie Verlusten ist oder
- gerade derart risikofreudig bezüglich Gewinnen und risikoavers bezüglich Verlusten bei gegebenen Wahrscheinlichkeiten ist, dass die Relation zwischen einem weniger wünschenswerten Gewinn und dem stärker vermeidenswerten Verlust genau kompensiert wird oder

Abb. 5: Risikoeinstellung bezüglich Verlusten in der Prospect Theorie

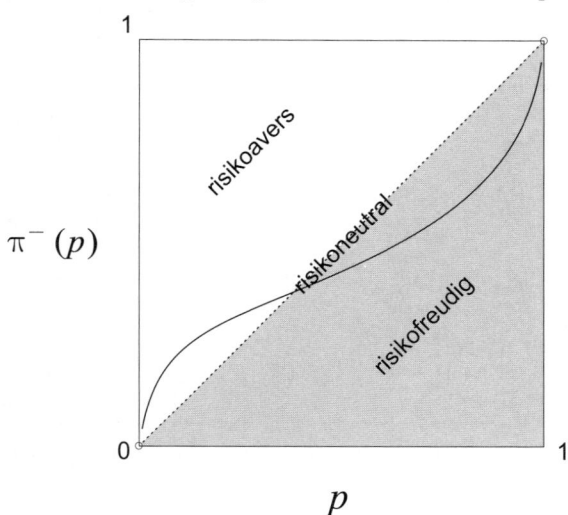

- gerade derart risikoavers bezüglich Gewinnen und risikofreudig bezüglich Verlusten bei den gegebenen Wahrscheinlichkeiten ist, dass die Relation zwischen einem stärker wünschenswerten Gewinn und dem weniger vermeidenswerten Verlust genau kompensiert wird.

Die Risikoeinstellung eines Individuums gegenüber einem Prospect für eine jeweils gegebene Relation der Wertschätzung der Konsequenzen eines Prospects kommt also in der Relation zwischen dem Ausmaß – der Differenz zwischen Entscheidungsgewicht und Wahrscheinlichkeit – der Risikoeinstellung bezüglich Gewinnen und dem Ausmaß der Risikoeinstellung bezüglich Verlusten für die gegebenen Wahrscheinlichkeiten zum Ausdruck. Tabelle 4 kennzeichnet die Risikoeinstellung von Individuen bezüglich Prospects in Abhängigkeit der Risikoeinstellung bezüglich Gewinnen und Verlusten sowie der Relation deren Wertschätzung. Die Ergebnisse folgen unmittelbar aus Gleichung (2) und der Definition der Risikoeinstellung. Die entsprechenden Ableitungen sind im Anhang aufgeführt.

Demnach muss beispielsweise ein bezüglich Verlusten risikoaverses Individuum bei starker Verlustaversion und/oder hohen Verlusten relativ zu den Gewinnen eines Prospects, das heißt c ist erheblich größer als 1, ein erhebliches, das Ausmaß der Verlustaversion beträchtlich übersteigendes Ausmaß an Risikofreude bezüglich Gewinnen aufweisen, um als risikofreudig zu gelten. Gleichzeitig wird insbesondere deutlich, dass aus der Risikoeinstellung von Individuen bezüglich Prospects keine generelle Entscheidungsgewichtefunktion ableitbar ist und das Konzept der Risikoeinstellung für Gewinne und Verluste getrennt betrachtet werden sollte, da diese je unterschiedlich ist und dieser Unterschied auch in den jeweiligen Entscheidungsgewichtefunktionen zum Ausdruck kommt.

Tab. 4: Risikoeinstellung in der Prospect Theorie*

		Risikoeinstellung bezüglich **Verlusten**		
		RA ($\Pi^- > 0$)	RN ($\Pi^- = 0$)	RF ($\Pi^- < 0$)
Risikoeinstellung bezüglich **Gewinnen**	RA ($\Pi^+ < 0$)	**RA**	**RA**	RA für $\Pi^+ < c\Pi^-$ RN für $\Pi^+ = c\Pi^-$ RF für $\Pi^+ > c\Pi^-$
	RN ($\Pi^+ = 0$)	**RA**	**RN**	**RF**
	RF ($\Pi^+ > 0$)	RA für $\Pi^+ < c\Pi^-$ RN für $\Pi^+ = c\Pi^-$ RF für $\Pi^+ > c\Pi^-$	**RF**	**RF**

* $\Pi^+ = (\pi^+(p_1) - p_1)$ *und* $\Pi^- = (\pi^-(p_2) - p_2)$ *bezeichnen die jeweilige Differenz zwischen Entscheidungsgewicht und Wahrscheinlichkeit sowie* $c = |v(z_2)|/v(z_1)$, $0 < c < \infty$ *das absolute, für einen bestimmten Prospect geltende, konstante Verhältnis aus bewerteten Gewinnen und Verlusten.*

D. Schlussbetrachtung

Die behavioristische Prospect Theorie löst die neoklassische Erwartungsnutzentheorie zur Beschreibung von Konsumentenverhalten unter Unsicherheit ab. Durch die Trennung von Bewertungs- und Unsicherheitsaspekten des Entscheidungsverhaltens kann sie ohne weiteres mit in Theorie und Praxis bewährten Marketing-Methoden wie z.B. der Conjoint Analyse verbunden werden.[53] Der vorliegende Beitrag legt die Zusammenhänge zwischen Prospect Theorie und Risikoeinstellung von Individuen auf, um den noch ausstehenden Wandel in der Erklärung und Beschreibung von Konsumentenverhalten unter Unsicherheit im Marketing zu beschleunigen.

Anmerkungen

1 Vgl. Sabel, H.; Weiser, C.: Dynamik, 2000, S. 22.
2 Vgl. H. Simon et. al.: Support, Bonn 2000, S. 1 ff.
3 Von Neumann, J.; Morgenstern, O.: Theory, 1947 bzw. Savage, L. J.: Foundations, 1954. Vgl. für eine Darstellung z.B. A. Mas-Colell et. al.: Theory, 1995, S. 167 ff. bzw. S. 199–207; Kreps, D. M.: Theory, 1988, S. 32 f. und S. 43 ff. bzw. S. 127–137.
4 Vgl. Chatterjee, R.; Eliashberg, J.: Innovation, 1990, S. 1057–1059; Eliashberg, J.; Chatterjee, R.: Models, 1986, S. 151–199; Eliashberg, J.; Hauser, J. R.: Risk, 1985, S. 1–25; Roberts, J. H.; Urban, G. L.: Utility, 1988, S. 167–185; Hauser, J. R.; Urban, G. L.: Behavior, 1979, S. 251–262; dieselben: Methodology, 1977, S. 579–619.
5 Vgl. Sabel, H.: Entwicklungen, 2001, S. 614 f.; derselbe: Geschichte, 1998, S. 109; Kahneman, D.; Tversky, A.: Prospect, 1979, S. 263; Frey, B. S.; Eichenberger, R.: Ökonomik, 1989,

S. 81 ff.; Weber, M.: Finanzierungstheorie, 1991, S. 311–327; J. W. Payne et. al.: Research, 1992, S. 107; Weiber, R.: Marketing, 1993, S. 2.

6 Vgl. Luce, R. D.; Tukey, J. W.: New, 1964, S. 1–27 sowie für einen Überblick der klassischen sowie neuerer Ansätze der Conjoint Analyse die Übersicht bei Carroll, J. D.; Green, P. E.: Methods, 1995, S. 386; sowie folgende neuere Ansätze, die in dieser Übersicht nicht enthalten sind: Sattler, H.; Hensel-Börner, S.: Customized, 2000, S. 705–727, insbesondere S. 708–713; Hahn, C.: Conjoint, 1997, S. 201 ff.; Köcher, W.: MaiK, 1997, S. 141–152; Voeth, M.: Nutzenmessung, 2000, S. 77 ff. Der Vollständigkeit halber sei erwähnt, dass der Ansatz von Schneider, C.: Qualitätsunsicherheit, 1997, nicht geeignet ist, Unsicherheit im Rahmen von Conjoint Experimenten adäquat zu erfassen.

7 Vgl. zu einer Darstellung und Diskussion dieser Phänomene Felten, C.: Innovation, 2001, S. 39–71.

8 Vgl. Felten, C.: Innovation, 2001, S. 46–57; Bitz, M.: Risikoeinstellung, 1998, S. 916–932; Wakker, P.: Utility, 1994, S. 1–8; von Nitzsch, R.: Entscheidungslehre, 1996, S. 109–115; Bamberg, G.; Coenenberg, A. G.: Entscheidungslehre, 1994, S. 92–94; Dyckhoff, H.: Bernoulli-Prinzip, 1993, S. 139–146; Krelle, W.; unter Mitarbeit von Coenen, D.: Entscheidungstheorie, 1968, S. 80 ff. und S. 146 ff.; Willhelm, J.: Höhenpräferenz, 1986, S. 467–492; Kürsten, W.: Kardinalität, 1992, S. 459–477; Bell, D. E.; Raiffa, H.: Intrinsic, 1988, S. 384–397; Dyer, J. S.; Sarin, R. K.: Aversion, 1982, S. 875–886; sowie für eine empirische Studie z.B. Smidts, A.: Relationship, 1997, S. 357–370, insbesondere S. 362–368.

9 Dazu gehören z.B. die Rangplatzabhängigen Nutzentheorien, die Gewichtete Nutzentheorie, die Regret Theorie und insbesondere die Prospect Theorie. Vgl. für einen Überblick Camerer, C.; Weber, M.: Developments, 1992, S. 325–370; Weber, M.; Camerer, C.: Risk, 1987, S. 129–151; Machina, M. J.: Choice, 1987, S. 132 f.

10 Kahneman, D.; Tversky, A.: Prospect, 1979, S. 263–291.

11 Vgl. zur beschränkten (bounded) Rationalität Simon. H. A.: Man, 1957, S. 198; derselbe: Rationality, 1986, S. S209–S224; March, J. G.: Bounded, 1988, S. 33–57; Harman, G.: Rationality, 1995, S. 175–211.

12 Vgl. z.B. Bell, D. R.; Bucklin, R. E.: Role, 1999, S. 128–143; M. D. Johnson et. al.: Price, 1999, S. 129–142; Herrmann, A.; Bauer, H. H.: Preisbündelung, 1996, S. 675–694; B. G. S. Hardie et. al.: Choice, 1993, S. 378–394; Salminen, P.; Wallenius, J.: Testing, 1993, S. 279–294; Simon, H.: Preismanagement, 1992, S. 254; M. U. Kalwani et. al.: Brand, 1990, S. 251–262; Lattin, J. M.; Bucklin, R. E.: Reference, 1989, S. 299–310.

13 Vgl. Meyer, R.; Johnson, E. J.: Generalizations; 1995, S. G182.

14 Ausnahmen stellen die Ansätze von Klophaus, R.: Marktausbreitung, 1995 und Felten, C.: Innovation; 2001, dar.

15 Vgl. Felten, C.: Innovation, 2001, S. 104 f.

16 Vgl. Felten, C.: Innovation, 2001, S. 106–119. Dabei beschränkt sich die vorliegende Darstellung auf wesentliche Aspekte des Grundmodells der Prospect Theorie in der Formulierung von 1979 – erweitert um neuere Erkenntnisse hinsichtlich der Entscheidungsgewichte – das für sogenannte einfache Prospects und Entscheidungen unter Risiko formuliert ist. Für Erweiterungen des Grundmodells auf beliebige Prospects sowie die Berücksichtigung ambiguitätsbehafteter Unsicherheit siehe Felten, C.: Innovation, 2001, S. 94–101.

17 Vgl. dazu und zu den folgenden Ausführungen Kahneman, D.; Tversky, A.: Prospect, 1979, S. 263–291, insbesondere S. 274–290; dieselben: Choices, 1984, S. 341–350, insbesondere S. 341–346; Felten, C.: Innovation, 2001, S. 74 ff.; Eisenführ, F.; Weber, M.: Entscheiden, 1999, S. 376–381.

18 Kahneman, D.; Tversky, A.: Prospect, 1979, S. 280.

19 Framing wird in der ursprünglichen Version noch als Editing bezeichnet. Vgl. Kahneman, D.; Tversky, A.: Prospect, 1979, S. 274; Tversky, A.; Kahneman, D.: Framing, 1986, S. S257; und dieselben: Advances, 1992, S. 299.

20 Kahneman, D.; Tversky, A.: Prospect, 1979, S. 274.

21 Vgl. zum Begriff der Wertfunktion als Nutzenbewertung unter Sicherheit z.B. von Nitzsch, R.: Entscheidungslehre, 1996, S. 41–49; Eisenführ, F.; Weber, M.: Entscheiden, 1999, S. 99; French, S.: Theory, 1993, S. 330; Currim, I. S.; Sarin, R. K.: Evaluation, 1984, S. 545 f.;

Dyer, J. S.; Sarin, R. K.: Aversion, 1982, S. 75 ff.; dieselben: Value, 1979, S. 812 ff.; Keeney, R. L.; Raiffa, H.: Decisions, 1976, S. 68.

22 Vgl. Tversky, A.; Wakker, P.: Weights, 1995, S. 1255; von Nitzsch, R.; Friedrich, C.: Entscheidungen, 1999, S. 95.

23 Vgl. z.B. Kahneman, D.; Tversky, A.: Prospect, 1979, S. 280; Tversky, A.; Kahneman, D.: Advances, 1992, S. 303.

24 Vgl. Hogarth, R. M.; Einhorn, H. J.: Venture, 1990, S. 781.

25 Vgl. Tversky, A.; Kahneman, D.: Advances, 1992, S. 310–313 sowie Tversky, A.; Wakker, P.: Weights, 1995, S. 1257.

26 Vgl. Kahneman, D.; Tversky, A.: Prospect, 1979, S. 281.

27 Vgl. z.B. Currim, I. S.; Sarin, R. K.: Prospect, 1989, S. 32; Hogarth, R. M.; Einhorn, H. J.: Venture, 1990, S. 790 ff.; Tversky, A.; Kahneman, D.: Advances, 1992, S. 313; Tversky, A.; Fox, C. R.: Weighing, 1995, S. 269–283.

28 Vgl. ebenda. Hogarth und Einhorn zeigen z.B. anhand von Experimenten, dass bei Gewinnen der Bezugspunkt Eins und bei Verlusten der von Null dominiert, und entwickeln Entscheidungsgewichtefunktionen – in ihrer Terminologie Venture Functions – für Verluste, deren Fixpunkt oberhalb von liegt, während der für Gewinne darunter liegt. Vgl. Hogarth, R. M.; Einhorn, H. J.: Venture, 1990, S. 784 ff. In anderen Studien wiederum werden mehrheitlich Fixpunkte unterhalb von 0.5 sowohl für Gewinne als auch für Verluste berichtet. Vgl. z.B. Tversky, A.; Kahneman, D.: Advances, 1992, S. 309 ff.; Prelec, D.: Function, 1998, S. 498 und S. 505 f.; Camerer, C.: Decision, 1995, S. 620 f.

29 Dieser Aspekt der Wertfunktion führt oftmals zu Missverständnissen und Fehlinterpretationen, die vermutlich im Verhaftetsein in der traditionellen Definition von Risikoverhalten der EUT begründet liegen. Selbst Kahneman und Tversky lassen diesen Aspekt ihrer Wertfunktion gelegentlich außer Acht. Vgl. z.B. Kahneman, D.; Tversky, A.: Prospect, 1979, S. 285 und Tversky, A.; Kahneman, D.: Advances, 1992, S. 305 ff.; sowie die Bemerkungen dazu von von Nitzsch, R.; Friedrich, C.: Entscheidungen, 1999, S. 111, Fußnote 1.

30 Vgl. die in Endnote 3 angegebene Literatur.

31 Das heißt insbesondere $CE \sim U(p) \Rightarrow u(CE; 1) = U(p) \Leftrightarrow CE = U^{-1}(p)$.

32 $\mathsf{E}[p] - CE = RP \Leftrightarrow \mathsf{E}[p] - RP = U^{-1}(p) \Leftrightarrow u(\mathsf{E}[p] - RP, 1) = U(p) \Rightarrow \mathsf{E}[p] - RP \sim U(p)$.
Oftmals wird darüber hinaus die sogenannte Wahrscheinlichkeitsprämie einer Lotterie betrachtet, um die die Wahrscheinlichkeiten einer Lotterie erhöht bzw. vermindert werden müssen, um Indifferenz zu einem sicheren Betrag herbeizuführen. Vgl. z.B. A. Mas-Colell et. al.: Theory, 1995, S. 186.

33 Das folgt unmittelbar aus der sogenannten Jensen'schen Ungleichung, die als definierende Eigenschaft konkaver Funktionen gerade formuliert:
$f(\int x \, dF) \geq \int f(x) \, dF$, mit $f: \mathbb{R} \to \mathbb{R}$ und $F: [0, 1]$

34 Diese Zerlegung wurde erstmals im deutschen Sprachraum von Krelle vorgeschlagen. Vgl. Krelle, W.; unter Mitarbeit von Coenen, D.: Entscheidungstheorie, 1968, S. 147 ff.

35 Vgl. zum Konzept der intrinsischen Risikopräferenz Bell, D. E.; Raiffa, H.: Intrinsic, 1988, S. 384 ff.; Dyer, J. S.; Sarin, R. K.: Aversion, 1982, S. 875 ff.

36 Kahneman und Tversky verwenden zur Diskussion des Zusammenhangs zwischen Risikoeinstellung und Grundmodell der Prospect Theorie die klassische Definition für Risikoeinstellung und kommen so auch zu anderen Ergebnissen. Da die klassische Definition nur anwendbar auf Situationen ohne Höhenpräferenzen ist, die aber gerade in der Prospect Theorie explizit betrachtet werden, wird hier der Vorgehensweise von Kahneman und Tversky nicht gefolgt. Vgl. Kahneman, D.; Tversky, A.: Prospect, 1979, S. 285. Von Nitzsch und Friedrich starten zwar von einem dem hier vorgetragenen ähnlichen Ansatz, leiten aber den Zusammenhang von Risikoeinstellung und Entscheidungsgewichtefunktion nicht ab und machen keine Aussagen bezüglich der Risikoeinstellung gegenüber Prospects, sondern ausschließlich getrennt für Gewinne und Verluste. Vgl. von Nitzsch, R.; Friedrich, C.: Entscheidungen, 1999, S. 96–102.
Der Term $v(\mathsf{E}[v(z), p])$ hat dabei keine inhaltliche, sondern eine rein skalierende Bedeutung. Er ist, da $v(\cdot)$ nur bis auf affine Transformationen bestimmt ist, identisch mit $\mathsf{E}[v(z), p]$. Das Konstrukt $v(\mathsf{E}[v(z), p])$ entsteht dadurch, dass bei der Betrachtung intrinsischer Risikoeinstellung der Einfluss der Höhenpräferenz eliminiert werden muss, aber hier, anders als in der EUT, nicht die

Bewertungsfunktion der Konsequenzen, sondern die Wahrscheinlichkeiten transformiert werden.

37 Das folgt unmittelbar, da die beiden Lösungsbedingungen für den Fall $v(z_1) > |v(z_2)|$, $\pi^+(p_1) + \pi^-(p_2) > p_1 + p_2$ und $\pi^+(p_1) < p_1 \wedge \pi^-(p_2) < p_2$, nicht gleichzeitig erfüllt sein können.

38 Für den Fall $v(z_1) > |v(z_2)|$ können die Bedingungen $\pi^+(p_1) + \pi^-(p_2) < p_1 + p_2$ und $\pi^+(p_1) > p_1 \wedge \pi^-(p_2) > p_2$ nicht gleichzeitig erfüllt sein.

Literatur

Bamberg, G.; Coenenberg, A. G.: Betriebswirtschaftliche *Entscheidungslehre*, in: WiSo Kurzlehrbücher, Reihe Betriebswirtschaft, 8., überarb. Aufl., München 1994.

Bell, D. E.; Raiffa, H.: Marginal Value And *Intrinsic* Risk Aversion, in: Bell, D. E.; Raiffa, H.; Tversky, A. (Eds.): Decision Making: Descriptive, Normative, and Prescriptive Interactions, Cambridge, MA 1988, S. 384–397.

Bell, D. R.; Bucklin, R. E.: The *Role* of Internal Reference Points in the Category Purchase Decision, in: Journal of Consumer Research, Vol. 26, September 1999, S. 128–143.

Bitz, M.: Bernoulli-Prinzip und *Risikoeinstellung*, in: Zeitschrift für betriebswirtschaftliche Forschung, Jg. 50, Oktober 1998, S. 916–932.

Camerer, C.: Individual *Decision* Making, in: Kagel, J. H.; Roth, A. E. (Eds.): The Handbook of Experimental Economics, Princeton, NJ 1995, S. 587–703.

Camerer, C.; Weber, M.: Recent *Developments* in Modeling Preferences: Uncertainty and Ambiguity, in: Journal of Risk and Uncertainty, Vol. 5, 1992, S. 325–370.

Carroll, J. D.; Green, P. E.: Psychometric *Methods* in Marketing Research: Part I, Conjoint Analysis, in: Journal of Marketing Research, Vol. 32, November 1995, S. 385–391.

Chatterjee, R.; Eliashberg, J.: The *Innovation* Diffusion Process in a Heterogenous Population: A Micromodeling Approach, in: Management Science, Vol. 36, No. 9, September 1990, S. 1057–1079.

Currim, I. S.; Sarin, R. K.: A Comparative *Evaluation* of Multiattribute Consumer Preference Models, in: Management Science, Vol. 30, No. 5, May 1984, S. 543–561.

Currim, I. S.; Sarin, R. K.: *Prospect* Versus Utility, in: Management Science, Vol. 35, No. 1, January 1989, S. 22–41.

Dyckhoff, H.: Ordinale versus kardinale Messung beim *Bernoulli-Prinzip* – Eine Analogiebetrachtung von Risiko- und Zeitpräferenz, in: OR Spektrum, Jg. 15, 1993, S. 139–146.

Dyer, J. S.; Sarin, R. K.: Measurable Multiattribute *Value* Functions, in: Operations Research, Vol. 27, July-August 1979, S. 810–822.

Dyer, J. S.; Sarin, R. K.: Relative Risk *Aversion*, in: Management Science, Vol. 28, No. 8, August 1982, S. 875–886.

Eisenführ, F.; Weber, M.: Rationales *Entscheiden*, 3., neub. u. erw. Aufl., Berlin u.a. 1999.

Eliashberg, J.; Chatterjee, R.: Stochastic Issues in Innovation Diffusion *Models*, in: Mahajan, V.; Wind, Y. (Eds.): Innovation Diffusion Models of New Product Acceptance, Cambridge, MA 1986, S. 151–199.

Eliashberg, J.; Hauser, J.: A Measurement Error Approach for Modeling Consumer *Risk* Preferences, in: Management Science, Vol. 31, No. 1, January 1985, S. 1–25.

Felten, C.: Adoption und Diffusion von *Innovationen* – Ein mikroökonomisches Modell, Wiesbaden 2001.

French, S.: Decision *Theory*: An Introduction to the Mathematics of Rationality, New York u.a. 1993.

Frey, B. S.; Eichenberger, R.: Zur Bedeutung entscheidungstheoretischer Anomalien für die *Ökonomik* – How Important Are Choice Anomalies for Economics, in: Jahrbuch für Nationalökonomie und Statistik, Bd. 206, Nr. 2, 1989, S. 81–101.

Hahn, C.: *Conjoint-* und Discrete Choice-Analyse als Verfahren zur Abbildung von Präferenzstrukturen und Produktwahlentscheidungen – Ein theoretischer und computergestützter empirischer Vergleich, Münster 1997.

Hardie, B. G. S.; Johnson, E. J.; Fader, P. S.: Modeling Loss Aversion And Reference Dependence Effects On Brand *Choice*, in: Marketing Science, Vol. 12, No. 4, Fall 1993, S. 378–394.

Harman, G.: *Rationality*, in: Osherson, D. N.; Smith, E. E. (Eds.): An Invitation to Cognitive Science: Thinking, Vol. 3, 2nd ed., Massachusetts 1995, S. 175–211.

Hauser, J. R.; Urban, G. L.: A Normative *Methodology* for Modeling Consumer Response to Innovation, in: Operations Research, Vol. 25, No. 4, July-August 1977, S. 579–619.

Hauser, J. R.; Urban, G. L.: Assessment of Attribute Importances and Consumer Utility Functions: von-Neuman-Morgenstern Theory Applied to Consumer *Behavior*, in: Journal of Consumer Research, Vol. 5, March 1979, S. 251–262.

Herrmann, A.; Bauer, H. H.: Ein Ansatz zur *Preisbündelung* auf der Basis der „prospect"-Theorie, in: Zeitschrift für betriebswirtschaftliche Forschung, Jg. 48, August 1996, S. 675–694.

Hogarth, R. M.; Einhorn, H.: *Venture* Theory: A Model Of Decision Weights, in: Management Science, Vol. 36, No. 7, July 1990, S. 780–803.

Johnson, M. D.; Herrmann, A.; B auer, H. H.: The effects of *price* bundling on consumer evaluations of product offerings, in: International Journal of Research in Marketing, Vol. 16, No. 2, 1999, S. 129–142.

Kahneman, D.; Tversky, A.: *Choices*, Values, and Frames, in: American Psychologist, Vol. 39, No. 4, April 1984, S. 341–350.

Kahneman, D.; Tversky, A.: *Prospect* Theory: An Analysis of Decision under Risk, in: Econometrica, Vol. 47, No. 2, March 1979, S. 263–291.

Kalwani, M. U.; Yim, C. K.; Rinne, H. J.; Sugita, Y.: A Price Expectations Model of Customer *Brand* Choice, in: Journal of Marketing Research, Vol. 27, August 1990, S. 251–262.

Klophaus, R.: *Marktausbreitung* neuer Konsumgüter: verhaltenswissenschaftliche Grundlagen, Modellbildung und Simulation, Wiesbaden 1995.

Köcher, W.: Die *MaiK*-Conjoint-Analyse, in: Marketing ZFP, 19. Jg., Heft 3, 3. Quartal 1997, S. 141–152.

Krelle, W.; unter Mitarbeit von Coenen, D.: Präferenz- und *Entscheidungstheorie*, Tübingen 1968.

Kreps, D. M.: Notes on the *Theory* of Choice, Boulder, Colorado, and London 1988.

Kürsten, W.: Präferenzmessung, *Kardinalität* und sinnmachende Aussagen – Enttäuschung über die Kardinalität des Bernoulli-Nutzens, in: Zeitschrift für Betriebswirtschaft, Jg. 62, Heft 4, 1992, S. 459–477.

Lattin, J. M.; Bucklin, R. E.: *Reference* Effects of Price and Promotion on Brand Choice Behavior, in: Journal of Marketing Research, Vol. 26, August 1989, S. 299–310.

Luce, R. D.; Tukey, J. W.: Simultaneous Conjoint Measurement: A *New* Type of Fundamental Measurement, in: Journal of Mathematical Psychology, Vol. 1, No. 1, February 1964, S. 1–27.

March, J. G.: *Bounded* Rationality, Ambiguity, and the Engineering of Choice, in: Bell, D. E.; Raiffa, H.; Tversky, A. (Eds.): Decision Making: Descriptive, Normative, and Prescriptive Interactions, Cambridge, MA 1988, S. 33–57.

Mas-Colell, A.; Whinston, M. D.; Green, J. R.: Microeconomic *Theory*, New York, Oxford 1995.

Meyer, R., Johnson, E. J.: Empirical *Generalizations* in the Modeling of Consumer Choice, in: Marketing Science, Vol. 14, No. 3, pt. 2 of 2, 1995, S. G180–G189.

von Neumann, J.; Morgenstern, O.: *Theory* of Games and Economic Behavior, 2. Auflage, Princeton, NJ 1947.

von Nitzsch, R.: *Entscheidungslehre* – „Der Weg zur besseren Entscheidung", 3., erw. und überarb. Aufl., Aachen 1996.

von Nitzsch, R.: *Prospect* Theory und Käuferverhalten, in: Die Betriebswirtschaft, 58. Jg., 1998, S. 622–634.

von Nitzsch, R.; Friedrich, C.: *Entscheidungen* in Finanzmärkten: „Psychologische Grundlagen", Aachen 1999.

Payne, J. W.; Bettman, J. R.; Johnson, E. J.: Behavioral Decision *Research*: A Constructive Processing Perspective, in: Annual Review of Psychology, Vol. 43, 1992, S. 87–131.

Prelec, D.: The Probability Weighting *Function*, in: Econometrica, Vol. 66, No. 3, May 1998, S. 497–527.

Roberts, J. H.; Urban, G. L.: Modeling Multiattribute *Utility*, Risk, and Belief Dynamics for New Consumer Durable Brand Choice, in: Management Science, Vol. 34, No. 2, February 1988, S. 167–185.

Sabel, H.: Neuere *Entwicklungen* im Marketing, in: Zeitschrift für Betriebswirtschaft, Heft 6, Juni 2001, S. 611–642.

Sabel, H.: Die *Geschichte* des Marketing in Deutschland, in: WiSt-Wirtschaftswissenschaftliches Studium, 27. Jg. Heft 3, März 1998, S. 106–110.

Sabel, H.; Weiser, C.: *Dynamik* im Marketing-Umfeld, Strategie, Struktur, Kultur, 2., überarb. und erw. Aufl., Wiesbaden 1998.

Salminen, P.; Wallenius, J.: *Testing* Prospect Theory in a Deterministic Multiple Criteria Decision-Making Environment, in: Decision Science Journal, Vol. 24, Heft 2, 1993, S. 279–294.

Sattler, H.; Hensel-Börner, S.: Ein empirischer Validitätsvergleich zwischen der *Customized* Computerized Conjoint Analysis (CCC), der Adaptive Conjoint Analysis und Self-Explicated-Verfahren, in: Zeitschrift für Betriebswirtschaft, 70. Jg., Heft 6, 2000, S. 705–727.

Savage, L. J.: The *Foundations* of Statistics, New York 1954.

Schneider, C.: Präferenzbildung bei Qualitätsunsicherheit – Das Beispiel Wein, Berlin 1997.

Simon, H. A.: Models of *Man*, New York 1957.

Simon, H. A.: *Rationality* in Psychology and Economics, in: Journal of Business, Vol. 59, No. 4, pt. 2, 1986, S. 209–224.

Simon, H.: *Preismanagement*, 2., vollst. überarb. und erw. Aufl., Wiesbaden 1992.

Simon, H.; Engelke, J.; Kneller, M.; Arena, G.; Simkovich, B.: Decision *Support* Systems : Development, Implementation, Experience, White Paper Simon Kucher & Partners, Marketing and Strategy Consultants, Bonn 2000.

Smidts, A.: The *Relationship* Between Risk Attitude and Strength of Preference: A Test of Intrinsic Risk Attitude, in: Management Science, Vol. 43, No. 3, March 1997, S. 357–370.

Tversky, A.; Fox, C. R.: *Weighing* Risk and Uncertainty, in: Psychological Review, Vol. 102, No. 2, 1995, S. 269–283.

Tversky, A.; Kahneman, D.: *Advances* in Prospect Theory: Cumulative Representation of Uncertainty, in: Journal of Risk and Uncertainty, Vol. 5, 1992, S. 297–323.

Tversky, A.; Kahneman, D.: Rational Choice and the *Framing* of Decisions, in: Journal of Business, Vol. 59, No. 4, pt. 2, 1986, S. S251–S278.

Tversky, A.; Wakker, P.: Risk Attitudes And Decision *Weights*, in: Econometrica, Vol. 63, No. 6, November 1995, S. 1255–1280.

Voeth, M.: *Nutzenmessung* in der Kaufverhaltensforschung – Die Hierarchische Individualisierte Limit Conjoint-Analyse (HILCA), Wiesbaden 2000.

Wakker, P.: Separating Marginal *Utility* and Probabilistic Risk Aversion, in: Theory and Decision, Vol. 36, 1994, S. 1–44.

Weber, M.: Neue Verhaltensannahmen als Basis für Modelle der Investitions- und *Finanzierungstheorie?*, in: Ordelheide, D.; Rudolph, B.; Büsselmann, E. (Hrsg.): Betriebswirtschaftslehre und Ökonomische Theorie, Stuttgart 1991, S. 311–327.

Weber, M.; Camerer, C.: Recent Developments in Modeling Preferences under *Risk*, in: OR Spektrum, Vol. 9, 1987, S. 129–151.

Weiber, R.: Was ist *Marketing*? – Ein informationsökonomischer Erklärungsansatz, Arbeitspapier Nr.1 der Universität Trier, Trier 1993.

Wilhelm, J.: Zum Verhältnis von *Höhenpräferenz* und Risikopräferenz – eine theoretische Analyse, in: Zeitschrift für betriebswirtschaftliche Forschung, Jg. 38, Juni 1986, S. 467–492.

Zusammenfassung

Entscheidungen unter Unsicherheit sind die in der Realität am häufigsten vorkommenden Konsumentenentscheidungen. Trotz ihrer erwiesenen Eignung zur Abbildung derartiger Kaufentscheidungen wird die Prospect Theorie im Marketing bislang fast ausschließlich zur Modellbildung und Erklärung von Konsumentenverhalten unter Sicherheit verwendet. Als Gründe werden zum einen Defizite in der Betrachtung der Risikoeinstellung und fehlende Anhaltspunkte zur Operationalisierung der Prospect Theorie identifiziert. Der vorliegende Beitrag analysiert den Aspekt der Risikoeinstellung in der Prospect Theorie.

Summary

Even though prospect theory is the appropriate methodology for modelling consumer decisions under uncertainty – the empirically most prevailing case – it is surprising that in marketing it is usually only applied to decision making under certainty. One reason for this is a lack of a framework for analysing risk attitudes. Another reason is missing guidance with respect to operationalizing the theory. We discuss and propose a framework for analysing risk attitudes.

15: *Entscheidungstheorie (JEL M19)*
60: *Allgemeine Fragen des Absatzes (JEL M30)*

Das Unternehmerische
in der Theorie der Unternehmung

Von Horst Albach

Überblick

- Der Aufsatz behandelt die Frage, ob in der Theorie der Unternehmung die Person des Unternehmers oder der Produktionsfaktor „das Unternehmerische" berücksichtigt werden sollte.

- Die Lösung des Problems wird in einer „Innovationsfunktion" als integraler Bestandteil der Theorie der Unternehmung gesehen. In der Allgemeinen Theorie der Unternehmung geht es letztlich nicht um Personen, sondern um Funktionen.

- Der Beitrag ist hoffentlich für den theoretisch Interessierten interessant. An ihn richtet er sich.

- Für den Praktiker sind verständlicherweise die Personen interessanter. Von ihnen gehen Faszination und Vorbildfunktion gleichermaßen aus.

- Die Verbindung von Funktion und Person liegt im Typus des Unternehmers oder auch in den verschiedenen Typen von Unternehmern. Es wird hier nicht versucht, die Theorie der Unternehmung in Richtung einer Unternehmer-Typologie zu erweitern.

Eingegangen: 15. September 200

Professor Dr. Horst Albach, Waldstr.49, 53177 Bonn.

A. Einleitung

„Pioniere gestalten die Welt. Es freut sich, wer den Vorsprung hält", sagt Hermann Sabel im Vorwort zu seinem Buch (zusammen mit Christoph Weiser): „Dynamik im Marketing". Auf S. 335 charakterisiert er dann einen seiner „Pioniere": In geradezu genialer Weise hat Benetton das strategische Problem des mit jeder Kollektion wiederkehrenden 50 : 50-Risikos der klassischen Bekleidungsindustrie gelöst. Während diese Kollektionen vom Handel entweder akzeptiert werden oder nicht, fragt Benetton danach, was das Risiko verursacht. „Sehr einfach gesagt, produziert die ganze Industrie Kleidung, Benetton löst Kundenprobleme". In dem gesamten Werk „Dynamik im Marketing" geht es Sabel um Menschen, um Luciano Benetton als Pionier der Werbung(S. 282), um Bemberg als Pionier der Kunstseide (S. 74), um Levi Strauss als Produkt-Pionier (S. 337), um Cesare Borgia als Pionier der Macht (S. 365). Es geht um Bewahrer (Schneider von Bayer, S. 366), um Veränderer (Dormann von Hoechst, S. 366), um Beschleuniger (Nasser von Ford, S. 366) als Pioniere des Management, es geht um ein Konstruktionsgenie, zwei Plastik-Bastler-Techniker-Entwickler-Erfinder und einen Marketing-Guru bei Swatch (Hayek, S. 413), es geht um Gerstner von IBM als Pionier des Shareholder Value (S. 433). Es geht um Bill Gates als Pionier des PC (S.447) und um „Gate's Schüler" bei SAP (S. 447). Hermann Sabel und Christoph Weiser singen in ihrem Buch „das Lied des Pioniers" (S. 430f.).[1]

Hermann Sabel ist selbst ein Pionier. Er wagte es mitten in den stürmischen Zeiten der Studentenrevolution, einen Lehrstuhl in der Rechts- und Staatswissenschaftlichen Fakultät der Universität Bonn anzunehmen, der für die Fortbildung von Unternehmern (selbständigen und angestellten) vom Land Nordrhein-Westfalen geschaffen worden war, dessen Lehrtätigkeit aber der Kontrolle durch die Studenten entzogen war. Den studentischen Protesten schlossen sich damals die Assistenten an, und manchen Professoren war die fachliche Verankerung des Lehrstuhls in der Fakultät einerseits und in einem von über hundert Unternehmen getragenen und vom Wissenschaftsministerium des Landes Nordrhein-Westfalen geförderten Verein keineswegs geheuer. Hermann Sabel hat diese Pionier-Rolle nicht nur gut gespielt, er hat sie mit dem ihm eigenen Elan ausgebaut: Mehrere tausend deutsche „Jung-Manager" aller Disziplinen haben in seinen „Marketing-Seminaren" Marketing gelernt und mit diesen Kenntnissen dazu beigetragen, dass ihre Unternehmen wettbewerbsfähig blieben.

Darf man einem solchen Geburtstagskind einen Aufsatz über ein Abstraktum wie „das Unternehmerische" widmen? Die Scheu, über die Person des Unternehmers zu sprechen, war unserem gemeinsamen Lehrer Erich Gutenberg eigen. In der ersten Auflage des ersten Bandes seiner „Grundlagen" erscheint der Unternehmer zwar noch als „psychophysisches Subjekt", in späteren Auflagen wird er durch die Annahme einer vollkommen funktionierenden Organisation ganz ausgeschlossen. Die Person des Unternehmers blieb für Gutenberg ein Geheimnis, das mit den Mitteln der betriebswirtschaftlichen Theorie nicht zu lüften ist. So hoffe ich auf Verständnis, dass ich mich in meinem Beitrag mit dem „Unternehmerischen" beschäftige und mich der Faszination des „Unternehmers" verweigere.

B. Zur historischen Entwicklung des Unternehmers

Im Folgenden soll zunächst ein historischer Abriss gegeben werden, der die Entstehung des „Unternehmers" in historischer Perspektive zu erläutern sucht. Daran schließt sich ein kurzer dogmenhistorischer Teil an. Im dritten und letzten Teil soll dann eine These zur Diskussion gestellt werden, wie „das Unternehmerische" in der Theorie der Unternehmung berücksichtigt werden kann.

Das „Unternehmerische" wird hier wie folgt definiert: Unternehmerisch heißt eine Tätigkeit, welche die Zukunft anderer Menschen und damit auch die eigene gestaltet. Diese Gestaltungsaufgabe ist ihrem Ziel nach auf Sicherung der Zukunft der Menschen gerichtet, im Ergebnis kann sie aber auch zur Schädigung von Menschen führen.

Die Familie ist von Alters her diejenige Institution, die für die eigene Zukunft sorgt. Die Familie mit dem „pater familias" im alten Rom war aber wohl eher ein rechtlich abgesichertes, diktatorisches Zerrbild einer solchen Familie. Im Mittelalter wurde die Familie bei ihrer Aufgabe der Zukunftssicherung ergänzt durch den Landes-„Vater". Dem Landesherrn waren die „Leibeigenen" anvertraut, die als Landarbeiter auf seinen Besitzungen arbeiteten. Für die Handwerker erließ der Fürst Zunftordnungen, die dem Meister und seiner Familie, zu der auch die Gesellen gehörten, einen standesgemäßen Unterhalt sicherten. Der Landesherr sorgte für alle Menschen, die in seinen Diensten standen.

Auch großgewerbliche Betriebe wurden zunächst nur von den Fürsten gegründet. Der Bergbau war die Ausübung eines regalen Rechts. Die Manufakturen gaben vielen Untertanen „Lohn und Brot".

Schon im Mittelalter versuchten die Patrizierfamilien in den Städten, die durch Fernhandel zu Reichtum gekommen waren, sich aus dem Treueverhältnis zu ihrem Landesfürsten zu lösen und ihre Zukunft in die eigenen Hände zu nehmen. Aber erst die Erfindung der Dampfmaschine setzte einen Prozess in Gang, welcher der Vorstellung zum Durchbruch verhalf, dass „jeder seines Glückes Schmied" sei oder zumindest doch jeder „nach seiner Facon selig" werden solle. Die Erfindung der Dampfmaschine revolutionierte die Landwirtschaft. Die Leibeigenschaft wurde wie die Sklaverei in den USA ein ökonomisch ineffizientes Institut. Der Fürst konnte sein Treueversprechen nicht mehr gegenüber allen Landarbeitern halten, gleichzeitig weckte die industrielle Revolution bei den arbeitslosen Landarbeitern Hoffnungen auf ein besseres Leben in den Industriezentren, in denen sich unter Einsatz der Dampfkraft aus Handwerksbetrieben Fabriken entwickelt hatten. Die „Fabrikherren" waren bereit, die Verantwortung für die Gestaltung der Zukunft ihrer Mitarbeiter zu übernehmen. Sie erkämpften die Gewerbefreiheit, die ihnen grundsätzlich das Verfügungsrecht über den Einsatz von Sachmitteln und über den Abschluss von Arbeitsverträgen gab. Aber noch blieb die Gründung großer Unternehmen, die Kapital von vielen Investoren beschafften, von einer staatlichen Konzession abhängig. „Das Unternehmerische" ging gleichwohl allmählich auf das Bürgertum über. Das liberale Gedankengut der Philosophen des achtzehnten und frühen neunzehnten Jahrhunderts betonte freilich die Befreiung vom Landesherren stärker als die mit dem Übergang von Rechten verbundene Pflicht, für die Zukunft der Mitarbeiter zu sorgen.

Gleichwohl haben viele Unternehmer in einem ähnlich patriarchalischen Verständnis wie dem des Landesherren als „Landesvater" diese Verantwortung für das Schicksal ihrer Mitarbeiter durchaus wahrgenommen. Davon zeugen nicht zuletzt die Sozialwerke der

Unternehmerfamilie Krupp in Essen, aber auch die Arbeiterwohnsiedlungen in der Textilstadt Lodz. Die Unternehmer mussten aber gegen Ende des 19. Jahrhunderts erkennen, dass sie die Arbeiterschaft nicht gegen alle Zukunftsrisiken schützen konnten, selbst wenn sie es gewollt hätten. Der Staat, so erkannten die Kathedersozialisten, aber auch Fürst Bismarck, kann sich aus seiner Verantwortung für die Sicherung der Zukunft seiner Bürger nicht ganz zurückziehen. Das deutsche Sozialversicherungssystem wurde zum Vorbild für andere Nationen in der Welt.

Das Fazit aus diesem kurzen historischen Abriss lautet: Das Unternehmerische besteht in der Übernahme von Verantwortung für die Gestaltung der Zukunft von Menschen, die ihr Schicksal der Person „Unternehmer" anvertrauen. Da der Unternehmer nicht vor allen Zukunftsrisiken schützen kann, muss der Staat als „insurer of last resort" zur Sicherung der Zukunft der Menschen beitragen.

C. Zur Dogmengeschichte des Unternehmers

Wenden wir uns nun der Dogmengeschichte des Unternehmerischen zu. Erich Gutenberg hielt die „unternehmerische Persönlichkeit" für ein systemindifferentes Phänomen: „Für die unternehmerische Persönlichkeit ist in allen Wirtschaftssystemen Raum, denn es gibt kein System, das auf aufgeschlossene, weitsehende und intelligente Persönlichkeiten verzichten könnte". Eine solche sehr personenbezogene Sicht der „Unternehmerischen Persönlichkeit" wird hier nicht geteilt[2], weil jeder Mensch in gewissem Maße aufgeschlossen, weitsehend und intelligent ist. Andererseits haben wir aber auch „das Unternehmerische" nicht auf die Funktionen Planung, Organisation und Kontrolle des dispositiven Faktors eingeengt. Der dispositive Faktor ist nicht dasselbe wie „das Unternehmerische".

Mit der Ideengeschichte des dispositiven Faktors hat sich Thomas Hermann in seiner Koblenzer Dissertation eingehend auseinandergesetzt.[3] Thomas Hermann definiert „das Unternehmerische" durch drei Funktionen:

– die Sicherung der Kooperationsrente
– die Tätigkeit als Vertrauensmanager
– die Überwindung des Klassenkampfes.

Die Kooperationsrente ist Ausdruck der Tatsache, dass die unternehmerische Organisationsform effizienter ist als die Märkte. Sicherung der Kooperationsrente bedeutet also Sicherung der Wettbewerbsfähigkeit des Unternehmens. Wettbewerbsfähige Unternehmen sind Institutionen, die einerseits dem Kunden bessere Lösungen bieten als andere und andererseits sichere Arbeitsplätze für ihre Mitarbeiter schaffen.

Die Tätigkeit eines Vertrauensmanagers hat nichts mit blindem Vertrauen der Mitarbeiter in den Unternehmer zu tun. Die Japaner unterscheiden, anders als wir, zwischen warmem und kaltem Vertrauen. Vertrauen schenken Banken, Lieferanten, Kunden und Mitarbeiter nur dem erfolgreichen Unternehmen. Das ist, mit den Japanern gesprochen, „kaltes" Vertrauen. „Warmes" Vertrauen setzen Kinder in ihre Eltern. Der Vertrauensmanager ist also letztlich eine Person, die die Zukunft der Mitarbeiter zu gestalten versucht und dem die Mitarbeiter dies auch kalt kalkulierend zutrauen.

Wo Vertrauen herrscht, hört der Klassenkampf auf. Wer als Partner behandelt wird und sich als solcher fühlt, kann nicht als Gegner handeln.

Daraus folgt: Das „Unternehmerische" bei Thomas Hermann lässt sich mit dem hier als Definition eingeführten Begriff „Gestaltung der Zukunft der anvertrauten Menschen" zur Deckung bringen.

Wir wenden uns nun der Theorie der Unternehmerfunktionen von Dieter Schneider zu. Er steht in seiner Analyse des Unternehmers ganz in der Tradition der Dogmengeschichte, wenn er den Unternehmer über die „Unternehmerfunktionen" definiert[4]. „Jeder ist im Hinblick auf die Unsicherheit im Einkommenserwerb Unternehmer seines Wissens, seiner Arbeitskraft und seines Leistungsvermögens"[5]. Schneider unterscheidet die Unternehmerfunktion nach innen: die Durchsetzung von Änderungen, und nach außen: die Durchsetzung von Arbitragegewinnen. Beide Funktionen dienen dazu, die Einkommensunsicherheiten einzelner Menschen oder ganzer Gruppen von Menschen innerhalb einer Gesellschaft zu vermindern[6]. Ich teile die Ansicht Schneiders, dass „für die Bildung einer betriebswirtschaftlichen Theorie der Unternehmung die Aufgaben oder Funktionen eines Unternehmers bedeutsam" seien[7], nicht aber seine dominant monetäre Sicht der Unternehmerfunktionen. Die von Dieter Schneider in der Kritik an Gutenberg erwähnte „Phantasie, Marktchancen zu erkennen und daraufhin neue Produkte zu entwickeln", passt als eine reale Erscheinung nicht zu Schneiders monetärem Ziel der Verringerung von Einkommensunsicherheiten. Die unternehmerische Phantasie ist nicht nur darauf gerichtet, Einkommensunsicherheiten zu verringern (sie ist gegenwärtig sogar darauf gerichtet, neue Systeme erfolgsabhängiger Bezahlung zu erfinden, welche die Einkommensunsicherheiten erhöhen!), sondern sie ist auf die Gestaltung von Lebensbedingungen gerichtet, welche die anvertrauten Menschen als besser empfinden.

Das „Unternehmerische" besteht also nicht in der Reduktion von Einkommensunsicherheiten. Die Unternehmung ist mehr als eine Risikogemeinschaft mit unterschiedlich verteilten Einkommensrisiken. Das „Unternehmerische" besteht in der Fähigkeit, nach neuen Chancen für die Gestaltung der Zukunft von Menschen im eigenen Unternehmen und im Lieferanten- und Kundenkreis zu suchen. Diese reale Sicht des „Unternehmerischen" ist letztlich eine Fortentwicklung der produktivitätsorientierten Sicht des Unternehmens von Erich Gutenberg. Diese Sicht lässt auch die Verfügungsrechte nicht außer acht, wie Dieter Schneider behauptet[8]. Wenn nämlich „das Unternehmerische" auf viele Schultern verteilt wird, um die Produktivität zu verbessern, müssen alle Vorteile einer solchen Arbeitsteilung gesichert werden. Arbeitsteilung aber heißt: Verteilung von Aufgaben an Menschen im Unternehmen. Zur Erfüllung der Aufgaben werden Stellen geschaffen, die mit realen und finanziellen Ressourcen ausgestattet werden. Das Verfügungsrecht über diese Ressourcen wird dem Stelleninhaber übertragen. Es trifft also nicht zu, dass die reale Sicht des Unternehmerischen den Blick auf die Ausstattung der Mitarbeiter mit Verfügungsrechten verstellte. Eher könnte man sagen, dass das Reden von Property Rights der mikroökonomische Ausdruck für die Stellenbeschreibungen in der traditionellen betriebswirtschaftlichen Organisationslehre sind.

In jüngster Zeit haben sich Fallgatter und Pleitner mit dem „Unternehmer" bzw. mit „Entrepreneurship" auseinandergesetzt.

Fallgatter[9] ordnet die Unternehmertheorie Dieter Schneiders den „funktionalen Unternehmertheorien" zu. Unternehmertheorien, die mit Typologien arbeiten, nennt er „positive Unternehmertheorien". In der Entrepreneurship-Forschung stellt er darüber hinaus noch eine „kognitive Unternehmertheorie" fest. In der positiven Unternehmertheorie werden Unternehmertypen wie der „opportunistische Unternehmer", der „klassische Unternehmer", der „Promotor", der „sicherheitsorientierte Unternehmer" u.a. unterschieden. Andere Autoren stellen eher ein Kontinuum von Unternehmertypen fest. Fallgatter kommt zu dem Ergebnis: „Die ganze Problematik einer positiven Analyse so komplexer Entitäten wie Unternehmern (wird) deutlich". Zu Erkenntnissen über „Entrepreneurs" führt die positive Unternehmertheorie, so das Fazit, nicht.

Hans Jobst Pleitner beschäftigt sich in seinem Beitrag „Entrepreneurship – Mode oder Motor?[10] mit gerade diesem „Entrepreneur". Er vertritt die Ansicht, dass es dabei um die Analyse von Eigenschafts- und Verhaltensunterschieden zwischen Unternehmern und Managern geht. Für Pleitner ist „Entrepreneurship die Identifikation und die Nutzung von Marktchancen durch Unternehmungsgründer".

Hermann Sabel unterscheidet drei Typen von Pionieren[11], den Produkt-Innovator (Hilaire de Chardonnet de Grange, Kunstseide), den Verfahrens-Innovator (Fremery und Urban, Seidenspritzverfahren), den Markt-Innovator (Bemberg, Absatzerfolg). Daneben unterscheidet er mit Schumpeter den „statischen Wirt", den Imitator. Aber was kann der Theoretiker schon über solche Typen sagen angesichts der zusammenfassenden Feststellung Sabels: „Die Motive dieser Pioniere, Ehre, Liebe, Hilfe, Lust am Spiel, Gestaltungsfreude des homo faber, wie Schumpeter festgestellt hat, (sind) eher außerökonomisch, jedenfalls nicht scharf kalkulierend"? Er muss einen anderen Weg beschreiten.

Zwar scheint es also, als sei die Theorie des Unternehmerischen, wie sie hier vertreten wird, in der heutigen betriebswirtschaftlichen Diskussion der Faszination des Unternehmers und insbesondere des Unternehmensgründers gewichen, aber das enthebt uns nicht des Versuchs, das „Unternehmerische" methodisch anders zu fassen und in die Theorie der Unternehmung zu integrieren.

Wir halten nach diesem dogmenhistorischen Abschnitt also fest: „Das Unternehmerische" ist eine Unternehmerfunktion in der realen Sphäre des Unternehmens. Diese Funktion beinhaltet die Gestaltung der Zukunft von Menschen, nicht die Minderung von Einkommensunsicherheit. Die Gestaltung der Zukunft mag sogar ex post als Einkommensminderung erscheinen: Sehr langfristige Investitionen wie im Bergbau oder sehr risikoreiche Investitionen wie die Gründung von Unternehmen der so genannten „New Economy" sind Beispiele für Einkommensminderungen.

D. Zur Theorie der Unternehmung

I. Zwölf theoretische Probleme

Wie lässt sich nun das „Unternehmerische" in der Theorie der Unternehmung fassen? Zunächst ist die Theorie der Unternehmung selbst zu skizzieren, in der das „Unternehmerische" seinen Platz hat.

In meiner Arbeit „Eine allgemeine Theorie der Unternehmung" habe ich darzulegen versucht, dass die Transaktionskostentheorie kein neues Paradigma der Betriebswirtschaftslehre ist. Sie ist vielmehr Bestandteil einer von Problemschritt zu Problemschritt erweiterten Produktions- und Kostentheorie der Unternehmung. Ich habe sieben Probleme unterschieden, die in der Vergangenheit gelöst wurden, und auf fünf Probleme hingewiesen, an deren Lösung die Betriebswirtschaftslehre in der Zukunft arbeiten wird. Hier seien diese zwölf Probleme kurz rekapituliert.

1. das Produktionsproblem: die Produktionskosten
2. das Zeitproblem: die Anpassungskosten
3. das Informationsproblem: die Informationskosten
4. das Motivationsproblem: die Kontrollkosten
5. das Koordinationsproblem: die Transaktionskosten
6. das Integrationsproblem: die Logistikkosten
7. das Umweltproblem: die Verschmutzungskosten
8. das Strategieproblem: Kooperationskosten, Sanktionskosten, Kundenbindungskosten, Lieferantenwechselkosten
9. das Intelligenceproblem: externe Effekte
10. das Netzwerkproblem: die Netzwerkkosten
11. das Regulierungsproblem: die Steuern
12. das Globalisierungsproblem: die Standortkosten.

Jedes dieser zwölf Probleme ist mit ganz bestimmten Kosten verbunden. Keines dieser Probleme spricht das „Unternehmerische" direkt an. Das gilt auch für das Zeitproblem. Dieses Problem entsteht durch Änderungen in der Umwelt, an die sich das Unternehmen anpassen muss. Das verursacht Anpassungskosten. Wer diese Veränderungen bewirkt, bleibt offen. Die Veränderungen können auch durch Wettbewerber verursacht sein, welche die Zukunft gestalten wollen. Das Zeitproblem ist mithin wohl eher ein Problem für die Laggards, die sich an die von den Pionieren veränderte Umwelt anpassen müssen, wenn sie wettbewerbsfähig bleiben wollen. Nun unterscheiden sich die Pioniere von den Nachzüglern, wie Helmut v. Maltzan anhand von „Best Practice Production Functions" gezeigt hat, „nur" durch eine höhere Rate des technischen Fortschritts. Aber mit diesem Instrument kann das „Unternehmerische" nur sehr indirekt erfasst werden, weil nicht erklärt wird, woher denn die höhere Fortschrittsrate kommt. Auch den Nachzüglern kann man „das Unternehmerische" nicht ganz absprechen. Sie gestalten das Umfeld, in dem die Pioniere stets den Druck spüren, die Zukunft zu gestalten, an der Front des technischen Fortschritts zu bleiben, um nicht überholt zu werden. Ohne einen solchen Druck würden die Pioniere schließlich zu Monopolisten, welche nicht mehr die Zukunft gestalten, sondern die Gegenwart ausbeuten – durchaus verbunden mit einer Verringerung der Einkommensunsicherheiten für die Mitarbeiter, jedenfalls auf kurze Sicht.

II. Das Innovationsproblem

Das Unternehmerische in der Theorie der Unternehmung erfordert es, Zukunftsgestaltung methodisch zu erfassen. Zukunftsgestaltung heißt: Innovation. Ich füge also den bisher genannten zwölf Problemen ein dreizehntes hinzu: das Innovationsproblem. Dieses Problem hat in den letzten Jahren so viele Bearbeitungen[12] erfahren, dass es in meinem Katalog an achter Stelle erscheinen sollte. Im 19. Jahrhundert sah man die Lösung des Innovationsproblems in der Persönlichkeit des Pionierunternehmers. DuBois-Raimond schwärmte von ihr, als er die laudatio auf Werner von Siemens bei dessen Aufnahme in die Preußische Akademie der Wissenschaften hielt[13].

Heute wird das Innovationsproblem in einem arbeitsteiligen Prozess gelöst. Dieser Prozess ist vielfach beschrieben worden. Er begann mit der Entwicklung des Forschungslabors. Unternehmen, die diese Organisationsform für Erfindung und Entwicklung neuer Produkte einführten, genossen erhebliche Wettbewerbsvorteile gegenüber ihren Konkurrenten ohne Forschungslabors. Dabei ist durchaus umstritten, ob Forschungslabors wirklich große Innovationen hervorbringen können oder nur Vorteile im Bereich von Verbesserungsinnovationen haben.

Zur Charakterisierung des Innovationsprozesses werden hier nur drei Teilprozesse unterschieden:

- Erfindung
- Entwicklung
- Markteinführung.

1. Erfindung

Wenden wir uns zunächst der Erfindung zu. Erfindungen sind abhängig von der Anzahl der Forscher einerseits und von der Ausstattung der Forschungslabors andererseits. Da die Forscher so ausgesucht werden, dass sie mit großer Wahrscheinlichkeit Ideen produzieren, ist diese Hypothese berechtigt. In den Bell Laboratories hält sich keiner, der nicht mindestens zwei Papers pro Jahr publiziert. Greene hat die Hypothese aufgestellt, dass die Anzahl der Patente von der Höhe der Ausgaben für Forschung und von dem Kapitalstock für Forschung abhängt. Ulrike Stahlecker-Görtzen hat die Patentelastizität japanischer Unternehmen in Abhängigkeit von den Forschungsausgaben bzw. vom Forschungs-Kapitalstock geschätzt und gezeigt, dass ein Anstieg der Forschungsausgaben um eine Einheit zu einer Zunahme der Patente um 0,74 Einheiten führt und dass die Patentelastizität des Forschungs-Kapitalstocks bei 1,01 liegt.

$$(1) \qquad P_{it} - \overline{P}_i = \beta(\log F_{it} - \log \overline{F}_i) + e_{it} - \overline{e}_i$$

$$\overline{P}_t = \sum_t^T P_{it}/T$$

$$\overline{e}_i = \sum_t e_{it}/T$$

P_{it} – Anzahl Patente, Unternehmen i im Zeitpunkt t
F_{it} – Forschungsausgaben oder Forschungskapital
β – β_0 (Ausgaben), β_1 (Kapital)
e_{it} – Störterm

In meinem Wachstumsmodell[14] ist der Umfang der Erfindungen abhängig von den Forschungsausgaben, die selbst wieder eine Funktion des Umsatzes der Vorperiode sind, und der angesetzten Entwicklungszeit für neue Produkte. Ein Zufallsparameter berücksichtigt den Einfluss des Zufalls auf den Forschungserfolg. Dieser ist nicht zu vernachlässigen, wie z.B. die Fallstudien über die Erfindung des Styropor und des Nierensteinzertrümmerers gezeigt haben.

(2) $\overline{E}_{jt} = a_j \, (U, E, \tau_j) \, t_j \, 2^{-tj}$

$\overline{E}_{jt}$ – mit Produkt j erzielbarer Umsatz in Periode t
a_j – stochastischer Erfolgsparameter
U – Forschungsrate
E – Gesamtumsatz des Unternehmens
τ_j – geplante bzw. tatsächliche Entwicklungszeit Produkt j
t_j – Alter des Produkts

2. Entwicklung

Die Erfindung muss im Unternehmen als Entwicklungsprojekt akzeptiert werden. Die Entwicklung ist der zweite Schritt im Innovationsprozess. Der Erfolg der Entwicklungstätigkeit hängt von zwei Faktoren ab: von der Marktkenntnis und von der Durchsetzung im Unternehmen.

Die Bedeutung der Marktkenntnis ist in einer Untersuchung der erfolgreichsten mittelständischen Unternehmen nachgewiesen worden. Die Unternehmen konzentrieren ihre Forschungsanstrengungen auf neue Produkte in ihrem Kerngebiet. Sie imitieren ihre Konkurrenten auf angrenzenden Gebieten, da in ihren Forschungslabors beurteilt werden kann, ob Innovationen von Wettbewerbern verbesserungsfähig sind. Ausgaben für Innovation und Imitation, die nach Mansfield auch externe Innovationen genannt werden, bestimmen also den Entwicklungserfolg. Ich habe daraus die Produktionsfunktion gebildet

(3) $x = a_0 \, IN^{\alpha} \, IM^{\beta} \, A^{\gamma}$

x – Output
IN – Innovationsinput: Entwicklungsaufwand
IM – Imitationsinput: Aufwand für Marktbeobachtung
A – Arbeitsinput
α, β, γ – Produktionselastizitäten

und die langfristige Produktionsfunktion geschätzt

(4) $x = a_0 FM^{\alpha} K^{\beta} A^{\gamma}$

FM – Aufwand für Entwicklung und Marktbeobachtung
K – Kapitalinput

Der zweite Faktor, der den Erfolg der Entwicklung bestimmt, ist die Durchsetzung im Unternehmen. Nach der Promotorentheorie von Witte bedarf es des Machtpromotors im Unternehmen, wenn die Durchsetzung der Erfindung gesichert werden soll. Meiner Ansicht nach ist Macht weniger wichtig als Überzeugungskraft, dass aus der Erfindung eine erfolgreiche Innovation werden kann. Überzeugungskraft haben Mitglieder des Entscheidungsgremiums im Unternehmen (z.B. im Vorstand), die über reiche Erfahrungen in den Forschungs- und Entwicklungsabteilungen des Unternehmens verfügen. Ulrike Stahlecker-Görtzen hat diese Hypothese anhand einer Produktionsfunktion geschätzt, die neben dem Forschungskapitalstock auch eine Variable enthält, welche die Anzahl der Personen im Vorstand angibt, die in ihrer bisherigen Laufbahn Erfahrungen in leitender Funktion in den Forschungs- und Entwicklungsabteilungen gesammelt haben.

(5) $x = a_0 FK^\alpha B^\beta K^\gamma A^\delta$

FK – Forschungskapital
B – Anzahl der Erfahrungsträger

Sie hat zeigen können, dass der Koeffizient dieser Personen mit Überzeugungskraft bei 0,087 liegt und auf dem 99%-Niveau signifikant ist. Die Bedeutung des technischen Wissensflusses in den Entscheidungsgremien der japanischen Unternehmen hat übrigens seit 1992 zugenommen. Gerade in schwierigen Zeiten gewinnen offenbar Erfahrung und Überzeugungskraft bei Entscheidungen über die Gestaltung der Zukunft an Gewicht.

3. Markteinführung

Ein neues Produkt kann nur am Markt eingeführt werden, wenn hinreichend große Kapazitäten geschaffen und die Produktionsprozesse kostengünstig durchgeführt werden können. Die Anschaffung entsprechender Maschinen und das Training der Bedienungsmannschaften kosten Zeit und verursachen Ausgaben, die man im weiteren Sinne als Anpassungskosten bezeichnen kann. Die Lead Suppliers müssen die erforderlichen Materialien in der entsprechenden Qualität liefern können. Es müssen aber auch sehr gute Kenntnisse über die Zielkunden und die wichtigsten Wettbewerber vorhanden sein. Das heißt, der Ansatz einer Produktionsfunktion mit den Mitgliedern in den Entscheidungsgremien, die über fachliche Überzeugungskraft in der Forschung verfügen, ist um Mitglieder zu erweitern, die große Markt- und Kundennähe besitzen, möglicherweise sogar selbst Kunden sind.

Der Erfolg der Innovation hängt also von dem Erfolg der Forschung (Forschungsausgaben und Forschungs-Kapitalstock), von dem Erfolg der Entwicklung (Ausgaben für Marktbeobachtung und Anzahl der Mitglieder im Board bzw. Vorstand mit Forschungs- und Entwicklungserfahrung) und von dem Erfolg der Markteinführung (Anzahl der Mitglieder in Vorstand und Aufsichtsrat mit intimer Marktkenntnis) ab. Diese Überlegung führt zu der Innovationsfunktion

(6) $\max C_0 = \int\limits_0^\infty \{ px - cK - wA - kH - kB - mFK - Q(\cdot) \} \, e^{-\varrho t} \, dt$

$Q = Q(K, A, H, B, FK, u^k, u^A, u^H, u^B, u^{FK}, D)$

$H = \dfrac{D}{1 - e^{-\varepsilon}} \sum\limits_{Q=0}^t \{ 1 - e^{-\varepsilon(N - Q + 1)}$

C_0 – Kapitalwert
H – Humankapital
Q – Anpassungskosten
u – Veränderung des Faktoreinsatzes
ε – Abnahme des Zuwachses an Organisationswissen

E. Schlussbemerkung

„Das Unternehmerische" in der Theorie der Unternehmung ist eine Innovationsfunktion, in der ein arbeitsteiliger Prozess der Gestaltung der Zukunft des Unternehmens und seiner Kunden und Lieferanten beschrieben wird. In dieser Beschreibung des „Unternehmerischen" gibt es Personen, die in vielfältiger Weise am Innovationsprozess beteiligt sind, als Forscher, als Entwickler, als Erfahrungsträger, als Arbeiter, als Vorstände und Aufsichtsräte. Die Person „des Unternehmers" gibt es in dieser Theorie nicht[15]. Die Zukunftsvision und ihre Realisierung durch alle Mitarbeiter bilden das „Unternehmerische" in dem, was die erfolgreichen Unternehmensgründer in den USA ihre „ego-less company" nennen[16].

Anmerkungen

1 Sabel, Hermann; Weiser, Christoph: Dynamik im Marketing, 3. Auflage, Wiesbaden 2000
2 Albach, Horst: Unternehmerische Phantasie im Zeitalter des Computers und der Planung, in: Die Herausforderung des Managements im internationalen Vergleich, USW-Schriften für Führungskräfte, Band 4, Wiesbaden 1970, S. 11–S. 26
3 vgl. z.B.: Hébert, Robert F., Link, Albert N.: The Entrepreneur: Mainstream Views and Radical Critiques, 2. Auflage, New York 1988; Stauss, James H.: The Entrepreneur: The Firm, in: Journal of Political Economy 1944, S. 112–S. 127; Lewis, Ben W.: The Corporate Entrepreneur, in: the Quarterly Journal of Economics 1937, S. 535–S. 544; Stevenson, Howard H., Roberts, Michael J., Grousbeck, H. Irving, Bhidé, Amar V.: New Business Ventures and the Entrepreneur, 5. Auflage, Boston 1999
4 Vgl. Knight, Frank H.: Profit and Entrepreneurial Functions, in: Journal of Economic History 1942, Ergänzungsheft: The Tasks of Economic History, S. 126–S. 132
5 Schneider, Dieter, I., S.28
6 a.a.O., S. 23
7 Schneider, Dieter: Der Unternehmer – eine Leerstelle in der Theorie der Unternehmung?, in: ZfB 2001, Ergänzungsheft 4, S. 1–S. 19
8 a.a.O., S. 88
9 Fallgatter, Michael J.: Unternehmer und ihre Besonderheiten in der wissenschaftlichen Diskussion – Erklärungsbeiträge funktionaler und positiver Unternehmertheorien, in: ZfB 2001, S. 1217–S. 1235
10 Pleitner, Hans Jobst: Entrepreneurship – Mode oder Motor, in: ZfB 2001, S. 1145–S. 1159
11 Sabel, Hermann, Weiser, Christoph: Dynamik im Marketing, a.a.O., S. S. 71–S. 76
12 Vgl. jüngst: Brockhoff, Klaus: Die Erzeugung neuen technologischen Wissens als unternehmerische Aufgabe, in: Sadowski, Dieter: Entrepreneurial Spirits, Wiesbaden 2001, S. 5–S. 30
13 Eine sehr personale Sicht des Unternehmers hat jüngst Christian Seidl vorgelegt: Seidl, Christian: Sind Unternehmer auch Menschen? In: Wagner, Udo: Zum Erkenntnisstand der Betriebswirtschaftslehre am Beginn des 21. Jahrhunderts, Festschrift für Erich Loitlsberger zum 80. Geburtstag, Berlin 2001, S. 327–S. 344
14 Siehe z.B. Albach, Horst: Forschung und Wachstum, in: die aussprache 1965, S. 149–S. 155
15 Reinhart Schmidt beschreibt den Weg vom Unternehmer zum Unternehmerischen im Kern ganz ähnlich, wie ich ihn hier zu skizzieren versucht habe. Vgl. Schmidt, Reinhart: Vom Unternehmer zum Unternehmerischen, in: Sadowski, Dieter: Entrepreneurial Spirits, Wiesbaden 2001, S. 105–S. 122
16 vgl. Finger, Max; Samwer, Oliver: Erfolgsfaktoren von Startups der 90er Jahre in Silicon Valley, Kalifornien, und Route 128, Massachusetts, Diplomarbeit Vallendar 1998; veröffentlicht unter dem Titel: America's most successful Startups. Lessons for Entrepreneurs, Wiesbaden 1998

Zusammenfassung

In der heutigen Diskussion um den „Unternehmer" lassen sich zwei theoretische Richtungen unterscheiden: eine „positive Unternehmertheorie" und eine „funktionale Unternehmertheorie". In der positiven Theorie werden Unternehmer-Typen unterschieden. Diesen „Theorien" dürfte keine Zukunft beschieden sein. In der funktionalen Theorie müssen die mehr monetäre Theorie der Unternehmerfunktionen von Dieter Schneider und die reale Theorie der Innovationsfunktion unterschieden werden, die hier vorgestellt wird. Es wird gezeigt, dass sich diese Form der Unternehmertheorie als eine „Theorie des Unternehmerischen" nahtlos in die Allgemeine Theorie der Unternehmung integrieren lässt.

Summary

In the ongoing discussions about "Entrepreneurship" we may distinguish between two paradigmata: the "positive theory of the entrepreneur" and the "functional theory of the entrepreneur". A typology of the entrepreneur forms the core of the positive theory, with the "opportunistic entrepreneur", "the safety-oriented entrepreneur", the "promotor", the "classical entrepreneur", the "pioneer", the "laggard", the "imitator" or "late follower". None of these types contribute to the theory of the firm anything but confusion. The positive theory of the entrepreneur will, therefore, have no future.

Two kinds of functional theories have to be distinguished: a more monetaristic form, called the "theory of entrepreneurial functions" by Dieter Schneider and a real form which is developed here as a "theory of the innovation function". This theory is functionally described. Results of econometric tests of the different functional forms that are used to describe the innovation process in detail against firm data of German and of Japanese firms are given.

10: Allgemeine Fragen der Unternehmenstheorie (JEL M20)

Zur Preispolitik bei neuen Produkten unter Unsicherheit und Kommunikation

Von Christoph Weiser*

Überblick

■ Die von Sabel aufgezeigten neueren Entwicklungen im Marketing führen auch zu einer zunehmenden Unsicherheit der Konsumenten insbesondere bei Produktneueinführungen.

■ Die Suche nach Antworten auf den Wandel führt in der Theorie zu einer stärkeren Ausdifferenzierung in vielfacher Weise.

■ Der vorliegende Beitrag geht von der Preis-Qualitäts-Einschätzung unter Unsicherheit der Konsumenten über die wahre Qualität eines neu auf dem Markt eingeführten Produktes und dem darauf aufbauenden Preislagenintervall aus. Der Ansatz sucht die Verbindung von statischen und dynamischen Nachfragefunktionen in der Einbeziehung der Diffusion von Information und ihrer Fähigkeit, Unsicherheit zu reduzieren.

■ Mit Hilfe numerischer Optimierungen werden optimale Preisstrategien ermittelt. Die erhaltenen Ergebnisse zeigen die Bedeutung der Kommunikation auf und geben Hinweise für die Überwindung intertemporaler Schnittstellen.

Eingegangen: 15. September 2001

Professor Dr. Christoph Weiser, Wirtschaftswissenschaftliche Fakultät der Martin-Luther-Universität Halle-Wittenberg, Institut für Betriebswirtschaftslehre, Internes Rechnungswesen und Controlling, Große Steinstraße 73, 06108 Halle (Saale)

A. Zur Problemstellung

Wer, wie der zu Ehrende, sich immer bemüht hat, in dynamischen Prozessen Erklärungen zu suchen und mit darauf angepassten Strategien Antworten zu finden, von dem ist zu erwarten, dass er sich mit den zentralen Punkten, die den ständigen Wandel der Umwelt, insbesondere bei Kunden und Konkurrenten, aber auch Kanälen und „Knuten", tief gehend aus verschiedensten Gesichtspunkten beschäftigt und nähert. In einem vor kurzem erschienenen Beitrag zu neueren Entwicklungen im Marketing[1] setzt er sich mit dieser Problematik mit Bezug auf Entwicklungen im Kundenverhalten, im Konkurrentenverhalten und im Unternehmensverhalten aus der Sicht von Paradigmen, Phänomenen und Praxis und ihren Wandeln seit Erscheinen von *Gutenbergs* 2. Band zum Absatz[2] auseinander und zeigt sie bezogen auf das Kundenverhalten in den Entwicklungen im Umfeld, in den Ausdifferenzierungen in Theorieansätzen, Messmethoden und Schlussverfahren wie der immer noch mangelhaften Kundenorientierung der Firmen auf.

Suchen theoretische Ansätze deskriptiv wie präskriptiv Antworten auf den Wandel, so finden sie sie in einer zunehmenden Ausdifferenzierung statischer wie dynamischer wie mulitattributiver Ansätze wie solchen unter Unsicherheit[3] und doch haben sie eine gemeinsame Schnittstelle in der Einbeziehung der Information und ihrer Verarbeitung im Lernen der Konsumenten, statisch im Soll-Ist-Vergleich des Individuums und daraus resultierender Zufriedenheit bzw. Unzufriedenheit, dynamisch in der Kundenbindung „als Abfolge von erlebter Kundenzufriedenheit"[4], die im Versuch der Integration „multiattributive dynamische Ansätze unter Unsicherheit anstrebt" und „die Bildung der Präferenzen als Lernen"[5] zu erfassen sucht.

Damit weisen sie auf die Bedeutung vergangener Erfahrungen, wie sie sich auch im akquisitorischen Potential widerspiegeln,[6] ebenso wie auf die Bedeutung von Signalwirkungen zur Reduktion der Unsicherheit hin und lassen, wie von dem zu Ehrenden für die Investitionsgrößenbestimmung in einem früheren Beitrag bereits aufgezeigt, auch für die Absatzseite erwarten, dass „noch längst nicht alle Fragen . . . an der Schnittstelle zwischen kurz- und langfristiger Sicht geklärt und gelöst sind."[7] Bezogen auf die optimale Preisstrategie eines Unternehmens führt dies zurück zu einer Aussage des zu Ehrenden in einem Beitrag zum 75. Geburtstag von *Erich Gutenberg*: „Um dieses Problem unter der Annahme eines durch den Preisvektor, der als Elemente die Preise in den einzelnen Teilperioden enthielte, bestimmten Absatzverlaufes zu erörtern, müsste eben dieser Absatz näher präzisierbar sein. Nun gibt es aber nicht einmal Plausibilitätsansätze dafür, wie ein solcher Absatzverlauf aussehen könnte; würde doch für jede Teilperiode t ein anderes erreichbares Gesamtniveau . . . und eine andere Geschwindigkeit . . . gelten, von denen gesagt werden müsste, wie sie von den bis dahin erreichten Größen abhingen."[8] Fügt man dem beschriebenen Wandel kürzer werdende Innovations- und Produktlebenszyklen, zunehmende Produktvielfalt und Produktvariationen hinzu, so zeigt sich die immer noch geltende Aktualität dieser Aussage.

Der im Folgenden beschriebene Ansatz versucht, aufbauend auf dem 1973er Beitrag von *Sabel*, eine Behandlung der Schnittstelle zwischen kurz- und langfristiger Sicht aufzuzeigen. Dazu werden zunächst rudimentär bisherige Ansätze zur Diffusionstheorie charakterisiert und im Anschluß daran ein Modell entwickelt, das den Ausgangspunkt *Sabels* um Einflüsse der Informationsdiffusion erweitert, und mit Hilfe numerischer Optimierungen Lösungen zur Bestimmung der Preispolitik angeboten.

B. Zu bisherigen Ansätzen der Diffusionstheorie

Am Beginn der Betrachtung stehen zwei grundlegende Ansätze, derjenige von *Rogers*[9] und derjenige von *Bass*.[10] Ersterer geht in einer statischen soziologisch orientierten Beschreibung von einem Verlauf aus, der unter der Annahme eines Kommunikationsprozesses zwischen fünf sozialen Gruppen, die sich aus der Unterstellung einer Normalverteilung unter Verwendung der statistischen Maße Erwartungswert und Standardabweichung ergeben, und aus der Ausübung „sozialen Drucks" zu einer S-förmigen Ausbreitung von Innovationen über die Bevölkerung führt.

Den grundlegenden Gedanken aufgreifend, geht *Bass* über zu einer dynamischen Modellierung dieses Verlaufes, indem er durch die Zusammenfassung der fünf Gruppen *Rogers* zu zwei Gruppen, Innovatoren und Imitatoren, die Information und deren Diffusion als Kernpunkt des Prozesses hervorhebt, da Innovatoren ausschließlich externe Informationen verarbeiten, während Imitatoren Informationen aus dem Prozess selbst erhalten, was als Analogie zu dem sozialen Druck interpretiert wird, aber auch als Reduktion der Unsicherheit interpretiert werden kann. Die Postulierung eines stochastischen Käuferverhaltens unter der Bedingung, dass in einem Zeitpunkt nur diejenigen noch kaufen können, die bis zu diesem Zeitpunkt noch nicht gekauft haben, und die Annahme, dass diese bedingte Kaufwahrscheinlichkeit eine lineare Funktion der kumulierten Zahl der Käufer bis zu diesem Zeitpunkt ist, führen zu einem gemischt exponentiell-logistischen Ausbreitungsverlauf, in dem allerdings die klare Trennung der sozialen Gruppen nicht aufrecht erhalten werden kann, der dafür aber den Vorteil in sich trägt, empirisch überprüfbar zu sein ebenso wie hinsichtlich der Erweiterung um unternehmerische Steuervariablen offen.[11]

Ohne auf empirische Untersuchungen und Erweiterungen des Ansatzes wie auf die daran geäußerte Kritik im Detail einzugehen,[12] werden hier nur die Aussagen zu optimalen Preisverläufen über die Zeit der beiden grundlegenden Ansätze von *Spremann*[13] und *Kalish*[14] skizziert. Unter Zugrundelegung eines monopolistischen Anbieters eines innovativen Produktes und der Wirkung der Erfahrungskurve auf die Grenzkosten des Produzenten kommen beide Autoren zu dem Ergebnis, „dass der dynamisch optimale Preisverlauf vom statisch optimalen, repräsentiert durch die Gleichung von *Amoroso* und *Robinson*, nur in der Höhe des Goodwills abweicht, in dessen Betrag sich die Wirkung von carry-over- und carry-away-Effekten der Nachfrage widerspiegelt"[15], erstere den positiven Effekt der Mund-zu-Mund-Propaganda einfangend, letztere den negativen Effekt der zunehmenden Marktsättigung. Wirken beide, so verläuft der optimale Preis anfangs steigend, später fallend. Ist über den Betrachtungszeitraum lediglich einer der beiden Effekte dominant, so steigt (fällt) der Preis über den gesamten Zeitraum bei Vorliegen von Mund-zu-Mund-Kommunikation (Sättigung des Marktpotentials). In ihrer Gesamtheit führen die Ergebnisse zu den als „Faustregeln" bekannten Skimming- und Penetrationsstrategien.[16]

Explizit der Ausbreitung der Information über die Zeit und der Bedeutung der Unsicherheit für die Entscheidung des Konsumenten widmet sich *Kalish* in einem weiteren Beitrag,[17] in dem er die Prozesse jeweils getrennt formuliert, die Zahl der Informierten sich in Abhängigkeit von Werbeausgaben, bisher Informierten und bisherigen Adoptern entwickelt, das Marktpotential sich in Abhängigkeit vom Preis dadurch ergibt, dass nur diejenigen potentielle Käufer werden, deren Grad der Bedürfnisbefriedigung oberhalb des Preises liegt und Unsicherheit wie eine Preiserhöhung wirkt, deren verzerrender Einfluß sich mit zunehmender kumulierter Absatzmenge reduziert, beide Prozesse mulitiplikativ verknüpft und diejenigen von einem so gegebenen Marktpotential zu einem Zeitpunkt t abzieht, die schon gekauft haben. Bezogen auf die Preisstrategie erhält er als Ergebnis, dass der Preis im Zeitverlauf fällt, es sei denn, die bisherigen Adopter üben eine effiziente Kommunikation in Bezug auf die Wahrnehmung des Produktes und/oder die Unsicherheitsreduktion der bisherigen Nichtadopter aus; in diesen Fällen kann der Preis über die Zeit steigen.[18]

Ein weiterer Kritikpunkt an dem *Bass*'schen Ansatz findet sich in der lediglich aggregierten Abbildung des Marktes, sodass das Entscheidungsverhalten des Individuums keinen Einfluss auf die Ausbreitung einer Innovation nimmt und somit eine Fundierung lediglich interpretativer Natur sei.[19] Neuere Ansätze suchen diese Fundierung in der mikroökonomischen individuellen Maximierung des Erwartungswertes des Nutzens aus dem Kauf des Produktes und seiner Verwendung unter Berücksichtigung der Unsicherheit „associated with their understanding of its attributes, its price, pressure from other adopters to adopt it, and their own budget."[20] Indem sich durch Kommunikation die Unsicherheit des Individuums über die qualitativen Produkteigenschaften reduziert, erhöht sich der Erwartungswert des Nutzens, funktional abgebildet durch die Veränderung der der Ermittlung des Erwartungswertes zugrundeliegenden Wahrscheinlichkeitsverteilung mit Hilfe *Bayes*ianischen oder adaptiven Lernens, bis zu einem „kritischen Wert", ab dem der Nutzen aus dem Produkt für das Individuum größer ist als derjenige aus seinem Status quo und es die Innovation adoptiert.[21] Unterstellt man nun Heterogenität der potentiellen Adopter hinsichtlich Risikoeinstellung und/oder Nutzen und bringt diese Heterogenität durch eine weitere Wahrscheinlichkeitsverteilung zum Ausdruck, so zeigt sich auf der Basis individueller Entscheidungen in der Aggregation der übliche S-förmige Verlauf der Diffusion der Innovation. Das zentrale Problem dieser Vorgehensweise liegt in der mangelnden Integration des absatzpolitischen Instrumentariums, sodass das Unternehmen nicht steuernd eingreifen kann.

Nicht direkt ausgehend von der Ausbreitung eines Produktes über Zeit und/oder Raum, aber ebenso ausgehend von der individuellen Maximierung des Erwartungswertes des Nutzens unter Unsicherheit, verdeutlichen *Bagwell* und *Riordan*[22] den Einfluss von Preissignalen auf die Kaufentscheidung der Individuen. Die Unsicherheit beruht in ihrem Ansatz auf der Asymmetrie der Information über die Qualität eines neu auf dem Markt eingeführten Produktes, die niedrig oder hoch sein kann, die aber nur der jeweilige Hersteller exakt kennt, während die Konsumenten eine hohe Qualität nur mit einer bestimmten Wahrscheinlichkeit annehmen können, aber einige doch die wahre Qualität kennen. Gegeben ein Produkt, bei dem sich die wahre Qualität nur durch die Verwendung feststellen lässt,[23] einen homogenen Reservationspreis aller Konsumenten für ein Produkt schlechter Qualität, heterogene Reservationspreise für ein Produkt hoher Qualität, bei Annahme der Gleichverteilung, und die positive Veränderung der Wahrscheinlichkeit, mit der die Konsumenten die Qualität des Produktes einschätzen, durch höhere Preise als Signale, leiten die Autoren ein separierendes Gleichgewicht her, in dem sich ein Anbieter guter Qualität von einem solchen schlechter Qualität durch einen höheren Preis absetzt und sich die Vortäuschung falscher Tatsachen für einen Anbieter niedriger Qualität nicht lohnt, wobei, in einer mehrperiodigen Betrachtung, der Preis fällt, wenn der Anteil informierter Konsumenten zunimmt, der Prozess der Diffusion von Information allerdings nicht explizit formuliert wird.

C. Zum Aufbau des Modells

Reflektiert man die aufgezeigten Entwicklungen der Ansätze in Bezug auf eine Preispolitik bei neuen Produkten unter Unsicherheit und Kommunikation, so zeigt sich, dass sowohl *Kalish* als auch *Bagwell/Riordan* beide Aspekte an der Schnittstelle zwischen statischer und dynamischer Sicht berücksichtigen, ersterer jedoch die Möglichkeit der Reduktion der Unsicherheit ausschließlich über die Kommunikation zulässt, über die aktive Preisgestaltung durch das anbietende Unternehmen jedoch ausschließt. Letztere beziehen diesen Aspekt in Form von Preissignalen ein, lassen aber nur Homogenität des Reservationspreises bei einem Produkt schlechter Qualität zu. Bezieht man die im Marketing aufgezeigte Bedeutung der Preislage insbesondere bei Unsicherheit der Konsumenten über die Qualität eines neu auf dem Markt eingeführten Produktes und deren Einschätzung mit Hilfe eines Preis-Qualitäts-Urteils ein,[24] so führt dies zu einer Erweiterung der aufgezeigten Modelle hinsichtlich der Notwendigkeit der Bestimmung dieser Preislage durch das Unternehmen vor Einführung einerseits und zur Aufgabe der Homogenität der unteren Reservationspreise andererseits. Diffusion der Information durch Kommunikation muss dann aufzeigen, wie sich das Preislagenintervall über die Zeit verändert.

Das im Folgenden aufgezeigte Modell geht aus von der Einführung einer Innovation im Markt, durch die der Anbieter eine Monopolstellung erreicht. Der Anbieter kennt die wahre Qualität des Produktes, die Konsumenten können sie nur durch Gebrauch erfahren, wobei die Qualität gut oder schlecht in dem Sinne sein kann, dass unter multiattributiver Bewertung nach Erwerb des Produktes der Kunde Zufriedenheit oder Unzufriedenheit durch die Befriedigung oder Nichtbefriedigung vorhandener Bedürfnisse erfährt[25] und diese Erfahrung kommuniziert. Darüber hinaus sei unterstellt, dass der Anbieter des neuen Produktes ebenso neu sei, sodass keine früheren Erfahrungen mit ihm übertragen werden können. Dies schließt das Vorhandensein von Präferenzen „der Käufer . . . für den verkaufenden Betrieb"[26] und ein daraus resultierendes akquisitorisches Potential wie die damit verbundene Übertragung einer Herstellermarke, die die Unsicherheit reduziert, aus.[27]

I. Zur Kaufbereitschaft unter Unsicherheit

Eine derartige Situation der asymmetrischen Informationsverteilung stellt für ein Unternehmen, das eine Innovation auf einem Markt einführen will, „die Bestimmung der Preislage in den Vordergrund"[28]. Verbindet man die bereits aufgezeigten Erkenntnisse mit denjenigen aus empirischen Untersuchungen zum Preis-Qualitäts-Urteil von Konsumenten,[29] so zeigt sich für jedes Individuum ein Preisbereich, dessen untere Grenze durch einen Minimalpreis, der die Einschätzung der Qualität durch das betrachtete Individuum gerade als ausreichend zulässt, und dessen obere Grenze durch einen Maximalpreis, bei dem diesem Individuum das Produkt gerade zu teuer ist, jeweils charakterisiert ist.

Erweitert man diese Betrachtung auf das gesamte für das neue Produkt spezifische Marktpotential $\bar{X}$, so erhält man eine Kurve minimaler Preise $\Phi_{min}(p)$ und eine Kurve maximaler Preise $\Phi_{max}(p)$, die als kumulative Wahrscheinlichkeitsverteilungen in dem Sinne anzusehen sind, dass sie die kumulierten Anteile derjenigen angeben, „die die einzelnen Preise gerade noch als ausreichend betrachten, eine von den jeweiligen potentiellen Käufern gewünschte Qualität zu garantieren", bzw. derjenigen, „die die jeweiligen Preise als gerade zu hoch betrachten."[30] Aus der Differenz $\theta(p) = \Phi_{min}(p) - \Phi_{max}(p)$ beider Funktionen gewinnt man die Funktion des Anteils der potentiellen Kunden, die zu einem Preis p bereit sind, eine Einheit des betrachteten Produktes zu erwerben und damit über die Preise hinweg ein Kaufbereitschaftsintervall, das durch einen minimalen Preis p_{min} und einen maximalen Preis p_{max} begrenzt ist (vgl. Abb. 1).

Setzt das Unternehmen den Preis unterhalb des Minimalpreises (p_1) bzw. oberhalb des Maximalpreises (p_4), so sind 100% der Individuen der Überzeugung, dass die angebotene Qualität nicht ausreichend ist (p_1) bzw. der Preis (p_4) bereits so hoch ist, dass der Nutzen aus der Bedürfnisbefriedigung als nicht mehr positiv angesehen wird. In Höhe von p_2 ist erst ein geringer Anteil von der Qualität überzeugt, aber das Produkt wird noch nicht als zu teuer angesehen; bei p_3 sehen nahezu 100% die Qualität als ausreichend an, für einige ist es jedoch bereits zu teuer. Der zu Ehrende zeigt in seinem Beitrag ausführlich auf, unter welchen Bedingungen eine derartige Funktion der Kaufbereitschaft als eine besondere Form der Preis-Absatz-Funktion angesehen werden kann und wie sich klassische Preis-Absatz-Funktionen aus diesem Ansatz ergeben.[32]

Das Überschreiten des Minimalpreises p_{min} kann somit auch vorsichtig als ein Signaleffekt des Preises interpretiert werden, der die Einstellung der Konsumenten zur Qualität des Produktes ändert, so wie es *Bagwell/Riordan* beschrieben haben, nur, dass nun nicht mehr alle sofort überzeugt werden, sondern auch hier Heterogenität über die Individuen angenommen wird. Die so hergeleitete Funktion der Kaufwilligkeit integriert somit den Preissignaleffekt einerseits und die Nutzenmaximierung der Konsumenten unter Unsi-

Abb. 1:   Die Herleitung der Kaufbereitschaftsfunktion unter Unsicherheit
(Nach *Sabel, H.* (1973), S. 423)

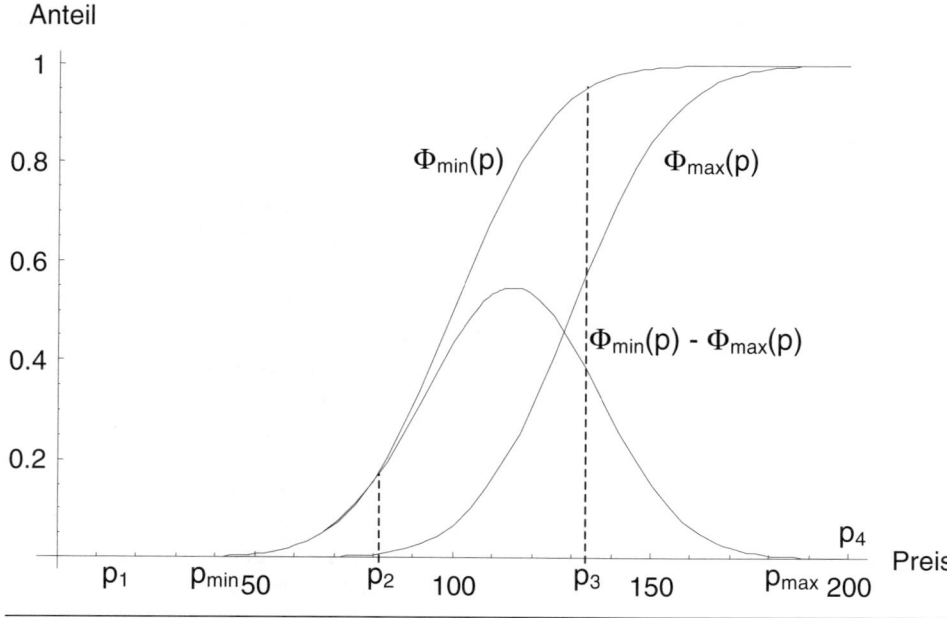

cherheit andererseits und bringt damit in der Aggregation auch die Fundierung aus mikroökonomischer Sichtweise zum Ausdruck.

II. Zur Reduktion der Unsicherheit durch Kommunikation

In der aufgezeigten Charakterisierung bleibt die Kaufbereitschaftsfunktion aber statisch, gilt in der vorgetragenen Form in jedem Zeitpunkt und berücksichtigt nicht die Auswirkungen der Diffusion von Information durch Kommunikation. Um zu einem dynamischen Verlauf dieser Funktion zu gelangen, seien zur Vereinfachung der Darstellungen auf der Basis empirischer Ergebnisse[32] die kumulierten Wahrscheinlichkeitsverteilungen der Minimal- bzw. Maximalpreise jeweils als Normalverteilungen charakterisiert:

(1) $\Phi_{min}(p) \sim N(\mu_{min}, \sigma_{min})$

      $\Phi_{max}(p) \sim N(\mu_{max}, \sigma_{max})$

mit

μ_{min}, μ_{max} – Erwartungswerte der Normalverteilung

$\sigma_{min}, \sigma_{max}$ – Standardabweichungen der Normalverteilung

Bezieht man sich in einem ersten Schritt lediglich auf die prozeßendogene Kommunikation, in der diejenigen über ihre Erfahrungen berichten, die zu einem Zeitpunkt t das neue Produkt bereits gekauft haben, so läßt sich durch die Einbeziehung der kumulierten Menge der Adopter im Zeitpunkt t X(t) die Wirkung des Informationsflusses auf die Verteilungen beschreiben.

Reduziert sich durch Kommunikation die Unsicherheit der verbleibenden potentiellen Adopter, so nähert sich ihre multiattributive Einschätzung der Qualität unter Unsicherheit der wahren Qualität des Produktes immer stärker an. Für die Verteilung $\Phi_{min}(p)$ der Minimalpreise wird dies bedeuten, dass derjenige Preis, der eine noch gerade als ausreichend eingeschätzte Qualität übermittelt, mit zunehmender kumulierter Absatzmenge fällt, und gleiches auch für die Streuung der Verteilung gelten muss. Durch Reduktion der Unsicherheit gelingt es demnach, mit immer geringeren Preisen einen immer höheren Anteil von der Qualität zu überzeugen.

Liegt bei nicht vollständiger Information und guter Qualität des Produktes der Erwartungswert des Nutzens, nach dessen Maximierung die Konsumenten ihre Kaufentscheidung treffen, immer unterhalb des wahren Nutzens bei vollständiger Information, so wird er sich bei Reduktion der Unsicherheit dem wahren Wert annähern und ihn bei vollständiger Information erreichen. Für die Verteilung $\Phi_{max}(p)$ der Maximalpreise bedeutet dies, dass mit zunehmender kumulierter Menge der Erwartungswert steigt. Wird der Erwartungswert der vorliegenden Verteilung durch die Masse der Konsumenten bestimmt, ihre Streuung jedoch durch das einzelne Individuum, so lässt sich nun eine Veränderung in zwei Richtungen vermuten: einerseits führt reduzierte Unsicherheit zu einer geringeren Streuung wie bereits bei der Verteilung der Minimalpreise beschrieben, andererseits kann unter Unsicherheit die wahre Qualität durch ein Individuum jeweils sowohl über- als auch unterschätzt werden und es mögen durchaus auch die Einschätzungen der Konsumenten unter Sicherheit heterogener sein als unter Unsicherheit, was sich, wenn sich die Verteilung der Verteilung unter Sicherheit annähert, in einer Zunahme der Streuung äußert, wenn man beide Aspekte berücksichtigt. Letzterer Fall soll im weiteren betrachtet werden.

Handelt es sich hingegen um ein Produkt schlechter Qualität, die durch zunehmende Information immer richtiger eingeschätzt werden kann, so soll in dem hier dargestellten Modell davon ausgegangen werden, daß Erwartungswert und Streuung der Verteilung der Maximalpreise mit steigender kumulierter Absatzmenge sinken.

Fasst man alle aufgezeigten Aspekte zusammen, so gibt es zu jedem Zeitpunkt t eine kumulierte Verteilung der Minimal- bzw. Maximalpreise, $\Phi_{min}(p(t) \mid X(t))$ und $\Phi_{max}(p(t) \mid X(t))$, die unter Berücksichtigung der Kommunikation der bis zu diesem Zeitpunkt erreichten kumulierten Anzahl der Adopter $X(t)$ die Anteile derjenigen wiedergeben, die den Preis als gerade hoch genug bzw. als gerade zu hoch empfinden. Aus der Differenz ergibt sich der Anteil der in einem Zeitpunkt t zu einem Preis $p(t)$ bei erreichter kumulierter Menge $X(t)$ Kaufbereiten als:

$$(2) \quad \theta(p(t), X(t)) = \Phi_{min}(p(t) \mid X(t)) - \Phi_{max}(p(t) \mid X(t))$$

$$= N(\mu_{min}(X(t)), \sigma_{min}(X(t))) - N(\mu_{max}(X(t)), \sigma_{max}(X(t))),$$

$$= \frac{1}{\sqrt{2 \cdot \pi \cdot \sigma_{min}(X(t))}} \cdot \int_0^{p(t)} e^{-\frac{(p(t) - \mu_{min}(X(t)))^2}{2 \cdot \sigma_{min}^2(X(t))}}$$

$$- \frac{1}{\sqrt{2 \cdot \pi \cdot \sigma_{max}(X(t))}} \cdot \int_0^{p(t)} e^{-\frac{(p(t) - \mu_{max}(X(t)))^2}{2 \cdot \sigma_{max}^2(X(t))}}$$

mit

$$\frac{\partial \mu_{min}(X(t))}{\partial X(t)} < 0, \frac{\partial \sigma_{min}(X(t))}{\partial X(t)} < 0,$$

$$\frac{\partial \mu_{max}(X(t))}{\partial X(t)} > 0, \frac{\partial \sigma_{max}(X(t))}{\partial X(t)} > 0 \text{ bei guter Produktqualität,}$$

$$\frac{\partial \mu_{max}(X(t))}{\partial X(t)} < 0, \frac{\partial \sigma_{max}(X(t))}{\partial X(t)} < 0 \text{ bei schlechter Produktqualität,}$$

$p(t) \in \mathbb{R}^+$, $X(t) \geq 0$, $X(0) = 0$,
$\mu_{min}(X(t))$, $\mu_{max}(X(t)) \geq 0$, $\sigma_{min}(X(t))$, $\sigma_{max}(X(t)) \geq 0$,
$\mu_{min}(X(t)) \leq \mu_{max}(X(t))$, $\sigma_{min}(X(0)) \cong \sigma_{max}(X(0))$.
Abb. 2 verdeutlicht die Zusammenhänge.

Je stärker der Einfluss der Kommunikation, desto schneller laufen die Veränderungen ab.

III. Zur Verbindung von statischer und dynamischer Nachfragefunktion

Gibt $\theta(p(t), X(t))$ den Anteil der Kaufwilligen an, so doch noch nicht den Anteil derjenigen, die das Produkt im Zeitpunkt t auch wirklich erwerben. Wie eingangs dargestellt, können

Abb. 2: Die Entwicklung der Kaufbereitschaftsfunktion über die kumulierte Nachfrage

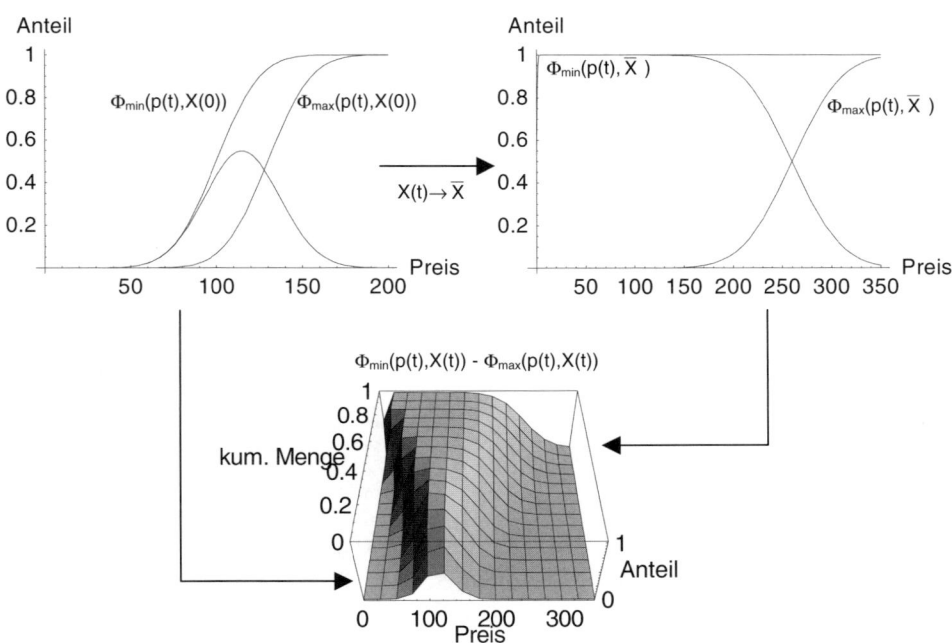

hierbei zusätzliche Einflüsse wie sozialer Druck, Bekanntheit der Existenz des Produktes, die Risikoeinstellung der Verbraucher, sodass sie erst nach Überschreiten einer „kritischen Schwelle" vom potentiellen Adopter zum Adopter werden, oder weitere eine Rolle spielen. All diese Faktoren sollen in dem hier dargestellten Ansatz in einer „Kaufrate" $k(X(t))$ abgebildet werden, die sich mit zunehmender kumulierter Menge erhöht, sodass $\partial k(X(t))/\partial X(t) > 0$ und $0 < k(X(t)) \leq 1$. Im Zeitpunkt $t = 0$ gibt $k(X(0)) > 0$ den Anteil der Innovatoren am Gesamtmarktpotential wieder, die den Diffusionprozess der Nachfrage initialisieren. Die Auswirkungen der Preispolitik ebenso wie Unterschiede bei Produkten guter wie schlechter Qualität sollen in diesem Beitrag ausschließlich in der Veränderung der Kaufbereitschaft ihren Ausdruck finden. Aus diesem Grund werden sie in der Kaufrate nicht berücksichtigt.

Darüber hinaus wird angenommen, dass es sich bei dem innovativen Produkt um ein langlebiges Gebrauchsgut handelt, sodass innerhalb des zugrundegelegten Betrachtungszeitraumes keine Wiederkäufe anfallen und jeder Adopter das Produkt nur einmal in einer Einheit erwirbt. Damit ergibt sich nach *Bass* die Nachfrage $x(p(t), X(t))$ im Zeitpunkt t unter der Bedingung, dass bis zu diesem Zeitpunkt noch nicht erworben wurde, durch die multiplikative Verknüpfung der so bedingten Kaufwahrscheinlichkeit im Zeitpunkt t mit dem zu diesem Zeitpunkt noch nicht ausgeschöpften Marktpotential:

$$(3) \quad x(p(t),X(t)) = (\Phi_{min}(p(t)\,|\,X(t)) - \Phi_{max}(p(t)\,|\,X(t))) \cdot k(X(t)) \cdot (\overline{X} - X(t))$$

$$= [N(\mu_{min}(\cdot), \sigma_{min}(\cdot)) - N(\mu_{max}(\cdot), \sigma_{max}(\cdot))] \cdot k(X(t)) \cdot (\overline{X} - X(t))$$

$$= \theta(p(t), X(t)) \cdot k(X(t)) \cdot (\overline{X} - X(t)),$$

mit

$\overline{X}$ – Marktpotential.

$X(t)$ – bis t kumuliert nachgefragte Menge, $X(t) = \int\limits_{0}^{t} x(\tau)\, d\tau$.

IV. Zum Ansatz der numerischen Optimierung

Zur Durchführung numerischer Optimierungen sind die aufgezeigten Funktionen in diskreter Form näher zu spezifizieren. Es soll gelten:

$$\mu_{min}(X_{t-1}) = \overline{\mu}_{min} \cdot \left(1 - \frac{X_{t-1}}{\overline{X}} \right)^{\alpha_1}$$

$$\sigma_{min}(X_{t-1}) = \overline{\sigma}_{min} \cdot \left(1 - \frac{X_{t-1}}{\overline{X}} \right)^{\alpha_2} + \varepsilon$$

$$\mu_{max}\left(X_{t-1}\right) = \overline{\mu}_{max} \cdot \left(\beta_1 - \delta_1 \cdot \left(1 - \frac{X_{t-1}}{\overline{X}} \right)^{\alpha_3} \right)$$

$$\sigma_{max}\left(X_{t-1}\right) = \overline{\sigma}_{max} \cdot \left(\beta_2 - \delta_2 \cdot \left(1 - \frac{X_{t-1}}{\overline{X}} \right)^{\alpha_4} \right) + \varepsilon$$

mit

$\overline{\mu}_{min}, \overline{\mu}_{max}$ – Erwartungswerte in t = 0

$\overline{\sigma}_{min}, \overline{\sigma}_{max}$ – Streuung in t = 0

ε – Korrekturparameter, sodass $\sigma_{min}(X_t)$, $\sigma_{max}(X_t) > 0$ für $X_t =$, $\overline{X}$, ε klein

α_i – Geschwindigkeit der Kommunikation, $\alpha_i \geq 0$, i = 1, ..., 4

β_j – Verhältnis des wahren Wertes zum Ausgangswert des Erwartungswertes (j = 1) bzw. der Steuerung (j = 2), $\beta_j > 0$ bei guter Qualität, $\beta_j = 0$ bei schlechter Qualität, j = 1, 2

δ_m – Schaltvariable, $\delta_m = -1$ bei schlechter Qualität, $\delta_m \geq 1$ bei guter Qualität, m = 1, 2. Gleichzeitig Korrekturfaktor, sodass $\mu_{max}(X_0) = \overline{\mu}_{max}$, $\sigma_{max}(X_0) = \overline{\sigma}_{max}$.

Für die Kaufrate wird die folgende Ausgestaltung angenommen:

$$(4) \qquad k\left(X(t)\right) = e^{-\gamma \cdot \left(1 - \frac{X(t)}{\overline{X}} \right)},$$

mit

γ – Parameter, der den Anteil der Innovatoren in t = 0 festlegt.

Da ausschließlich Erkenntnisse über die Preispolitik analysiert werden sollen, wird auf die Einbeziehung von Erfahrungskurveneffekten auf die Kostenverläufe verzichtet und unterstellt, dass die zu einem Zeitpunkt t nachgefragte Menge der produzierten entspricht. Unter der Annahme, dass das betrachtete Unternehmen seinen Kapitalwert über den Betrachtungszeitraum T maximiert, gilt:

$$(5) \quad \max_{p_t} \sum_{t=1}^{T} [(p_t - c) \cdot (X_t - X_{t-1}) - K_F] \cdot (1 + r)^{-t}$$

unter der Nebenbedingung

$$X_t = X_{t-1} + x_t$$
$$= X_{t-1} + \theta(p_t, X_{t-1}) \cdot k(X_{t-1}) \cdot (\overline{X} - X_{t-1}),$$

mit

X_t – bis t kumuliert nachgefragte Menge, $x_t = \sum_{\tau=0}^{t} x_\tau$,

c – variable Stückkosten,

K_F – Fixkosten,

r – Diskontierungszinssatz,

T – Länge des Betrachtungszeitraumes,

$p_t \in \mathbb{R}^+$, $X_0 = 0$.

V. Zur Durchführung der numerischen Optimierung

Zur Durchführung der numerischen Optimierungen werden Parameterwerte gewählt, die zu betriebswirtschaftlich sinnvollen Ergebnissen führen und die zu analysierenden Einflüsse ausreichend stark wiedergeben. Auf die Einbeziehung der fixen Kosten wird verzichtet, da sie auf die Optimierungsergebnisse keinen Einfluß nehmen. Bei Herstellung eines Produktes mit schlechter Qualität werden 50% der variablen Stückkosten angenommen, die bei Herstellung eines Produktes guter Qualität anfallen: Marktpotential $\overline{X} = 1.000.000$, $\gamma = 2$ (Innovatorenanteil in t = 0 etwa 4% des Marktpotentials), Diskontierungszinssatz r = 0,15.

In einem ersten Schritt werden Sensitivitätsanalysen vorgenommen hinsichtlich der Bedeutung der Geschwindigkeit der Kommunikation, die im Extremfall nicht stattfindet (keine), reine Mund-zu-Mund-Kommunikation erfasst (normal) oder sehr schnell erfolgen kann (stark), z.B. in Form der Verbreitung von Erfahrungen über Medien. Um die Bedeutung der Integration der Verteilung der Minimalpreise zu analysieren, wird danach differenziert, ob die Konsumenten eine solche Preis-Qualitäts-Einschätzung nicht vornehmen (keine), ob sie sie im gleichen Rahmen vornehmen wie die Einschätzung der Verteilung der Maximalpreise (normal) oder ob sie sich nach Überschreiten des Minimalpreises p_{min} sehr schnell von der Qualität überzeugen lassen, was sich in einer Reduzierung der anfänglichen Streuung ausdrückt (stark).[33]

Da der Neuartigkeitsgrad Einfluss nimmt auf die Breite des Preislageintervalles,[34] wird in einem zweiten Schritt dieser Einfluss durch unterschiedliche Höhen des Erwartungswertes der Verteilung der Maximalpreise in Kombination mit einer höheren Streuung der Verteilung der Minimalpreise untersucht.

In allen aufgeführten Variationen wird zusätzlich unterschieden nach einem Produkt guter Qualität und einem Produkt schlechter Qualität, der Erwartungswert der Verteilung der Maximalpreise unter Sicherheit soll im ersteren Fall doppelt so hoch sein wie zu Be-

Tab. 1: Unterscheidung nach Kommunikationsgeschwindigkeit und Verteilung der Minimalpreise

| | | | **Kommunikation** $\bar{\mu}_{max}=130,00; \sigma_{max}=20,00$ | | |
			keine $\alpha_1=\alpha_2=\alpha_3=\alpha_4=0$	normal $\alpha_1=\alpha_2=\alpha_3=\alpha_4=1$	stark $\alpha_1=\alpha_2=\alpha_3=\alpha_4=5$
keine $\bar{\mu}_{min}=0,00; \bar{\sigma}_{min}=0,00$		gute Qualität	Fall 01	Fall 02 $\beta_1=\beta_2=2$ $\delta_1=\delta_2=1$ $c=150,00$	Fall 03
		schlechte Qualität	Fall 10	Fall 11 $\beta_1=\beta_2=0$ $\delta_1=\delta_2=-1$ $c=75,00$	Fall 12
normal $\bar{\mu}_{min}=100,00; \bar{\sigma}_{min}=20,00$		gute Qualität	Fall 04	Fall 05 (normal) $\beta_1=\beta_2=2$ $\delta_1=\delta_2=1$ $c=150,00$	Fall 06
		schlechte Qualität	Fall 13	Fall 14 (normal) $\beta_1=\beta_2=0$ $\delta_1=\delta_2=-1$ $c=75,00$	Fall 15
stark $\bar{\mu}_{min}=100,00; \bar{\sigma}_{min}=5,00$		gute Qualität	Fall 07	Fall 08 $\beta_1=\beta_2=2$ $\delta_1=\delta_2=1$ $c=150,00$	Fall 09
		schlechte Qualität	Fall 16	Fall 17 $\beta_1=\beta_2=0$ $\delta_1=\delta_2=-1$ $c=75,00$	Fall 18

(Linke Randbeschriftung: Einschätzung über Verteilung der Minimalpreise)

ginn des Betrachtungszeitraumes ($\beta_j=2$, $j=1,2$), im letzteren Fall gleich Null ($\beta_j=0$, $j=1,2$). Die nachfolgenden Tab. 1 und Tab. 2 geben eine zusammenfassenden Überblick über die durchgeführten Analysen, die Nummern in den Zellen geben die der jeweiligen Rechnung zugehörige Fallnummer an.

Als Vergleichsmaßstab wird eine optimale Preispolitik unter Sicherheit betrachtet, wobei diese Situation dadurch charakterisiert ist, dass die zu erreichenden Erwartungswerte und Streuungen bereits in t = 0 vorliegen und sich über den Betrachtungszeitraum nicht mehr ändern: $\bar{\mu}_{min}=0$, $\bar{\sigma}_{min}=0$, $\bar{\mu}_{max}=130$, $\bar{\sigma}_{max}=20$, $\beta_j=2$, $j=1,2$, $\delta_m=0$, $m=1,2$.

Tab. 2: Unterscheidung nach Breite des Preislagenintervalles

		Variation $\bar{\mu}_{max}$ $\bar{\sigma}_{max} = 20{,}00; \alpha_1 = \alpha_2 = \alpha_3 = \alpha_4 = 1$		
		$\bar{\mu}_{max} = 110{,}00$	$\bar{\mu}_{max} = 130{,}00$	$\bar{\mu}_{max} = 150{,}00$
Variation $\bar{\sigma}_{min}$ $\bar{\mu}_{min} = 100{,}00$ $\bar{\sigma}_{min} = 20{,}00$	gute Qualität	Fall 19	Fall 05 $\beta_1 = \beta_2 = 2$ $\delta_1 = \delta_2 = 1$ $c = 150{,}00$	Fall 20
	schlechte Qualität	Fall 24	Fall 14 $\beta_1 = \beta_2 = 0$ $\delta_1 = \delta_2 = -1$ $c = 75{,}00$	Fall 25
$\bar{\sigma}_{min} = 30{,}00$	gute Qualität	Fall 21	Fall 22 $\beta_1 = \beta_2 = 2$ $\delta_1 = \delta_2 = 1$ $c = 150{,}00$	
	schlechte Qualität	Fall 26	Fall 27 $\beta_1 = \beta_2 = 0$ $\delta_1 = \delta_2 = -1$ $c = 75{,}00$	Fall 28

Zur Durchführung der numerischen Optimierungen kommt das Gradientenverfahren im Zusatzmodul „Solver" der Tabellenkalkulation Microsoft Excel zum Einsatz.

D. Zu den Ergebnissen der Untersuchung

I. Bei normaler Kommunikation und normaler Einschätzung der Verteilung der Minimalpreise

Unter aller gebotenen Vorsicht der Interpretation numerischer Optimierungen unter Berücksichtigung des Erreichens lokaler oder globaler Optima lassen sich doch einige interessante Ergebnisse aufzeigen.

Unter Zugrundelegung vollkommener Information der Konsumenten über die Qualität des Produktes zeigt sich der auch in der Literatur zur Diffusionstheorie häufig auftretende Preisverlauf eines niedrigen Anfangspreises, der über die ersten Perioden zunimmt und anschließend fällt (vgl. Abb. 3). Mit dem geringen Eintrittspreis nutzt das Unternehmen die Kommunikation der Adopter aus, die carry-over-Effekte überwiegen. Je weiter die Diffusion der kumulierten Nachfrage fortschreitet, desto stärker nehmen die Sättigungs-

Abb. 3: Preisverläufe bei normaler Kommunikation und normaler Einschätzung der Verteilung der Minimalpreise

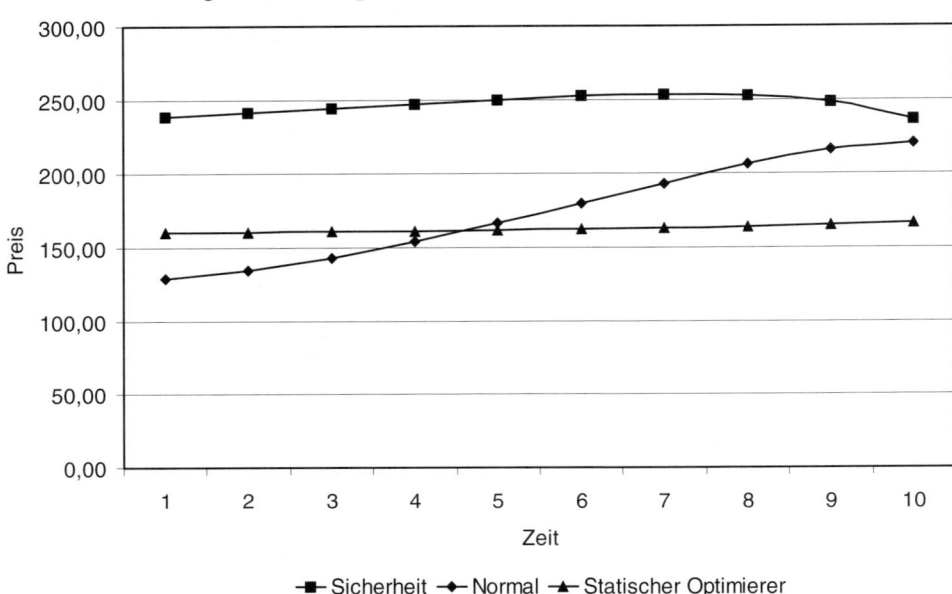

effekte des Marktpotentials Einfluss auf den Preis. Überwiegen die carry-away-Effekte, so wird der Preis reduziert, um auch die letzten Zauderer noch zum Kauf zu veranlassen. Die Höhe des Preises über den gesamten Betrachtungszeitraum zeigt die Bedeutung der vorliegenden Sicherheit über die Produktqualität, die dem Unternehmen einen entsprechenden Kapitalwert erbringt (vgl. Tab. 3).

Liegt hingegen Unsicherheit der Konsumenten über die Produktqualität vor, so muss ein Ausgleich zwischen der Verteilung der Minimalpreise und der Maximalpreise gefunden werden, wobei die in Abb. 3 gezeigte Preissetzung dazu führt, dass in t = 1 etwa 93% der Konsumenten dem Produkt eine als ausreichend empfundene Qualität zuordnen, etwa 48% es aber schon als zu teuer ansehen. Die hohe Überzeugungswirkung könnte vorsichtig auch als Preissignal interpretiert werden.

Tab. 3: Erzielte Kapitalwerte und erreichte Ausnutzung des Marktpotentials

Fall	Kapitalwert	Ausnutzung des Marktpotentials in %
Sicherheit	47.370.148,09	95,5
Normal	6.839.425,39	91,4
Statischer Optimierer	939.695,38	17,3

Die Bedeutung dynamischer Einflüsse der Kommunikation zeigt ein Vergleich des Preisverlaufes des dynamischen Optimierers mit dem des statischen Optimierers, der in jeder Periode einen optimalen Preis unter Berücksichtigung vergangener Entwicklungen der kumulierten Nachfrage sucht, zukünftige Aspekte allerdings außer Acht lässt. Der dynamische Optimierer legt den Einstandspreis in Periode 1 unterhalb der variablen Stückkosten fest, nutzt damit die carry-over-Effekte der Kommunikation insbesondere auf die Verteilung der Maximalpreise aus, lässt mit zunehmder Kommunikation den Preis ansteigen und nähert sich mit fortschreitendem Zeitverlauf der Situation unter Sicherheit an, wobei carry-away-Effekte der Sättigung in den letzten Perioden den Preisanstieg verlangsamen. Der erreichte Kapitalwert liegt deutlich unter demjenigen bei Sicherheit, was als notwendige Investition in die Reduzierung der am Markt herrschenden Unsicherheit interpretiert werden kann.

Im Vergleich dazu wählt der statische Optimierer von Beginn an einen Preis oberhalb der variablen Stückkosten, der im Zeitverlauf nahezu konstant bleibt, was zu einer geringeren Ausnutzung des Marktpotentials und zu einem geringeren Kapitalwert führt. Dieses Ergebnis mag verbunden sein mit der Setzung von im Vergleich zum verlangten Preis recht hohen variablen Stückkosten. Es ist nicht auszuschließen, dass sich bei niedrigeren Kosten die Verlaufsform derjenigen unter Sicherheit annähert.

II. Bei Variation der Kommunikationswirkung und der Minimalpreisverteilung

1. Unter Vorliegen guter Produktqualität

Variiert man die Kommunikationswirkung und die Einschätzung der Konsumenten in der Minimalpreisverteilung, so zeigt sich der dominierende Einfluss der Informationsdiffusion (vgl. Abb. 4 bis Abb. 6). Lässt man keinerlei Kommunikation zu, so ändern sich die Verteilungen der Minimal- und Maximalpreise nicht, eine Situation, die der unter Sicherheit, allerdings auf niedrigerem Niveau, vergleichbar ist. Die angenommenen hohen variablen Stückkosten führen zu ebenso hohen Preisen, was wiederum nur geringe carry-over- und carry-away-Effekte zur Folge hat, sodass das Ergebnis auch in der Konstanz des Preisverlaufes dem einer statischen Optimierung nahe kommt (vgl. Abb. 4).

Steigt die Geschwindigkeit der Kommunikation an, so wird deren Wirkung durch Einstandspreise unterhalb der variablen Stückkosten genutzt, die Preise unterscheiden sich in ihrer Höhe allerdings nur gering. Der Unterschied liegt in der Ausprägung der Verläufe über die Zeit, die mit zunehmender Stärke der Diffusion der Information aufgrund schnellerer Reduzierung der Unsicherheit, bis hin zum Erreichen der vollkommenen Information, ein steileres Ansteigen des Preises zulassen, unabhängig von der Ausgestaltung der Verteilung der Minimalpreise (vgl. Abb. 5 und Abb. 6). Gleichzeitig lassen sich mit stärkerer Kommunikation auch höhere Kapitalwerte erzielen (vgl. Tab. 4).

2. Unter Vorliegen schlechter Produktqualität

Unterstellt man ein Produkt schlechter Qualität, so zeigt sich als erstes Ergebnis, dass die Preise aufgrund der hier angenommenen erheblich geringeren variablen Stückkosten deut-

Tab. 4: Erzielte Kapitalwerte und erreichte Ausnutzung des Marktpotentials bei guter Produktqualität

Fall	Kapitalwert	Ausnutzung des Marktpotentials in %
Fall 01	468.006,23	9,4
Fall 02	7.173.517,66	92,3
Fall 03	27.174.457,34	95,1
Fall 04	458.307,37	9,1
Fall 06	26.531.995,00	94,5
Fall 07	468.006,23	9,4
Fall 08	7.173.515,54	92,3
Fall 09	27.174.417,36	95,1

Abb. 4: Preisverläufe ohne Kommunikation und bei guter Produktqualität

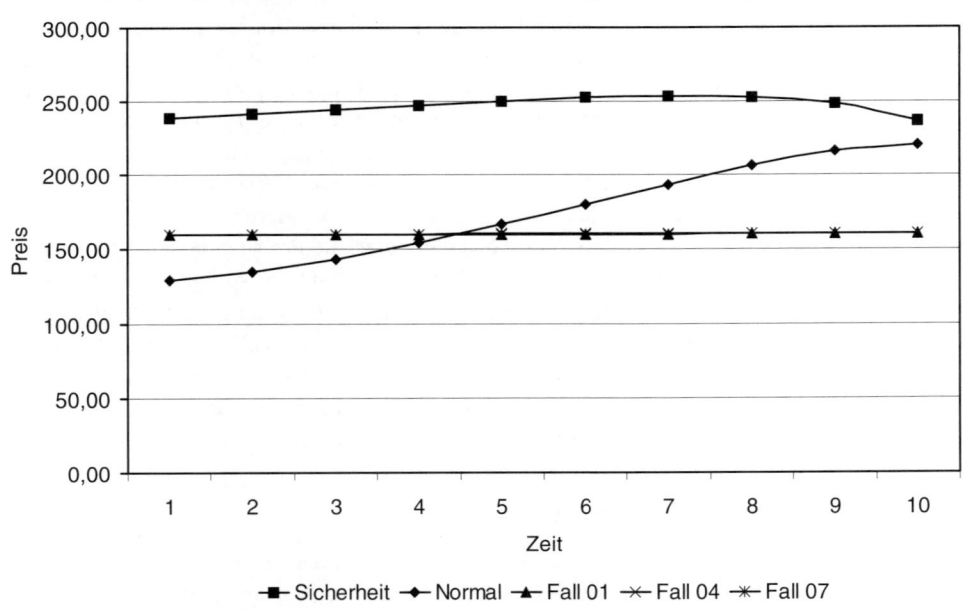

Abb. 5: Preisverläufe bei normaler Kommunikation und guter Produktqualität

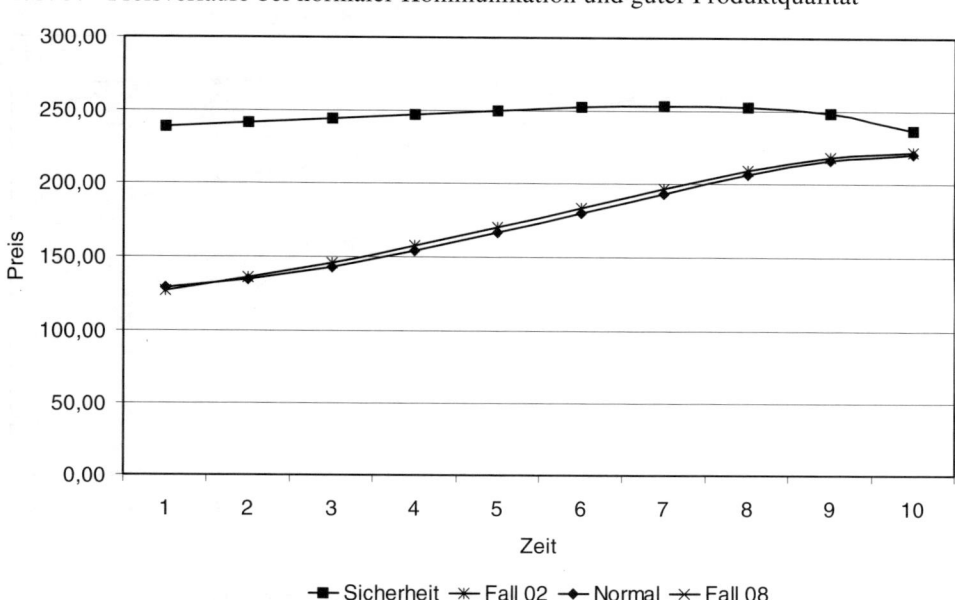

Abb. 6: Preisverläufe bei starker Kommunikation und guter Produktqualität

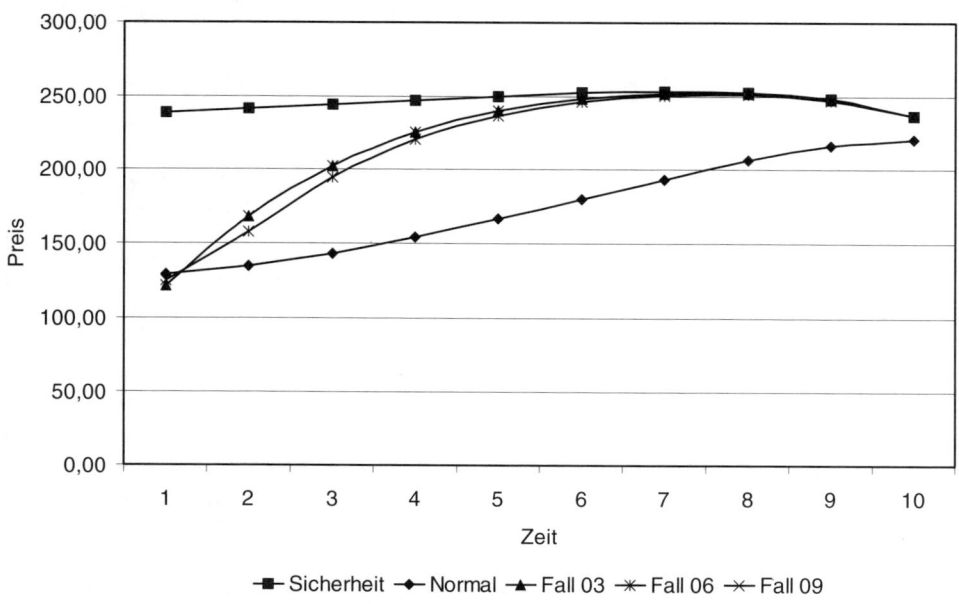

Abb. 7: Preisverläufe ohne Kommunikation und bei schlechter Produktqualität

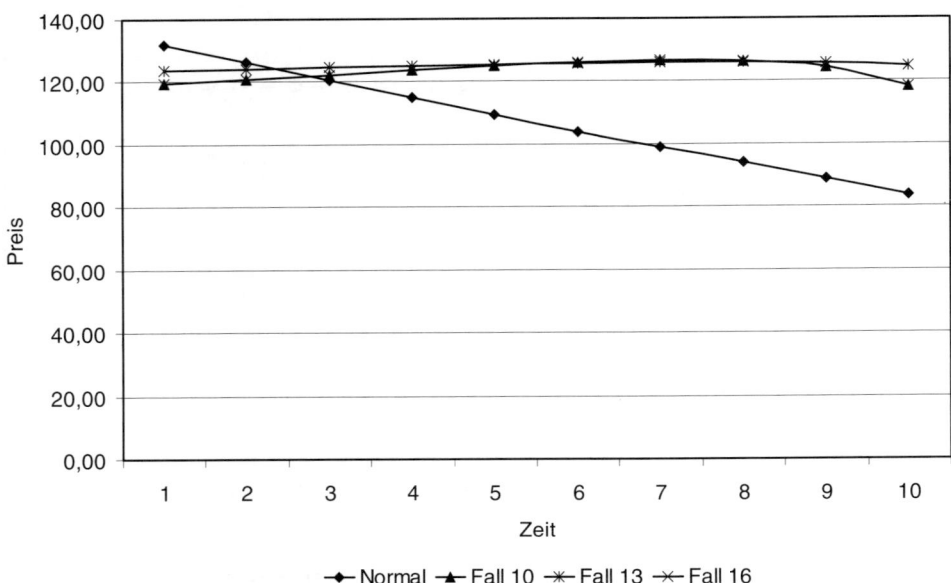

Abb. 8: Preisverläufe bei normaler Kommunikation und schlechter Produktqualität

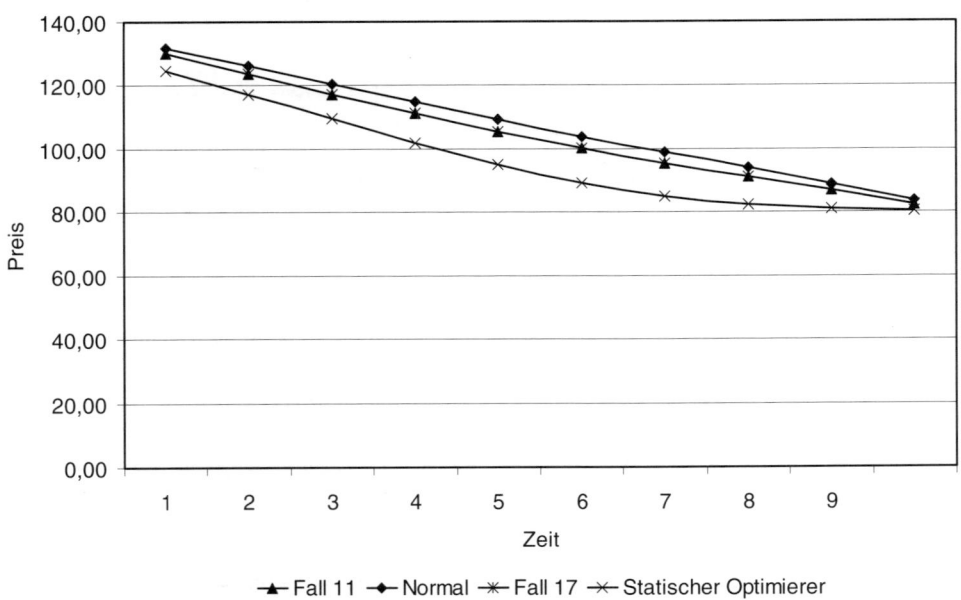

Abb. 9: Preisverläufe bei starker Kommunikation und schlechter Produktqulität

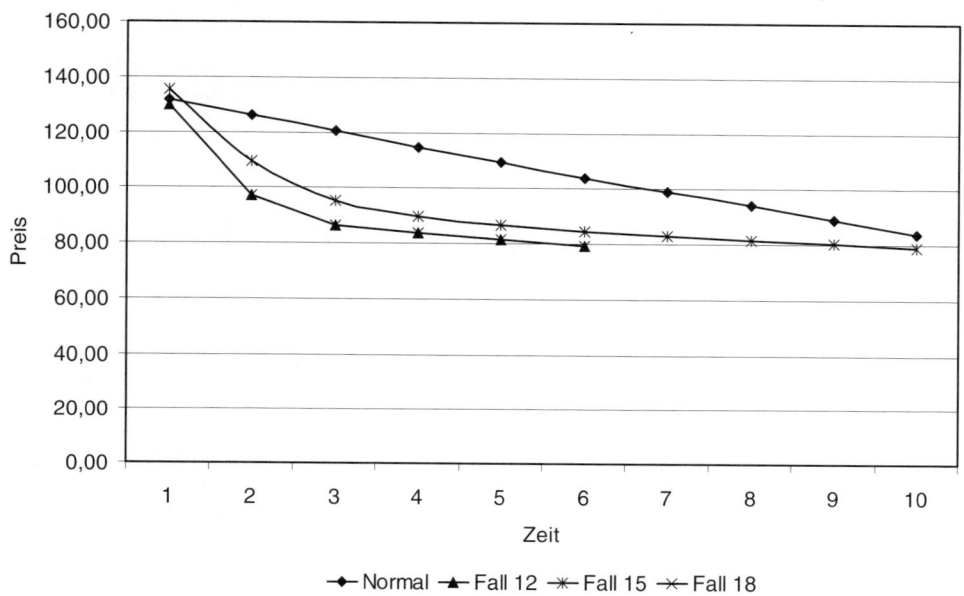

─◆─Normal ─▲─Fall 12 ─✳─Fall 15 ─✕─Fall 18

lich unterhalb der Preise bei guter Qualität liegen, in Relation zu den variablen Stückkosten allerdings erheblich höher, was eine Begründung in dem angesetzten Preislageninintervall findet (vgl. Abb. 7 bis Abb. 9). Sehr vorsichtig könnte dies als ein Preissignal interpretiert werden, mit dem das Unternehmen über die wahre Qualität täuscht.[35]

Eine weitere Übereinstimmung zeigt sich in den Preisverläufen. Mit Ausnahme derjenigen Fälle, in denen Kommunikation ausgeschlossen ist und in denen der Preis anfänglich steigt und in den letzten Perioden fällt, schlägt sich der Einfluss der Informationsdiffusion und der Verbreitung der wahren Qualität in sinkenden Preisverläufen nieder, was durch die Abnahme des Erwartungswertes der Maximalpreisverteilung hervorgerufen wird. Allerdings wird das Produkt nur bei hoher Geschwindigkeit des Erfahrungsaustausches frühzeitig in Periode sieben vom Markt genommen, ausgenommen bei Vorliegen einer großen Streuung der Einschätzung der Minimalpreisverteilung (vgl. Abb. 9). In diesem Fall führt ein höherer Preis zu einer geringeren Geschwindigkeit der Entwicklung der kumulierten Nachfrage, sodass eine kritische Schwelle der Informiertheit bis zum Ende des Betrachtungszeitraumes nicht erreicht wird.

Bei Ausschluss der Kommunikation erzielt das Unternehmen eine hohe Marktdurchdringung und auch positive Kapitalwerte, die diejenigen bei guter Produktqualität erreichen oder sogar übersteigen. (vgl. Tab. 5). Dieses Ergebnis ist allerdings vor dem Hintergrund des lediglich einmaligen Kaufes einer Einheit durch die Kunden zu betrachten. Die Einbeziehung von Wiederholungskäufen ebenso wie Überlegungen hinsichtlich des Zieles einer langen Marktpräsenz auch mit weiteren Produkten könnte die Situation deutlich ändern, unter Zugrundelegung einer kurz- bis mittelfristigen Zielsetzung erhalten die Untersuchungen allerdings Relevanz.

Tab. 5: Erzielte Kapitalwerte und erreichte Ausnutzung des Marktpotentials bei schlechter Produktqualität

Fall	Kapitalwert	Ausnutzung des Marktpotentials in %
Fall 10	23.684.980,72	95,5
Fall 11	10.350.185,01	47,9
Fall 12	4.197.910,51	14,3
Fall 13	19.764.923,26	80,8
Fall 14	9.851.419,95	46,3
Fall 15	4.027.481,64	14,6
Fall 16	23.684.519,43	95,5
Fall 17	10.350.184,97	47,9
Fall 18	4.197.911,31	14,3

III. Bei Variation des Erwartungswertes der Maximalpreisverteilung und der Streuung der Minimalpreisverteilung

1. Unter Vorliegen guter Produktqualität

Eine Variation dieser beiden Komponenten der jeweiligen Verteilungen nimmt nur geringfügig Einfluss auf die bereits erhaltenen Ergebnisse (vgl. Abb. 10 und Tab. 6). Eine Ausnahme bildet die Verringerung des Erwartungswertes der Maximalpreisverteilung in Kombination mit einer Erhöhung der Streuung der Minimalpreisverteilung. Der Ausgleich zwischen den beiden Wirkungsrichtungen der Preissetzung lässt bei den unterstellten variablen Stückkosten keinen rentablen Markteintritt zu. Bei geringerer Streuung wird dies zwar möglich, führt aber aufgrund des benötigten hohen Preises nur zu einer äußerst geringen Ausnutzung des Marktpotentials. Niedrigere variable Stückkosten oder die Einbeziehung von Erfahrungskurveneffekten mögen die Situation ändern.

Eine Veränderung von $\bar{\mu}_{max}$ lässt bei höheren Erwartungswerten der Maximalpreisverteilung auch höhere Preise zu. Die Charakteristik der Verläufe über die Zeit bleibt davon allerdings unberührt, das Vorhandensein von carry-over- und carry-away-Effekten führt zu den bereits aufgezeigten Wirkungen.

2. Unter Vorliegen schlechter Produktqualität

Auch bei Annahme schlechter Produktqualität läßt die Verringerung des Erwartungswertes der Maximalpreisverteilung in Kombination mit einer Erhöhung der Streuung der Minimalpreisverteilung keinen rentablen Markteintritt zu, nehmen aber die Variationen an-

Abb. 10: Preisverläufe bei guter Produktqualität

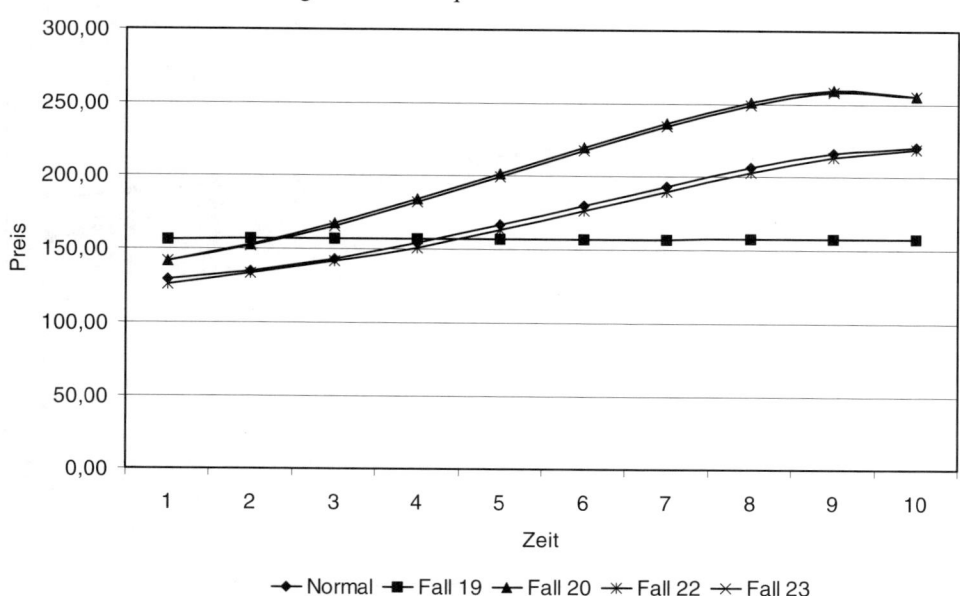

Tab. 6: Erzielte Kapitalwerte und erreichte Ausnutzung des Marktpotentials bei guter Produktqualität

Fall	Kapitalwert	Ausnutzung des Marktpotentials in %
Fall 19	38.880,88	1,1
Fall 20	19.867.947,70	97,0
Fall 22	6.143.918,42	90,4
Fall 23	19.480.016,76	96,8

Tab. 7: Erzielte Kapitalwerte und erreichte Ausnutzung des Marktpotentials bei schlechter Produktqualität

Fall	Kapitalwert	Ausnutzung des Marktpotentials in %
Fall 24	3.935.169,23	22,7
Fall 25	15.055.596,22	55,0
Fall 27	8.654.336,46	42,7
Fall 28	14.506.291,70	54,2

Abb. 11: Preisverläufe bei schlechter Produktqualität

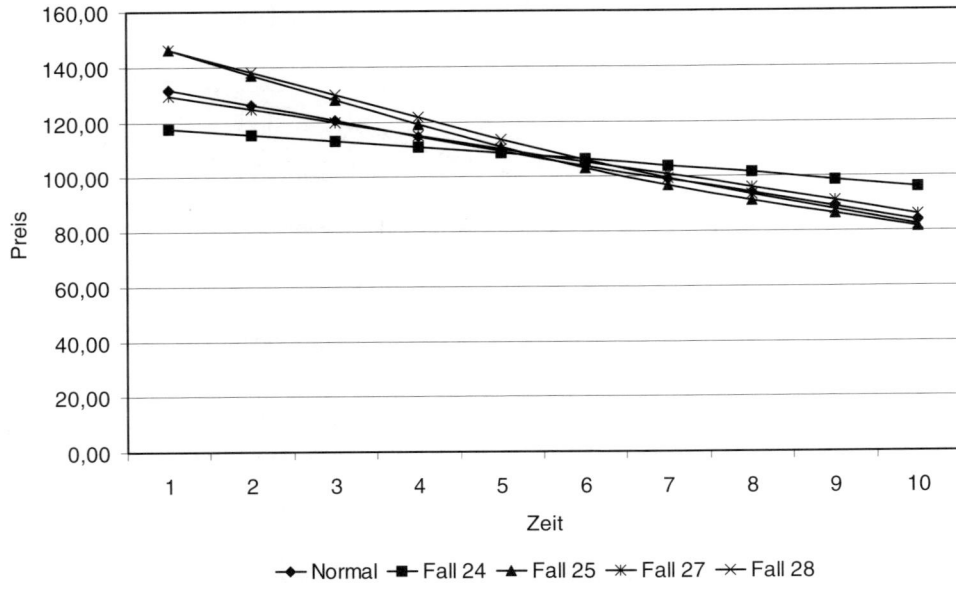

sonsten auch keinen deutlichen Einfluß auf die bereits besprochenen Untersuchungsergebnisse (vgl. Abb. 11 und Tab. 7).

Da bei den hier vorgenommenen Sensitivitätsanalysen von einer normalen Geschwindigkeit der Diffusion der Information ausgegangen wird, bleibt das Produkt über den gesamten Betrachtungszeitraum am Markt. Bei starker Kommunikation sollten die Ergebnisse den oben dargestellten entsprechen.

E. Schlußbemerkungen

Bei aller Vorsicht in der Interpretation numerischer Optimierungen lassen die durchgeführten Untersuchungen doch zwei allgemeine Aussagen zu. Zum einen ergibt sich die Bedeutung der Verbindung statischer und dynamischer Aspekte der Nachfrageentwicklung bei Reduktion der Unsicherheit auf die Preissetzung und den Preisverlauf. Mag man die Preise in den ersten Perioden als Preissignale interpretieren, so zeigen sich in der Differenzierung der Ergebnisse besonders bei Annahme einer guten Qualität des Produktes doch Unterschiede zu den von *Bagwell/Riordan* hergeleiteten. Dass der Preis bei den hier erhaltenen Resultaten unter guter Qualität im Zeitverlauf eher steigende Tendenz aufweist, liegt weniger an der Änderung der Qualitätseinschätzung der Konsumenten durch die Signalwirkung, als vielmehr an der expliziten Einbeziehung der Kommunikation, an deren Fähigkeit, Unsicherheit zu reduzieren und an der Möglichkeit der aktiven Steuerung dieses Prozesses durch das Unternehmen mit Hilfe anfänglich niedriger Preise den Nachfrageprozess zu beschleunigen. Derlei Wirkungen werden von *Bagwell/Riordan* nicht berücksichtigt, die Ergebnisse deuten aber die Notwendigkeit ihrer Integration an.

In der Bedeutung der Kommunikation der Erfahrungen liegt auch der zweite Aspekt. Gerade in der aus dem schneller werdenden Wandel der Umwelt resultierenden zunehmenden Unsicherheit der Konsumenten, wie es der zu Ehrende deutlich beschrieben hat, zeigen sich die Vorteile schneller Informationsdiffusion sowohl für Kunden als auch für Unternehmen, insbesondere bei Vorliegen schlechter Produktqualität. Mag es im Sinne der Institutionenökonomik die Einbeziehung einer neutralen, objektiven Institution, wie z.B. Stiftung Warentest oder Verbraucherschutzverbände, sein, die Informationen über die wahre Qualität über Medien schnell verbreitet, mag es der Aufbau eines guten Namens oder einer Marke durch ein Unternehmen sein, was diesem die Vorteile eines akquisitorischen Potentials beschert, beide Möglichkeiten sind geeignet, die Gefahr der Täuschung der Konsumenten über die wahre Qualität einzuschränken. Die von dem zu Ehrenden ausführlich dargestellten neueren Entwicklungen im Kundenverhalten, im Konkurrentenverhalten und im Unternehmensverhalten zeigen den Wandel im Marketing bereits auf.

Anmerkungen

* Der Verfasser dankt Frau Dr. Stephanie Hanrath für intensive Diskussionen und Anregungen.

1 Vgl. *Sabel, H.*: Neuere Entwicklungen im Marketing, in: Zeitschrift für Betriebswirtschaft, 71. Jg., Nr. 6 (Juni 2001), S. 611–642.

2 *Gutenberg, E.*: Grundlagen der Betriebswirtschaftslehre. Zweiter Band: Der Absatz, 17. Aufl., Berlin-Heidelberg-New York 1984.

3 Vgl. *Sabel, H.*: Neuere Entwicklungen . . ., a.a.O., S. 613ff.

4 *Sabel, H.*: Neuere Entwicklungen . . ., a.a.O., S. 614.

5 *Sabel, H.*: Neuere Entwicklungen . . ., a.a.O., S. 616.

6 Vgl. *Gutenberg, E.*: Der Absatz, a.a.O., S. 243ff.

7 *Sabel, H.; Weiser, Ch.*: Zur Investitionsgrößenbestimmung an der Schnittstelle von langfristiger und kurzfristiger Sicht, in: *Albach, H.; Schiller, U. (Schriftl.)*: Controlling-Theorie, Ergänzungsheft 2/2001 der Zeitschrift für Betriebswirtschaft, 71. Jg. (2001), S. 97–118, hier S. 98.

8 *Sabel, H.*: Zur Preispolitik bei neuen Produkten, in: *Koch, H. (Hrsg.)*: Zur Theorie des Absatzes, Festschrift zum 75. Geburtstag von Erich Gutenberg, Wiesbaden 1973, S. 415–446, hier S. 444.

9 Vgl. *Rogers, E. M.*: Diffusion of Innovations, 3rd ed., New York/London 1983.

10 Vgl. *Bass, F. M.*: A New Growth for Model Consumer Durables [sic], in: Management Science, Vol. 15, No. 5 (January 1969), S. 215–227.

11 Vgl. *Sabel, H.; Weiser, Ch.*: Dynamik im Marketing, Umfeld-Strategie-Struktur-Kultur, 3., überarb. u. erw. Aufl., Wiesbaden 2000, S. 36ff.

12 Vgl. zu einer ausführlichen Übersicht *Mahajan, V.; Muller, E.; Bass, F. M.*: New-Product Diffusion Models, in: *Eliashberg, J.; Lilien, G. L. (ed.)*: Marketing, Amsterdam *et. al.* 1993, S. 349–408.

13 Vgl. *Spremann, K.*: Optimale Preispolitik bei dynamischen deterministischen Absatzmodellen, in: Zeitschrift für Nationalökonomie, 35. Jg. (1975), S. 63–76.

14 Vgl. *Kalish, S.*: Monopolist Pricing with Dynamic Demand and Production Costs, in: Marketing Science, Vol. 2, No. 2 (Spring 1983), S. 135–159.

15 *Weiser, Ch.*: Simultane Optimierung von Preis- und Investitionsstrategien, Wiesbaden 1990, S. 24.

16 Vgl. *Dean, J.*: Pricing Pioneer Products, in: Journal of Industrial Engineering, Vol. 17 (1969), S. 165–179; *Sabel, H.*: Zur Preispolitik ..., a.a.O., S. 435ff.

17 Vgl. *Kalish, S.*: A New Product Adoption Model with Price, Advertising, and Uncertainty, in: Management Science, Vol. 31, No. 12 (December 1985), S. 1569–1586.

18 Vgl. *Kalish, S.*: A New Product Adoption Model ..., a.a.O., S. 1575.

19 Vgl. zu einer ausführlicheren Darstellung *Mahajan, V; Muller, E.; Bass, F. M.*: New-Product Diffusion Models, a.a.O., S. 356ff.

20 *Mahajan, V; Muller, E.; Bass, F. M.*: New-Product Diffusion Models, a.a.O., S. 356. Vgl. zu mikroökonomisch orientierten Ansätze der Diffusion insbesondere *Chatterjee, R.; Eliashberg, J.*: The innovation diffusion process in a heterogeneous population: A micromodelling approach, in: Management Science, Vol. 36, No. 9 (September 1990), S. 1057–1079 und *Felten, C.*: Adoption und Diffusion. Ein mikroökonomisches Diffusionsmodell, Dissertation Bonn 2001.

21 Vgl. z.B. *Chatterjee, R.; Eliashberg, J.*: The innovation diffusion process . . ., a.a.O., S. 1062.

22 Vgl. *Bagwell, K.; Riordan, M. H.*: High and Declining Prices Signal Product Quality, in: The American Economic Review, Vol. 81, No. 1 (March 1991), S. 224–239. Vgl. zu dieser Problemstellung auch *Milgrom, P.; Roberts, J.*: Price and Advertising Signals of Product Quality, in: Journal of Political Economy, Vol. 94, No. 4 (1986), S. 796–821 und *Bagwell, K.*: Introductory Price as a Signal of cost in a Model of Repeat Business, in: Review of Economic Studies, Vol. 54 (July 1987), S. 365–384.

23 Zur Unterscheidung in „Suchgüter" und „Erfahrungsgüter" vgl. *Nelson, Ph.*: Information and Consumer Behavior, in: Journal of Political Economy, Vol. 78, No. 2 (March/April 1970), S. 311–329.

24 Vgl. *Gutenberg, E.*: Der Absatz, a.a.O., S. 240ff.; *Sabel, H.*: Zur Preispolitik. . ., a.a.O., S. 418ff.; *Meffert, H.*: Marketing. Grundlagen marktorientierter Unternehmensführung, 9., überarb. u. erw. Aufl., Wiesbaden 2000, S. 495ff.

25 Vgl. *Sabel, H.*: Neuere Entwicklungen . . ., a.a.O., S. 613.

26 *Gutenberg, E.*: Der Absatz, a.a.O., S. 244.

27 *Albach* spricht hier auch von Kosten des Lieferantenwechsels, vgl. *Albach, H.*: Das Gutenberg-Oligopol, in: *Koch, H. (Hrsg.)*: Zur Theorie des Absatzes, Festschrift zum 75. Geburtstag von Erich Gutenberg, Wiesbaden 1973, S. 9–33, hier S. 18.

28 *Sabel, H.*: Zur Preispolitik . . ., a.a.O., S. 418.

29 Vgl. hierzu *Sabel, H.*: Zur Preispolitik . . ., a.a.O., S. 421 und die dort angegebene Literatur.

30 *Sabel, H.*: Zur Preispolitik . . ., a.a.O., S. 422.

31 Vgl. *Sabel, H.*: Zur Preispolitik . . ., a.a.O., S. 423ff.

32 Vgl. *Sabel, H.*: Zur Preispolitik . . ., a.a.O., S. 425.

33 Man könnte diese Differenzierung auch dahingehend interpretieren, daß ein Preissignal auf die Einschätzung der Konsumenten überhaupt nicht wirkt, schwache Wirkung aufweist oder eine starke Überzeugungskraft besitzt.

34 Vgl. *Sabel, H.*: Zur Preispolitik . . ., a.a.O., S. 426.

35 *Bagwell* und *Riordan* bezeichnen dies als das Betreiben von „Mimikry". Vgl. *Bagwell, K.; Riordan, M. H.*: High and Declining Prices …, a.a.O., S. 228.

Literatur

Albach, H.: Das Gutenberg-Oligopol, in: *Koch, H. (Hrsg.)*: Zur Theorie des Absatzes, Festschrift zum 75. Geburtstag von Erich Gutenberg, Wiesbaden 1973, S. 9–33

Bagwell, K.: Introductory Price as a Signal of cost in a Model of Repeat Business, in: Review of Economic Studies, Vol. 54 (July 1987)

Bagwell, K.; Riordan, M. H.: High and Declining Prices Signal Product Quality, in: The American Economic Review, Vol. 81, No. 1 (March 1991), S. 224–239

Bass, F. M.: A New Growth for Model Consumer Durables [sic], in: Management Science, Vol. 15, No. 5 (January 1969), S. 215–227

Chatterjee, R.; Eliashberg, J.: The innovation diffusion process in a heterogeneous population: A micromodelling approach, in: Management Science, Vol. 36, No. 9 (September 1990), S. 1057–1079

Dean, J.: Pricing Pioneer Products, in: Journal of Industrial Engineering, Vol. 17 (1969), S. 165–179

Felten, C.: Adoption und Diffusion. Ein mikroökonomisches Diffusionsmodell, Dissertation Bonn 2001

Gutenberg, E.: Grundlagen der Betriebswirtschaftslehre. Zweiter Band: Der Absatz, 17. Aufl., Berlin-Heidelberg-New York 1984

Kalish, S.: Monopolist Pricing with Dynamic Demand and Production Costs, in: Marketing Science, Vol. 2, No. 2 (Spring 1983), S. 135–159

Kalish, S.: A New Product Adoption Model with Price, Advertising, and Uncertainty, in: Management Science, Vol. 31, No. 12 (December 1985), S. 1569–1586

Mahajan, V.; Muller, E.; Bass, F. M.: New-Product Diffusion Models, in: *Eliashberg, J.; Lilien, G. L. (ed.)*: Marketing, Amsterdam *et. al.* 1993, S. 349–408

Meffert, H.: Marketing. Grundlagen marktorientierter Unternehmensführung, 9., überarb. u. erw. Aufl., Wiesbaden 2000

Milgrom, P.; Roberts, J.: Price and Advertising Signals of Product Quality, in: Journal of Political Economy, Vol. 94, No. 4 (1986), S. 796–821

Nelson, Ph.: Information and Consumer Behavior, in: Journal of Political Economy, Vol. 78, No. 2 (March/April 1970), S. 311–329

Rogers, E. M.: Diffusion of Innovations, 3rd ed., New York/London 1983

Sabel, H.: Zur Preispolitik bei neuen Produkten, in: *Koch, H. (Hrsg.)*: Zur Theorie des Absatzes, Festschrift zum 75. Geburtstag von Erich Gutenberg, Wiesbaden 1973, S. 415–446

Sabel, H.: Neuere Entwicklungen im Marketing, in: Zeitschrift für Betriebswirtschaft, 71. Jg., Nr. 6 (Juni 2001), S. 611–642

Sabel, H.; Weiser, Ch.: Dynamik im Marketing. Umfeld-Strategie-Struktur-Kultur, 3., überarb. u. erw. Aufl., Wiesbaden 2000, S. 63ff

Sabel, H.; Weiser, Ch.: Zur Investitionsgrößenbestimmung an der Schnittstelle von langfristiger und kurzfristiger Sicht, in: *Albach, H.; Schiller, U. (Schriftl.)*: Controlling-Theorie, Ergänzungsheft 2/2001 der Zeitschrift für Betriebswirtschaft, 71. Jg. (2001), S. 97–118

Spremann, K.: Optimale Preispolitik bei dynamischen deterministischen Absatzmodellen, in: Zeitschrift für Nationalökonomie, 35. Jg. (1975), S. 63–76

Weiser, Ch.: Simultane Optimierung von Preis- und Investitionsstrategien, Wiesbaden 1990

Zusammenfassung

Das in dem vorliegenden Beitrag entwickelte Modell geht von der Preis-Qualitäts-Einschätzung unter Unsicherheit der Konsumenten über die wahre Qualität eines neu auf dem Markt eingeführten Produktes und dem darauf aufbauenden Preislagenintervall aus. Die daraus erstellte statische Preis-Absatz-Funktion wird um Einflüsse der Diffusion von Information über die Zeit erweitert, die mit zunehmender kumulierter Absatzmenge und sich daraus ergebender zunehmender Kommunikation über die Produktqualität die Unsicherheit der Konsumenten reduziert. Die erhaltenen Ergebnisse zu den Preisstrategien geben Hinweise auf die Bedeutung der Ausbreitung von Erfahrungen, um die Gefahr der Täuschung über die wahre Qualität zu reduzieren. Die dynamische Betrachtung zeigt Möglichkeiten für die Überwindung intertemporaler Schnittstellen auf.

Summary

In the present paper a model which takes consumer's price-quality-judgement under uncertainty as a basis is developed. The assumed asymmetric information with respect to the true quality of an innovative product introduced into the market in combination with consumer's evaluation leads to a special form of a static demand function. Diffusion of information is introduced by communication between adopters and nonadopters which reduces the uncertainty of consumers with an increasing number of cumulative buyers. The derived results show the differences between price strategies under different assumptions with respect to the speed of the diffusion of information. Apart from that they point out the significance of communication to reduce a firm's possibility of mimicking a high quality while offering a low one. The dynamic view directs attention to possibilities to overcome intertemporal cuts.

60: Allgemeine Fragen des Absatzes (JEL M30)
66: Preistheorie (JEL D40)

Preisdeterminanten bei Business-to-Consumer-Auktionen im Internet

Von Sönke Albers und Björn Schäfers

Überblick

- Eines der bisher erfolgreichsten Geschäftsmodelle im Internet ist die Veräußerung von Produkten über Auktionen an den Endkonsumenten. Im Gegensatz zu traditionellen Versteigerungen werden im Internet hauptsächlich Konsumgüter aller Art verkauft.

- Die wichtigsten Erlösquellen der Internet-Auktionshäuser, aber auch deren Attraktivität bei den Konsumenten, hängen entweder direkt oder indirekt von den in den Auktionen realisierten Zuschlagspreisen ab.

- In der Literatur ist bislang weitestgehend unbekannt, welche Einflussfaktoren in welcher Weise auf den Zuschlagspreis wirken. In dieser Arbeit werden deshalb potenzielle Einflussfaktoren systematisiert sowie hinsichtlich ihrer Wirkung empirisch analysiert.

- Die Untersuchung basiert auf einer Analyse von mehr als 1500 versteigerten Produkten eines bekannten deutschen Internet-Auktionshauses.

Eingegangen: 15. September 2001

Professor Dr. Sönke Albers ist Inhaber des Lehrstuhls für Innovation, Neue Medien und Marketing an der Christian-Albrechts-Universität zu Kiel, 24098 Kiel. Vorher war er an der Wissenschaftlichen Hochschule für Unternehmensführung (WHU) in Koblenz und der Universität Lüneburg. Seit 1995 ist er auch Direktor des Instituts für betriebswirtschaftliche Innovationsforschung und seit 1999 Sprecher des Graduiertenkollegs „Betriebswirtschaftliche Aspekte lose gekoppelter Systeme im Zeitalter elektronischer Medien". Seine Forschungsschwerpunkte liegen in den Gebieten des Vertriebsmanagement, der Marketing-Mix- und Neuprodukt-Planung sowie des Electronic Commerce und der Marktdurchsetzung von Innovationen.
Dipl.-Kfm. Björn Schäfers ist Wissenschaftlicher Mitarbeiter am obigen Lehrstuhl. Seine Forschungsschwerpunkte liegen in den Gebieten des Electronic Commerce und der Preispolitik im Internet.

A. Einordnung der Thematik

Auktionen für Endkonsumenten gehören zu den erfolgreichsten Geschäftsmodellen im World Wide Web. Anders als bei traditionellen Auktionen werden nicht hauptsächlich hochwertige Seltenheitsgüter versteigert, sondern vorwiegend Konsumgüter aller Art – neu oder gebraucht. Obwohl Berichte zu Wachstum und Volumen der Online-Auktionen weiterhin ein hoffnungsvolles Zukunftsbild für die Branche zeichnen (z.B. Omwando et. al., 2001), müssen vermehrt Anbieter, deren Geschäfte sich als nicht profitabel erweisen, aus dem Markt austreten. Der Grund ist in den transaktionsabhängigen Erlösquellen der Auktionshäuser zu finden. Sowohl die Spannen (wenn der Anbieter auf eigenes Risiko versteigert) als auch die Kommissionen (wenn der Anbieter als Kommissionär auftritt) als wesentliche Einnahmequellen hängen direkt von den in den Auktionen erzielten Zuschlagspreisen ab (zu Erlösquellen s. Albers et. al., 2000), welche offensichtlich deutlich geringer als erwartet ausfielen. Vor dem Hintergrund dieses Preisrisikos (zum Begriff vgl. Ivens, 2000, S. 317), von dem naturgemäß stärker die Spannen denn die Kommissionen betroffen sind, ist es für Auktionsanbieter und Verkäufer von elementarer Bedeutung zu wissen, welche Faktoren den Zuschlagspreis bei konsumentenorientierten Auktionen determinieren.

Trotz der Verbreitung von Internet-Auktionen gibt es bislang kaum Studien, die empirische Daten zu den Preisdeterminanten bei Auktionen im Internet bereitstellen. Hinweise liefern bisher nur Untersuchungen, die sich auf traditionelle Auktionen beziehen oder aber einige wenige Arbeiten, in denen spezielle verhaltenswissenschaftliche Aspekte im Kontext von Consumer-to-Consumer-Auktionen im Internet untersucht werden (s. etwa Dholakia und Soltysinski, 2001; Lee, Im und Lee, 2000; oder Wilcox, 2000). Vor diesem Hintergrund geht es im Folgenden darum, potenzielle Einflussfaktoren auf den Zuschlagspreis bei Auktionen im Internet zu systematisieren sowie empirisch zu analysieren.

Die Autoren gehen dabei explorativ vor. Zunächst werden die Charakteristika sowie die Bedeutung des Geschäftsfeldes Internet-Auktionen dargestellt. Die Konzeptualisierung denkbarer Einflussgrößen ist Gegenstand des folgenden Abschnitts. Unter Berücksichtigung der Ergebnisse von mehr als 1500 Business-to-Consumer-Versteigerungen eines deutschen Internet-Auktionshauses werden einzelne Variablen auf ihren Einfluss untersucht. Die Befunde werden diskutiert und mit Erkenntnissen u.a. aus der Auktionstheorie verglichen.

B. Auktionen im Internet für Konsumenten

I. Ablauf der Auktionen und Erlösquellen der Betreiber

Während Auktionen bislang aufgrund ihrer hohen Transaktionskosten im Wesentlichen bei Seltenheitsgütern (z.B. Kunst), Gebrauchs- (z.B. Immobilien) oder Verbrauchsgütern (z.B. Wein) eingesetzt werden, erlaubt das Internet auch den Einsatz von Auktionen für geringwertige Güter und damit den Zugang zum (weltweiten) Massenmarkt. Neben den kostenseitigen Vorteilen sind es vor allem verschiedene absatzseitige Motive, die Unternehmen veranlassen, Auktionen anzubieten. Skiera und Schäfers (2001) zeigen, dass mit variablen Preisen nicht nur besser die Zahlungsbereitschaften der Nachfrager abgeschöpft werden können und damit höhere Umsatzerlöse gegenüber Festpreisen erzielbar sind, sondern Auktionen auch als Kommunikations- und Marktforschungs-Instrument eingesetzt werden können. Aus Bietersicht sind vor allem der erhoffte Preisvorteil und evtl. die Befriedigung der Spielneigung Antrieb für die Teilnahme.

Der Ablauf der an Privatpersonen gerichteten Auktionen im Internet orientiert sich stark an den traditioneller Auktionen. Interessenten müssen sich vor der erstmaligen Teilnahme beim Auktionsanbieter mit E-Mail-Adresse, Anschrift und z.T. den gewünschten Zahlungsmodalitäten sowie im Einzelfall weiteren Angaben registrieren. Im Anschluss erhalten die Teilnehmer den Zugang zur Handelsplattform mit ihrem selbstgewählten Pseudonym. Registriert sich eine Person, so kann von einem konkreten Kaufinteresse ausgegangen werden, da eine Anmeldung keine weiteren Vorteile mit sich bringt. Das Stöbern durch das Sortiment ist auch ohne Anmeldung möglich. Die Versteigerung eines Produkts läuft üblicher Weise dann in folgender Form ab: Ausgehend von einem durch den Verkäufer festgelegten Startpreis lösen die Teilnehmer durch Anklicken eines Buttons auf der Website eine Bestätigung für ein verbindliches Gebot aus, welches das bisherige Höchstgebot um einen bestimmten, vorgegebenen Betrag erhöht. Die meisten Auktionshäuser bieten zudem einen Bietagenten an, der konkurrierende Gebote solange überbietet, bis ein vorher vom Nutzer festgelegter Maximalpreis erreicht ist. Nach Ablauf einer vorher bekannt gegebenen Zeitspanne endet die Auktion und der Meistbietende erhält den Zuschlag, vorausgesetzt ein ggf. vom Verkäufer eingestellter Mindestpreis ist überschritten worden.

Konsumentenorientierte Auktionen können anhand der beteiligten Parteien und der Transaktionsrichtung unterschieden werden. Bei Business-to-Consumer-(B2C)-Auktionen treten Hersteller, Händler oder Kommissionäre als Versteigerer auf. Die Betreiber von Consumer-to-Consumer-(C2C)-Auktionen geben ihren Kunden die Möglichkeit, selbst Auktionen zu initiieren und abzuwickeln. Diese Unternehmen treten dann nicht als Verkäufer, sondern nur als Plattformbetreiber mit ausschließlicher Intermediärfunktion auf. Die unterschiedliche Rolle der Unternehmen spiegelt sich auch in den Erlösquellen wider. Während die Veranstalter von B2C-Auktionen entweder eine Hersteller- bzw. Handelsspanne oder eine Kommission realisieren und bei ersterem z.T. negative Deckungsbeiträge riskieren, generieren die Betreiber von C2C-Versteigerungen ihre Erlöse vorwiegend in Form einer umsatzabhängigen Provision, die vom Verkäufer für die Vermittlung zu entrichten ist. Ergänzt werden diese Einnahmequellen meist um sogenannte Einstellungsgebühren, die abhängig vom Wert ebenfalls vom Verkäufer zu zahlen sind und/oder aber indirekt über Kontakte z.B. in Form von Werbung (Skiera und Schäfers, 2001).

II. Bedeutung und Profil des Geschäftsfelds

Mit zunehmender Bedeutung des World Wide Web stieg insbesondere seit Mitte 1998 auch die Anzahl der Auktionsveranstaltungen. Niedrige Eintrittsbarrieren ermöglichten neuen Anbietern problemlos den Einstieg, und die erhofften erlösseitigen Vorteile sorgten für einen regelrechten Boom unter den Auktionshäusern.

Die Ökonomie der Online-Auktionshäuser ist geprägt von Netzeffekten (Albers, 2001, S. 14). Ausgehend von einer attraktiven Sortimentspolitik lässt die zunehmende Anzahl von Teilnehmern die Attraktivität für Verkäufer zunehmen, da mit der Anzahl der Bieter über den sich verschärfenden Wettbewerb auch der durchschnittliche Zuschlagspreis und damit der Deckungsbeitrag steigt (Schäfers und Hundacker, 2000, S. 92). Kommunikations-, Verkaufs- und Marktforschungsmotive sorgen dann dafür (Skiera und Schäfers, 2001), dass Anbieter weitere Produkte einstellen und das Sortiment wiederum attraktiver für Kaufinteressenten wird. In der Anfangsphase ging es den Auktionshäusern daher vorwiegend darum, rasch die Kritische Masse an Teilnehmern zu erreichen. Dies gelang besonders gut den Pionieren bzw. den schnellen Nachfolgern, also den Unternehmen, die mit als Erste in den Markt eintraten. Trotz immenser finanzieller Anstrengungen haben es auch etablierte Medienkonzerne wie Bertelsmann (mit andsold.de) und der Axel Springer Verlag (mit go-on.de) nicht geschafft, den Vorteil der Pioniere auszugleichen; sie mussten stattdessen das Geschäftsfeld wieder verlassen.

Nach einer Vielzahl von Auktionshaus-Gründungen in den Jahren 1999 und 2000 befindet sich der Markt mittlerweile in einer Phase der Konsolidierung. Eine bedeutende Rolle in den regionalen Märkten Europas spielen nur noch diejenigen Unternehmen, die zu den Ersten im Auktionsgeschäft gehörten und frühzeitig den Schritt an den Kapitalmarkt wagten. Studien zu Wachstum und Volumen von Online-Auktionen prägen weiter ein hoffnungsvolles Zukunftsbild für die Branche bzw. die sich behauptenden Unternehmen. Allerdings gibt es keine systematische Erhebung zum Umfang bzw. zur Zusammensetzung des Marktpotenzials. Verfügbare Zahlen über regionale oder segmentspezifische Teilmärkte beruhen meist auf Befragungen einzelner Marktakteure durch Marktforschungsunternehmen. Für das Jahr 2001 schätzt Forrester Research das Transaktionsvolumen (Gross Auction Value) der von Konsumenten über Auktionen in Europa gehandelten Waren auf 1,92 Mrd. Euro (Omwando et. al., 2001, S. 7). Über 90% des Gross Auction Volume werden dabei auf die zwei führenden Unternehmen eBay Inc. und Qxl ricardo Plc entfallen (Omwando et. al. 2001, S. 2). Gestützt werden die für die Branche positiven Prognosen zudem von weiteren Studien, in denen das zunehmende Interesse (Fittkau & Maaß, 2001) von Konsumenten an bzw. die steigende Nutzung (GfK-Medienforschung, 2000) von Auktionen hervorgehoben wird. Das Marktforschungsunternehmen Keenan-Vision geht sogar davon aus, dass ab dem Jahr 2002 weltweit etwa 30% aller Transaktionen auf variable Preisbildungsmechanismen wie Auktionen zurückzuführen sind (Keenan-Vision, 1999).

C. Determinanten des Kaufpreises bei Business-to-Consumer-Auktionen im Internet

Während im ähnlich gelagerten Versandhandel bei einem Produktverkauf zu Festpreisen der Preis von der Anbieterseite festgelegt wird – die Unternehmen orientieren sich im Idealfall dabei an den Kosten, der Nachfrageseite und den Konkurrenzpreisen (Wieland und Herzog, 1999, S. 233 f.) –, wird der Preis bei Auktionen allein durch den Bieterwettbewerb auf der Nachfrageseite bestimmt. Aus der Zusammenführung der Gebote aller Teilnehmer resultiert der Kaufpreis. Von Bedeutung für die Gebotsabgabe eines Kaufinteressenten ist vor allem dessen Zahlungsbereitschaft, auch Preisbereitschaft, Maximalpreis, obere Preisgrenze, Reservationspreis oder Prohibitivpreis genannt. Dabei handelt es sich um ein hypothetisches Konstrukt, das beschreibt, wie viel ein Konsument maximal zu zahlen bereit ist. Diller versteht die Zahlungsbereitschaft (dort Preisbereitschaft genannt) als bestimmte Form der Preisintention, die aus einem kognitiven Prozess resultiert (Diller, 2000, S. 105). Der Prozess kann u.U. erst unmittelbar vor der Kaufentscheidung (in unserem Fall Gebotsabgabe) abgeschlossen sein, da auch auf der Auktionsseite noch Stimuli wirken, die Einfluss auf die Zahlungsbereitschaft haben können. Die nachfolgenden Überlegungen lassen Faktoren bewusst außer Acht, die die Zahlungsbereitschaft eines Kaufinteressenten schon vor dem Besuch der Auktionsseiten beeinflusst haben könnten. Stattdessen legen wir den Fokus auf Faktoren, die das Auktionshaus bzw. der Verkäufer direkt oder indirekt beeinflussen kann, wobei nicht ausgeschlossen wird, dass die Preisvorstellung in Form des Gebotes nicht nur von der Zahlungsbereitschaft, sondern auch von strategischem oder impulsivem Verhalten einer Person abhängt. Bei der Ermittlung der potenziellen Einflussfaktoren orientieren wir uns an der auktionstheoretischen Literatur. Abb. 1 visualisiert das Zusammenwirken der einzelnen zu Gruppen systematisierten Einflussfaktoren.

Ziel des Auktionshauses ist es, in einer ersten Stufe die Auktion so zu gestalten, dass die Bieter auf der zweiten Stufe eine Verhaltensweise an den Tag legen (Preisreaktion),

Abb. 1: Preisdeterminanten bei Internet-Auktionen und ihr Zusammenwirken

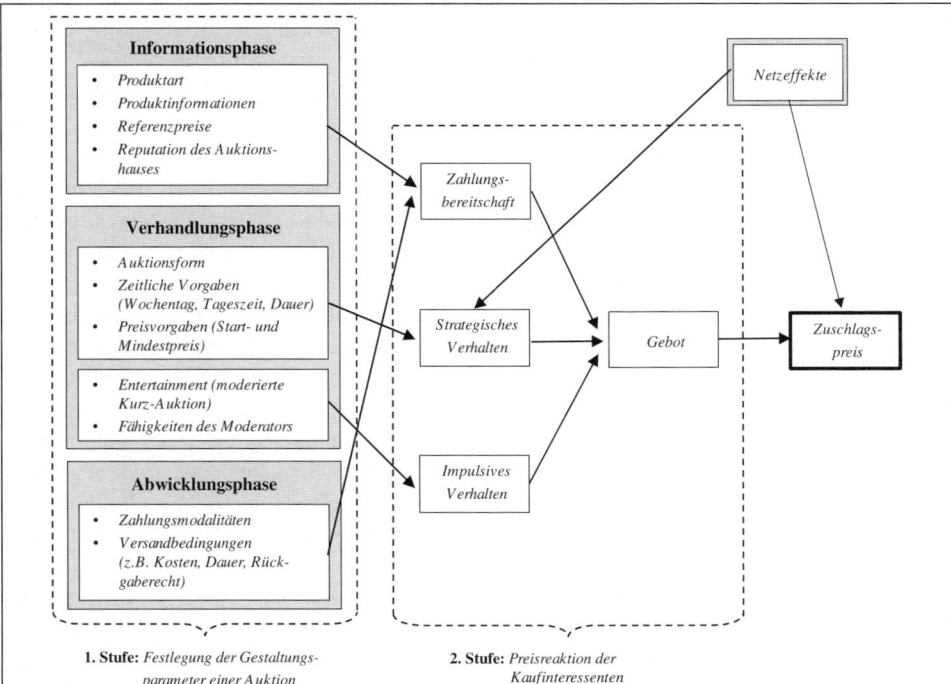

die zu möglichst hohen Zuschlagspreisen führt. Die endogene Variable **Zuschlagspreis**, d.h. das höchste innerhalb der Auktion abgegebene Gebot, steht aus Sicht des Auktionshauses daher stellvertretend für den Erfolg der Auktion.

Die potenziellen Einflussgrößen der ersten Stufe auf den Zuschlagpreis sind gemäß Abb. 1 nach den unterschiedlichen Phasen eines Kaufprozesses systematisiert. In der *Informationsphase* erkennt der Nachfrager seinen Bedarf für ein Produkt. Dies kann vor Besuch des Auktionshauses oder währenddessen stattfinden. Um den Bedarf innerhalb der Zielgruppe zu decken, stellt sich dem Veranstalter bei der Zusammenstellung des Sortiments die Frage, welche **Produktarten** bzw. Warengruppen auf besonderes Interesse bei den potenziellen Käufern stoßen und damit die Wahrscheinlichkeit hoher Zuschlagspreise erhöhen. Ein in diesem Sinne attraktives Sortiment ist insbesondere für Hersteller und Händler relevant, da deren Spannen auf der anderen Seite nur durch die Herstellkosten bzw. den Einkaufspreis determiniert werden. Damit ausreichend hohe Deckungsbeiträge erzielt werden können, verzichten Auktionshäuser unserer Erfahrung nach auf die Listung von Produkten, die einen Warenwert von 50 DM unterschreiten. Aber auch aus Sicht der Bieter ist relevant, dass die Produkte aus einem zumindest mittlerem Preisgefüge stammen, da unterhalb dessen Preiseinsparungen womöglich nicht als Schnäppchen angesehen werden (Chui und Zwick, 1999, S. 19 f.).

In Bezug auf die Produktmerkmale liegt in aller Regel eine asymmetrische Informationsverteilung zugunsten des Auktionshauses vor, d.h. es ist besser über den zu versteigernden Gegenstand informiert. In der Auktionstheorie besteht Einigkeit darüber, dass die Offenlegung von **Produktinformationen** zu höheren erwarteten Kaufpreisen führt (Engelbrecht-Wiggans, 1987, S. 764, McAfee und McMillan, 1987, S. 729). Milgrom und Weber (1982) zeigen, wie die Anbieterseite bei vollständiger und wahrheitsgemäßer Aufdeckung sämtlicher Informationen die erwarteten Preise maximiert (Milgrom und Weber 1982, S. 1111). Die Steigerung des erwarteten Zuschlagspreises bei umfangreicher Informationsaufdeckung kann intuitiv auch dadurch erklärt werden, dass sich durch die Veröffentlichung möglichst vieler Informationen die Unsicherheit der Bieter über den Wert des Produktes reduziert bzw. die Markttransparenz erhöht (Kräkel 1992, S. 104). Der Bedarf an Produktinformationen kann seitens des Auktionshauses beispielsweise durch die Bereitstellung von Bildmaterial, Original-Herstellerbeschreibungen oder die Verlinkung zum Hersteller gedeckt werden.

In der verhaltenswissenschaftlichen Preistheorie herrscht Einigkeit darüber, dass Konsumenten bei ihrer Kaufentscheidung das aktuelle Preisniveau gegen einen inneren Vergleichsstandard (**Referenzpreis**) abwägen (Janiszewski und Lichtenstein, 1998, S. 353; Winer, 1988, S. 35). Demnach würde ein Kaufinteressent bei einer Auktion solange mitbieten, wie die Differenz zwischen seinem Referenzpreis und der aktuellen Gebotshöhe positiv ist. Zwar steht eine ganze Reihe von Erklärungsansätzen aus verschiedenen Theorien zur Verfügung (Winer, 1988), jedoch geben empirische Untersuchungen keine einheitlichen Empfehlungen für die Operationalisierung (Briesch et. al., 1997, Bell und Bucklin, 1999, Janiszewski und Lichtenstein, 1998). Aus diesem Grund kann nicht ausgeschlossen werden, dass Auktionshäuser durch die gezielte Weitergabe von Preisinformationen (z.B. in Form einer unverbindlichen Preisempfehlung) auf die Referenzpreisbildung und damit die Gebotshöhe der Teilnehmer einwirken könnten, was Unternehmen vereinzelt bereits unterstellt wurde (Benning und Bleich, 2000, S. 62). Durch die Weitergabe von Informationen jeder Art investiert das Auktionshaus gleichzeitig in seine **Reputation** und erzielt damit u.U. kundenbindende Wirkung. Ein Zusammenhang zwischen Reputation und Zuschlagspreis konnte bereits vereinzelt nachgewiesen werden (Lee und Lee, 2000, McDonald und Slawson, 2000), allerdings nur in Zusammenhang mit C2C-Versteigerungen, bei denen sich die Reputation auf den (privaten) Verkäufer bezog.

Gestaltungsspielraum hat das Auktionshaus insbesondere in der *Verhandlungsphase* (siehe Abb. 1). Herausragende Rolle aus Sicht der Auktionstheorie nimmt das **Auktionsformat** ein (McAfee und McMillan 1987). Dabei werden vier verschiedene Grundformen unterschieden, von denen die Englische Auktion das gebräuchlichste Format darstellt (Beckmann, Kräkel und Schauenberg, 1997, S. 43, oder Wolfstetter 1996, S. 370). Hier werden sukzessiv höhere Gebote in offener Form so lange genannt, bis nur noch ein Bieter übrig bleibt. Die anderen Auktionsformate unterscheiden sich von dem Englischen im Wesentlichen durch die Richtung der Gebote (schrittweise Preissenkung bei der Holländischen Auktion) oder aber durch die verdeckte Gebotsabgabe (Höchstpreis- und Vickrey-Auktion). In ersten Studien zu Internet-Auktionen konnte festgestellt werden, dass auch dort nahezu alle Veranstalter auf das Englische Auktionsformat setzen (z.B. Chui und Zwick, 1999, S. 9). Da jede Auktion technisch im World Wide Web abgebildet werden kann, ist zu vermuten, dass die große Verbreitung des Englischen Auktionsformats mit der Erwartung höherer Zuschlagspreise einhergeht.

Entscheidet sich ein Kaufinteressent für die Teilnahme an einer Auktion, wird er mit den **zeitlichen Vorgaben** des Auktionshauses konfrontiert. Das Auktionshaus wird versuchen, **Wochentag**, **Tageszeit** (des Zuschlags) sowie **Dauer** der Auktion so festlegen, dass der Zuschlagspreis maximiert wird. Im Extremfall kann eine Auktion weniger als fünf Minuten (z.B. bei den moderierten Auktionen von ricardo.de) oder aber mehrere Monate (z.B. bei Immobilien) dauern. Online-Auktionatoren entscheiden sich nach unseren Beobachtungen im Durchschnitt für eine Laufzeit von drei bis sieben Tagen, was sich mit den Ergebnissen einer Studie von Beam und Segev deckt (1998, S. 8). Mit **Preisvorgaben** wie dem **Mindestgebot** (unter dem kein Zuschlag erfolgt), das vom Startpreis der Auktion zu unterscheiden ist, kann das Auktionshaus das eigene Risiko oder das des Verkäufer begrenzen. Zu hohe **Startpreise** und Mindestgebote können dazu führen, dass die Konsumenten mangels Schnäppchenerwartung wenig Interesse an der Teilnahme der Auktion zeigen. Es besteht dann die Gefahr, dass der Bietprozess nicht richtig in Gang gesetzt wird, was möglicherweise zu einem entsprechend geringer ausfallenden Verkaufspreis führen kann (Beckmann, Kräkel, Schauenberg 1997, S. 56).

Die Verhandlungsphase wird im Internet von einigen Veranstaltern (z.B. ricardo.de) auch durch die Moderation eines Auktionators begleitet. Dabei werden in einer Art Chat-Fenster neben den Geboten auch Kommentare des Moderators für die Kaufinteressenten sichtbar, was zur Unterhaltung der Teilnehmer beiträgt. Zwar wird auch nicht-moderierten Versteigerungen ein Entertainment-Effekt zugesprochen (vgl. z.B. Beam, Segev und Shanthikumar, 1996), jedoch verstehen wir **Entertainment** hier als Effekt, der ausschließlich in Zusammenhang mit moderierten Auktionen auftritt. Preisbeeinflussende Wirkung kann dabei entweder durch die im Vergleich zu nicht-moderierten Auktionen kurze Auktionszeit (durchschnittlich fünf bis zehn Minuten) oder aber durch den Einfluss des **Moderators** entstehen, der die Teilnehmer zur Abgabe von Geboten motivieren will. Hinweise auf eine solche Wirkungsbeziehung findet man auch in der Literatur zu traditionellen Auktionen (Beckmann, 1999, S. 293). Während das Auktionsformat sowie die zeitlichen und preislichen Vorgaben eher strategisches Verhalten der Teilnehmer hervorrufen dürften, können die mit der Moderation verbundenen Stimuli eher zu impulsivem Verhalten führen.

Neben dem Zuschlagspreis entstehen dem Käufer in der *Abwicklungsphase* noch weitere Kosten, die in die Zahlungsbereitschaft mit einberechnet werden und daher wiederum den Zuschlagspreis determinieren. So fallen bei den Auktionshäusern i.d.R. **Versandkosten** an, die mit denen des Online-Versandhandels vergleichbar sind. Die Relevanz der **Zahlungsmodalitäten** und **Versandbedingungen** (auch aus Sicht der Kunden) unterstreichen zudem unabhängige Untersuchungen (z.B. Stiftung Warentest, 2000, S. 18 ff.).

Aus Sicht des Veranstalters stellt die Auktionsplattform ein Systemgut dar. **Netzeffekte** liegen vor, wenn der Wert der Plattform von der Anzahl der Teilnehmer abhängt (Clement, Litfin und Peters, 2001, S. 103). Der monetäre Wert des Netzwerks sollte sich z.B. anhand steigender Werbeeinnahmen (verbunden mit der stärkeren Website-Nutzung) aber auch anhand steigender erwarteter Zuschlagspreise messen lassen (weitere Erfolgsgrößen stellen Schäfers und Hundacker, 2000, S. 93 f. vor). Aus diesem Grund sehen wir in Netzeffekten einen weiteren Einflussfaktor auf den Zuschlagspreis. Zudem konnte die Literatur zu traditionellen Auktionen den vermuteten (und auch theoretisch plausiblen, vgl. McAfee und McMillan, 1987) Zusammenhang wiederholt nachweisen (vgl. exemplarisch Brannman, Klein und Wiss, 1987, Nelson, 1995, oder Kagel und Roth 1995, S. 514 ff.). Netzeffekte können in zweierlei Richtungen wirken: Zum einen steigt mit der Anzahl der Gebote automatisch die Wahrscheinlichkeit eines höheren Zuschlagspreises, zum anderen kann die Intensität der von den Kaufinteressenten wahrgenommenen Konkurrenzsituation strategisches Verhalten hervorrufen. Nicht näher eingegangen wird in diesem Kontext auf die Wirkung von Bieterkartellen, deren Auftreten in Online-Auktionen für Konsumenten eher unwahrscheinlich ist (Skiera und Schäfers, 2001, S. 288).

D. Empirische Untersuchung zur Relevanz der Preisdeterminanten

I. Vorgehensweise und Operationalisierung der Modellvariablen

Im Folgenden soll der Einfluss verschiedener Faktoren auf den Kaufpreis von B2C-Auktionen empirisch mit Hilfe der multiplen Regressionsanalyse überprüft werden. Da keine theoretischen oder empirischen Erkenntnisse über den funktionalen Zusammenhang bestehen, wird zunächst von einem linearen Funktionsverlauf ausgegangen. Die Berechnungen erfolgen auf der Grundlage verschiedener Markenprodukte, die wiederholt zwischen August und November 1999 bei einem führenden deutschen Internet-Auktionshaus versteigert wurden. Bei der Auswahl der Produkte, die im betrachteten Zeitraum jeweils wenigstens 20 Mal versteigert wurden, haben wir darauf geachtet, sowohl stark als auch weniger stark im Internet nachgefragte Warengruppen (vgl. Schnetkamp, 2000) zu berücksichtigen. Formal handelte es sich dabei um einfache Auktionen, d.h. es existierte jeweils nur genau *ein* Verkäufer (das Auktionshaus), es wurde genau nur *eine* Transaktion zur Zeit durchgeführt und es fand keine Kontraktdifferenzierung statt (Peters, 2000, S. 418). Als

Auktionsformat wurde vom Auktionshaus für alle Produkte die Englische Auktion festgelegt. Insgesamt umfasst der Datensatz 1534 Auktionsergebnisse.

Bei der Operationalisierung der Variablen wird wie folgt verfahren. Einer Verwendung der Variable **Zuschlagspreis** in ihrer absoluten Form steht im Wege, dass die Produkte unterschiedlichen Preisniveaus entstammen, eine Vergleichbarkeit über alle Fälle also nicht gegeben ist. Auch könnte nicht berücksichtigt werden, dass Produkte unterschiedliche Aktualität besitzen, d.h. unterschiedlich lang auf dem Markt sind. Die Korrektur des Zuschlagspreises mit dem Ziel der Vergleichbarkeit kann daher nur mit Hilfe einer objektiven Größe hergestellt werden. Auf Basis der Überlegungen halten wir die zum jeweiligen Zeitpunkt gültige unverbindliche Preisempfehlung des Herstellers für eine geeignete Größe zur Normierung. Da Preisempfehlungen von den Herstellern bei sinkender Nachfrage nach unten angepasst werden, berücksichtigt ein **Relativer Zuschlagspreis** nicht nur unterschiedliche Preisniveaus, sondern auch die Aktualität des jeweiligen Produktes.

Auf Seiten der exogenen Variablen wurden zunächst die einzelnen Produkte zu Warengruppen aggregiert, deren Einfluss dann jeweils als Dummy (0/1)-Variable kodiert wurden. Tab. 1 zeigt eine Übersicht der berücksichtigten **Produktarten**.

Für die Ermittlung des von der **Tageszeit** ausgehende Einflusses wurden ebenfalls Dummy-Variablen kodiert. Dabei wurden die Zeitfenster „früh" (zwischen 9 und 15 Uhr), „spät" (zwischen 15 und 21 Uhr) und „nachts" (nach 21 Uhr) unterschieden. Der Einfluss der Dauer einer einzelnen Auktion kann nicht untersucht werden, da die Größe sowohl für unmoderierte (3 Tage) als auch moderierte Versteigerungen (etwa 10 Minuten) durch das Auktionshaus fest vorgegeben ist. Nicht standardisiert innerhalb der Stichprobe hingegen ist die **Dauer** einer gesamten Auktions-Session auf der Ebene der moderierten Auktionen. Während dieser Zeit – eine Auktions-Session kann bis zu 6 Stunden dauern – werden die Produkte in einer für den Kaufinteressenten einige Tage im voraus bekannten Reihenfolge

Tab. 1:   In der Stichprobe berücksichtigte Produktarten

Warengruppe	Produkte
Hardware	z.B. Notebook, PDA, Handheld-Computer
Software	z.B. Musiksoftware, Spracherkennungssoftware
Telekommunikation (Festnetz)	z.B. Telefonapparate verschiedener Hersteller, Telefonguthaben
Telekommunikation (Mobil)	z.B. Mobiltelefone verschiedener Herstellern (mit und ohne Vertrag)
Haushalt	z.B. Kaffeemaschine, elektrische Zahnbürste, Luftbefeuchter
Lifestyle	z.B. Armbanduhr, Sonnenbrille, Fahrrad, Füller
Hifi	z.B. DVD-Player, CD-Player, Videorecorder, Fernsehgerät

nacheinander vom Moderator zur Versteigerung aufgerufen. Die Dauer wurde in Minuten erfasst und in die Analyse integriert. Der Faktor **Entertainment** (moderierte im Gegensatz zu nicht-moderierten Auktionen) wurde wiederum als dichotom skalierte Variable berücksichtigt. Die moderierten Auktionen wurden im betreffenden Zeitraum von insgesamt 12 **Moderatoren** kommentiert, deren Einfluss auch in Form von Dummy-Variablen erfasst wurde. Die Fälle, in denen je zwei Moderatoren eine Auktion gemeinsam leiteten, wurden zur Variablen **Doppel** aggregiert und ebenfalls (0/1)-kodiert.

Zur Erfassung von Netzeffekten wird in der vorliegenden Arbeit auf objektive Messmethoden zurückgegriffen (zur Unterscheidung von subjektiven Eigenschaften vgl. Clement, Litfin und Peters, 2001, S. 105 f.). Aus den Server-Logfiles werden die Kontakt-Kennzahlen **Page Impressions** (Seitenabrufe) und **Visits** (Besucher) als absolute Größen berücksichtigt. Die Kennzahlen stehen für die Aktivität der Plattform im B2C-Bereich am Tag des Zuschlags der Auktion. Netto-Besucherzahlen (Unique Visits) gehen nicht in die Analyse ein, da diese eine Identifikation des Nutzers, z.B. durch Browserregistrierungen in Form von Einträgen auf der Festplatte des Nutzers (Cookies), voraussetzen, was in unserem Fall nicht vorlag. Im Gegensatz zu den unmoderierten Auktionen erfordert die Teilnahme an den moderierten Auktionen das Einloggen in eine Art Auktionsraum. Eingeloggte Personen können – analog zu traditionellen Auktionen – als potenzielle Bieter bzw. **Kaufinteressenten** interpretiert werden. Da uns nur kumulierte Daten für eine Auktions-Session zur Verfügung standen, wird eine Normierung der Variable mit der Dauer der Auktions-Session vorgenommen. Zusätzlich zu den reinen Nutzungsdaten wird mit der Variable **Neuregistrierungen** die Anzahl der Personen berücksichtigt, die am Tag des Zuschlags einer Auktion erstmalig für die Teilnahme auf der Plattform freigeschaltet wurden. Die Operationalisierung als Differenz zwischen der installierten Basis am Tag der Auktion und derer am Vortag erfasst eine Teilgruppe der Kaufinteressenten, da eine Anmeldung keine weiteren Vorteile mit sich bringt und daher i.d.R. erst unmittelbar vor der ersten Gebotsabgabe erfolgt. Alle Variablen werden metrisch skaliert in die Analyse integriert.

Einige der potenziellen Preisdeterminanten können aufgrund mangelnder Variation in der Stichprobe keiner empirischen Analyse unterzogen werden. Dazu gehören Art und Umfang der **Produktinformationen** (die Darstellung erfolgt standardisiert mit Bild und Produkttext des Herstellers), das **Auktionsformat** (alle Produkte wurden im Englischen Format versteigert), der **Startpreis** (immer etwa 10% der Preisempfehlung) und die **Zahlungsmodalitäten** und **Versandbedingungen**. Nicht berücksichtigt werden des Weiteren die Determinante **Wochentag**, da deren Informationsgehalt (anders als bei der Tageszeit) bereits implizit in den Netzeffekten enthalten ist sowie die unverbindliche Preisempfehlung als **Referenzpreis**, da diese Variable in die Operationalisierung der endogenen Variable einging. Die Wirksamkeit eines **Mindestpreises** kann ebenfalls keiner Überprüfung unterzogen werden, da er vom Auktionshaus weder offen noch verdeckt eingesetzt wurde. Für die Variable **Reputation** des Auktionshauses stellt sich die schwierige Frage der Operationalisierung nicht unbedingt, da anzunehmen ist, dass die Reputation ebenfalls nicht innerhalb des kurzen Zeitraums unserer Untersuchung variiert.

II. Darstellung und Diskussion der Ergebnisse

Betrachtet man zunächst die resultierenden Kaufpreise der in der Stichprobe berücksichtigten Produkte, so zeigt der Vergleich mit den unverbindlichen Preisempfehlungen der Hersteller in Abb. 2. deutliche Differenzen.

Im Mittel erreicht der Zuschlagspreis 72% der unverbindlichen Preisempfehlung, bei einem Minimum von 29% und einem Maximalwert von 142%. Da es sich um Preisempfehlungen und nicht um tatsächliche Marktpreise handelt, kann nur vermutet werden, dass Auktionen durchaus zu großen Einsparungen führen können. Empirisch bestätigt wird das Einsparpotenzial von Vakrat und Seidmann (1999), die anhand ausgewählter Produkte nachweisen, dass Auktionen gegenüber Festpreisen auf Online-Shopping-Sites im Durchschnitt zu 25% günstigeren Preisen führen.

Bivariate Zusammenhänge zwischen den potenziellen Einflussfaktoren auf den Relativen Zuschlagspreis sind in Tab. 2 aufgeführt. Dabei werden nur die für die Prüfung der Regression notwendigen Korrelationen dargestellt; Zusammenhänge zwischen nominal skalierten Variablen in Form von Assoziationsmaßen werden nicht berichtet.

Auf Grund starker Korrelationen zwischen den metrischen Variablen Page Impressions bzw. Visits und Neuregistrierte wurden zwei Variablen eliminiert und nur die Variable Neuregistrierte einbezogen. Dies geschah nicht nur aufgrund ihres stärkeren Erklärungsbeitrags, sondern auch aufgrund eines vermuteten inhaltlichen Zusammenhangs, der später dargestellt wird.

Die Schätzung der linearen Regressionsfunktionen ergibt das in Tab. 3 dargestellte Ergebnis.

Zusammen genommen erklären die Einflussfaktoren 29,1% der Varianz des relativen Zuschlagspreises über alle Auktionen, was für eine Querschnittsanalyse einen akzeptablen Wert darstellt. Die Vorzeichen der Parameter sind auf den ersten Blick plausibel. Eine graphische Prüfung sowie Tests auf Homoskedastizität lassen keine Auffälligkeiten im

Abb. 2: Zuschlagspreise im Verhältnis zur unverbindlichen Preisempfehlung

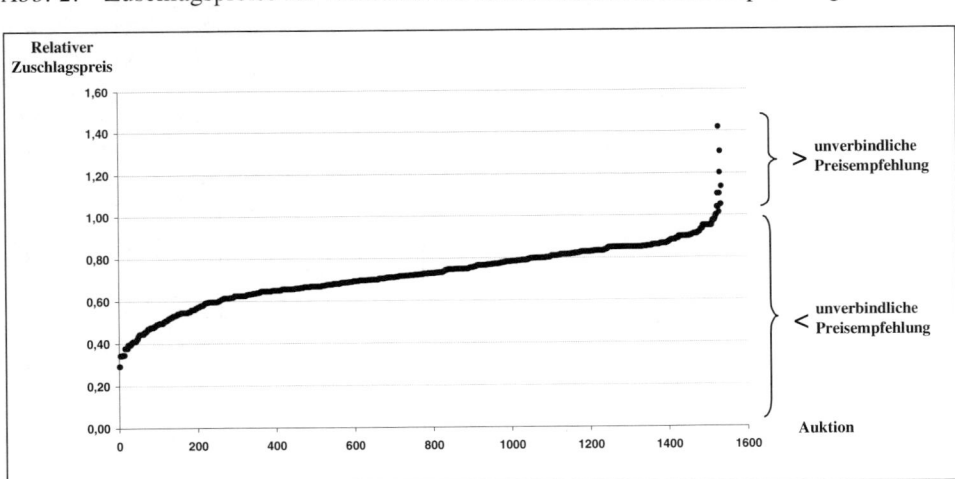

Tab. 2: Bivariate Korrelationen der potenziellen Preisdeterminanten

	Relativer Zuschlagspreis	Entertainment	Neuregistrierte	Visits	Page Impressions	Kauf-interess.	Telekomm. (Festnetz)	Telekomm. (Mobilfunk)	Hardware	Software	Haushalt	Lifestyle	Hifi	Früh	Spät	Nachts	Dauer
Relativer Zuschlagspreis	1																
Entertainment	-0,291 0,000	1															
Neuregistrierte	0,202 0,000	-0,082 0,001	1														
Visits (B2C)	0,135 0,000	-0,147 0,000	**0,704** **0,000**	1													
Page Impressions (B2C)	0,132 0,000	-0,143 0,000	**0,640** **0,000**	**0,966** **0,000**	1												
Kauf-interessenten	0,214 0,000	a)	0,181 0,000	0,087 0,070	0,067 0,166	1											
Telekommunikation (Festnetz)	0,272 0,000	0,159 0,000	-0,068 0,008	-0,040 0,119	-0,031 0,226	0,017 0,727	1										
Telekommunikation (Mobilfunk)	-0,202 0,000	0,179 0,000	0,105 0,000	0,061 0,016	0,069 0,007	0,192 0,000	-0,367 0,000	1									
Hardware	0,033 0,192	-0,157 0,000	-0,029 0,254	-0,048 0,061	-0,055 0,032	0,047 0,325	-0,160 0,000	-0,310 0,000	1								
Software	-0,197 0,000	0,005 0,832	-0,075 0,003	-0,023 0,358	-0,035 0,173	-0,020 0,682	-0,159 0,000	-0,308 0,000	-0,135 0,000	1							
Haushalt	0,197 0,000	-0,283 0,000	0,046 0,070	0,065 0,011	0,087 0,001	-0,112 0,020	-0,122 0,000	-0,235 0,000	-0,103 0,000	-0,102 0,000	1						
Lifestyle	-0,097 0,000	-0,059 0,021	0,011 0,678	0,005 0,846	-0,025 0,326	-0,099 0,040	-0,113 0,000	-0,217 0,000	-0,095 0,000	-0,095 0,000	-0,072 0,005	1					
Hifi	0,112 0,000	-0,044 0,087	-0,033 0,191	-0,047 0,067	-0,046 0,072	-0,123 0,011	-0,104 0,000	-0,200 0,000	-0,087 0,001	-0,087 0,001	-0,066 0,009	-0,061 0,016	1				
Früh (9-15 Uhr)	0,012 0,643	-0,008 0,769	0,094 0,000	0,025 0,330	0,026 0,303	-0,021 0,664	-0,194 0,000	0,174 0,000	0,056 0,028	-0,091 0,000	0,011 0,674	0,030 0,239	-0,060 0,018	1			
Spät (15-21 Uhr)	-0,003 0,893	0,039 0,127	-0,104 0,000	-0,080 0,002	-0,081 0,001	-0,030 0,536	0,281 0,000	-0,160 0,000	-0,010 0,683	-0,055 0,031	-0,012 0,645	-0,032 0,206	0,034 0,184	-0,597 0,000	1		
Nachts (21-03 Uhr)	-0,008 0,745	-0,038 0,138	0,024 0,355	0,068 0,008	0,068 0,008	0,055 0,254	-0,128 0,000	0,006 0,823	-0,046 0,071	0,160 0,000	0,003 0,918	0,007 0,799	0,023 0,369	-0,342 0,000	-0,549 0,000	1	
Dauer	0,031 0,520	a)	-0,019 0,694	-0,133 0,005	-0,108 0,024	-0,029 0,544	0,011 0,813	-0,019 0,685	-0,044 0,360	-0,010 0,839	-0,008 0,873	0,129 0,007	-0,025 0,598	0,017 0,730	-0,072 0,137	0,064 0,183	1

Signifikanzniveaus jeweils in der unteren Zeile; Korrelationen > 0,5 sind fett markiert
a) Keine Korrelation möglich, da Variablen nur auf der Ebene der moderierten Auktionen erfasst wurden.

Tab. 3: Ergebnisse der Regressionen der Relativen Zuschlagspreise in Abhängigkeit von Einflussfaktoren

Datenbasis	Alle Auktionen			Unmoderierte Auktionen			Moderierte Auktionen		
Einflussfaktor	B	Beta	Sign.	B	Beta	Sign.	B	Beta	Sign.
Entertainment	0,0812	0,27	0,000	/	/	/	/	/	/
Neuregistrierte	**0,0001**	0,19	0,000	**0,0001**	0,16	0,000	**0,0001**	0,23	0,000
Kaufinteressenten	/	/	/	/	/	/	**0,0003**	0,22	0,000
Produktart									
Telekommuni-kation (Festnetz)	**0,1388**	0,38	0,000	**0,1598**	0,48	0,000	0,0395	0,08	0,089
Telekommuni-kation (Mobilfunk)	Referenz								
Hardware	**0,0279**	0,07	0,004	**0,0376**	0,08	0,002	0,0138	0,05	0,382
Software	**−0,0376**	−0,09	0,000	**−0,0502**	−0,12	0,000	0,0037	0,01	0,847
Haushalt	**0,0826**	0,16	0,000	**0,1601**	0,19	0,000	**0,0575**	0,19	0,000
Lifestyle	**−0,0313**	−0,06	0,012	**−0,0618**	−0,11	0,000	0,0188	0,04	0,377
Hifi	**0,0922**	0,15	0,000	**0,1080**	0,17	0,000	**0,0801**	0,17	0,001
Tageszeit									
Früh (9–15)	**0,0261**	0,09	0,000	**0,0432**	0,14	0,000	0,0043	0,02	0,739
Spät (15–21)	Referenz								
Nachts (21–03)	**0,0216**	0,07	0,004	**0,0293**	0,09	0,001	0,0117	0,04	0,373
Dauer	/	/	/	/	/	/	0,0081	0,08	0,094
Kostante	**0,6364**		0,000	**0,5587**		0,000	**0,5815**		0,000
Anzahl Fälle	1534			1100			434		
R² (korrigiert)	**29,1%**			**31,5%**			**11,6%**		

Zusammenhänge mit p< 0,001 sind fett markiert. B: Regressionskoeffizient; Beta: Standardisierter Regressionskoeffizient; Sign.: Kritisches Signifikanzniveau

Datensatz erkennen, so dass keine Verletzung der Annahmen der linearen Regressionsanalyse vorliegen. Die jeweilige Konstante ist als relativer Zuschlagspreis für die Referenzkategorien Mobilfunk-Produkte und „späte" Versteigerungszeit, wenn von den sonstigen metrischen Variablen kein Einfluss ausgeht.

Berücksichtigt man zunächst alle Auktionen, so geht der größte Erklärungsbeitrag der Unterschiede in den relativen Zuschlagspreisen von dem Faktor **Entertainment** aus. Moderierte Kurz-Auktionen erzielen im Durchschnitt 8,12 Prozentpunkte höhere relative Zuschlagspreise als unmoderierte Auktionen. Als möglicher Grund für die positive Wirkung kann zum einen der verkürzte Zeitraum und die erhöhte Geschwindigkeit, mit der die Gebote bei dieser Art der Versteigerung eintreffen, gesehen werden. Das Auktionsumfeld induziert offenbar eine Dringlichkeit, weil die Teilnehmer gezwungen werden, zügig mitzubieten, um nicht eine Kaufgelegenheit zu verpassen. Zum anderen hat es sich auch bei klassischen Auktionen bereits gezeigt, dass die Fähigkeit des Auktionators, die Auktionsteilnehmer in besonderer Weise zu Geboten zu motivieren, preisfördernd wirken kann. Am Ende kann es dann dazu kommen, dass seitens der Bieter Preisofferten abgegeben werden, die ihre a priori-Wertschätzungen übersteigen. Von welcher der beiden Erklärungsmöglichkeiten die größere Wirkung ausgeht, kann bei einer gleichzeitigen Betrachtung aller Auktionen nicht festgestellt werden. Eine zusätzliche Analyse der moderierten Kurz-Auktionen zeigt jedoch, dass auch der **Moderator** den Zuschlagspreis beeinflussen kann, die preissteigernde Wirkung des Entertainment daher nicht allein aufgrund des zeitlichen Aspektes dieser Auktionsart zustande kommt. Die Ergebnisse werden hier nicht extra aufgeführt, da mit Ausnahme eines Moderators sämtliche Zusammenhänge nicht signifikant auf dem 1%-Niveau sind. Mit fehlender Preistransparenz seitens der Bieter führt Streich (2001) eine weiteren möglichen Grund an. Teilnehmer hätten in den 5 bis 10 Minuten andauernden Auktionen nicht ausreichend Gelegenheit, Preisvergleiche anzustellen (Streich, 2001, S. 188). Da in den in unserer Stichprobe berücksichtigten Auktionen die Produkte schon einige Tage vor Versteigerungsbeginn angekündigt wurden, schließen wir eine solche Wirkungsbeziehung hier aus.

Auch der positive Einfluss von **Netzeffekten** auf den Kaufpreis kann in der Untersuchung belegt werden. Der Koeffizient 0,0001 der Variable **Neuregistrierte** besagt, dass (bei einem Mittel von etwa 1700 Anmeldungen pro Tag) 100 weitere Registrierungen zu einem Anstieg der relativen Zuschlagspreise um einen Prozentpunkt geführt hätten. Als Elastizität ergibt sich somit ein Wert von 0,14. Berücksichtigt man die vorgeschlagenen Operationalisierungen für Netzeffekte getrennt voneinander, so weist die Variable Neuregistrierte gegenüber den Variablen Page Impressions und Visits einen höheren Erklärungsgehalt auf. Dies könnte damit zusammen hängen, dass überdurchschnittlich viele Neulinge den Zuschlag bei Auktionen erhalten, wie aus weiteren unveröffentlichten Untersuchungen der Autoren hervorgeht. Da Konsumenten sich i.d.R. erst dann anmelden, wenn sie ein verstärktes Interesse an einem Produkt haben, ist ein direkt anschließender Einstieg in die Auktion wahrscheinlich. Die Tatsache, dass unerfahrenere Bieter eher den Zuschlag bekommen, vermag zunächst überraschen, lässt sich vielleicht aber dadurch erklären, dass diese Personengruppe das Preisniveau auf der Auktionsplattform noch nicht richtig einschätzen kann. Im Gegensatz dazu ist davon auszugehen, dass Vielnutzer von Auktionen in etwa wissen, zu welchen Preisen das gewünschte Produkt in der Vergangenheit verkauft wurde, und so über einen Referenzpreis verfügen. Nicht zu klären ist in diesem Zusammenhang, ob der Zuschlagspreis bei steigender Zahl an Neuregistrierten über die gesamte Bandbreite (bis zur angegebenen unverbindlichen Preisempfehlung) erhöht werden kann oder dies nur bis zu einem bestimmten Punkt möglich ist. Auf der Ebene der moderierten Auktionen stellt sich – bei einer Elastizität von 0,06 – zusätzlich die Anzahl der in dem Auktionsraum eingeloggten **Kaufinteressenten** als signifikant preissteigernd heraus. Zwar ist die Anzahl der potenziellen Konkurrenten einem Bieter nicht bekannt (pro Stunde halten sich durchschnittlich 170 Personen im Auktionsraum auf), jedoch könnten erfahrene Teilnehmer anhand der Geschwindigkeit der eintreffenden Gebote sowie der unterschiedlichen Konkurrentennahmen erahnen, ob wenige oder viele Bieter eingeloggt sind. Ein strategisches Verhalten ist also nicht gänzlich auszuschließen.

Abb. 3: Der Einfluss von Produktarten auf den Relativen Zuschlagspreis

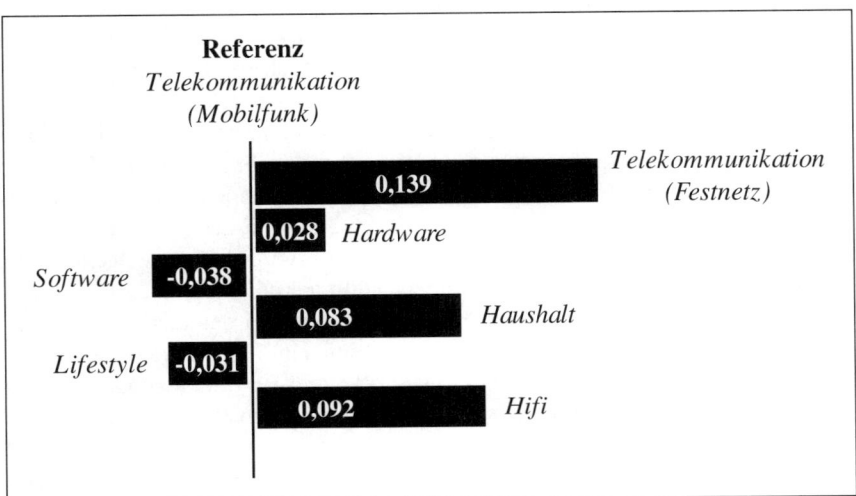

Seitens der **Produktarten** sind ebenfalls signifikante Zusammenhänge festzustellen. Abb. 3 stellt die Zusammenhänge grafisch dar, wobei als Referenz die Warengruppe Telekommunikation (Mobilfunk) gewählt wurde.

Auffällig sind die gegenüber Mobilfunkprodukten um 13,9 Prozentpunkte höheren relativen Zuschlagspreise bei den Festnetzprodukten. Ungeachtet der anderen Einflussgrößen werden demnach durchschnittlich 75,5% (Konstante + 0,139) der Preisempfehlung bei Festnetzprodukten allein aufgrund der attraktiven Warengruppe erreicht. Ein möglicher Grund für die deutlichen Unterschiede ist in den preisgünstigen Bündelprodukten (Mobiltelefon zzgl. Vertrag) der Netzbetreiber zu sehen, welche zum Zeitpunkt der Untersuchung angeboten wurden. Software-Produkte dagegen erzielen verglichen mit der Referenzkategorie um 3,8 Prozentpunkte geringere Kaufpreise. Mögliche Erklärungen sind in der Zusammensetzung der Auktionsteilnehmer zu sehen. Diese sind überdurchschnittlich technik-affin und nutzen das Internet vergleichsweise lange (GfK Online-Monitor, 2001), so dass davon auszugehen ist, dass sie verstärkt konkurrierende Shareware-Produkte nutzen. Liftestyle-Produkte eignen sich zudem weniger für den Verkauf über das Internet, da sie in aller Regel vor dem Kauf inspiziert werden. Die Nachfrage nach dieser Warengruppe ist insgesamt geringer (vgl. Fittkau & Maaß, 2001), was sich auch in den geringeren Kaufpreisen widerspiegelt. Die Ergebnisse eignen sich aber nicht, um Sortimentsempfehlungen an die Auktionshäuser abzugeben, da uns die Einkaufspreise der Produkte nicht vorliegen.

Einflüsse auf den Kaufpreis können auch bezüglich der **Tageszeit** festgestellt werden. Dass es verglichen mit einer späten Tageszeit (zwischen 15 und 21 Uhr) vorteilhafter ist, das Auktionsende für den Abend (nach 21 Uhr) zu disponieren, könnte an dem allgemein verstärkten Traffic in diesem Zeitraum liegen, wie aus internen Daten des betrachteten Auktionshauses hervorgeht. Insofern ist der Einfluss wahrscheinlich eher auf Netzeffekte zurückzuführen. Gleiches gilt für die frühe Tageszeit, in der ebenfalls vergleichsweise viele Zugriffe erfolgten. Der Einfluss der **Dauer** der moderierten Auktionen stellt sich nicht als signifikant auf dem 1%-Niveau heraus.

Die differenzierte Auswertung nach moderierten und unmoderierten Auktionen (vgl. Tabelle 3) zeigt, dass unmoderierte Auktionen deutlich besser zu erklären sind als moderierte. Während die Einflüsse der Variablen bei unmoderierten Auktionen alle signifikant sind und den Ergebnissen über alle Auktionen ähneln, erweisen sich mehrere Zusammenhänge bei den moderierten Versteigerungen als nicht signifikant. Offenbar kommen dort noch weitere Einflüsse hinzu, die mit unserer Stichprobe nicht aufgedeckt werden konnten. Um exakte Handlungsempfehlungen für den Einsatz moderierter Auktionen treffen zu können, müssten die von den Moderatoren erwirtschafteten Deckungsbeiträge ohnehin noch den Personalkosten gegenübergestellt werden. Offensichtlich sind diese Auktionsarten dann kaum noch überlegen, wie das Beispiel des deutschen Auktionshauses ricardo.de belegt, das im Laufe des vergangenen Jahrs schrittweise den Umfang seiner täglichen Kurz-Auktionen reduzierte. Die dort Live-Auktionen genannten Versteigerungen dienten offenbar eher Imagezwecken und der Kundengewinnung in der Frühphase des Unternehmen. Aber auch ein Blick auf die anderen Auktionshäuser macht deutlich, dass die Unternehmen sich zukünftig verstärkt auf unmoderierte Auktionen konzentrieren werden.

E. Zusammenfassung

Angesichts der weiten Verbreitung von Auktionen von Produkten und Leistungen an Konsumenten im Internet erstaunt die Tatsache, dass bisher noch keine Erkenntnisse über das Zustandekommen des Zuschlagspreises bei Business-to-Consumer-Auktionen publiziert worden sind. Der Zuschlagspreis ist sowohl für Anbieter als auch Nachfrager von hoher Bedeutung, beeinflusst er doch auf der einen Seite die Profitabilität des Anbieters der Ware und auf der anderen Seite die Wahrnehmung der Bieter, ein Schnäppchen machen zu können. Zur Schließung dieser Erkenntnislücke werden in diesem Aufsatz im Rahmen einer großzahligen Untersuchung insgesamt 1534 relative Zuschlagspreise (in % von der unverbindlichen Preisempfehlung des Herstellers) von Business-to-Consumer-Auktionen eines deutschen Internet-Auktionshauses analysiert. Die Ergebnisse zeigen, dass die relativen Zuschlagspreise im Mittel bei 72%, mitunter aber sogar über der unverbindlichen Preisempfehlung lagen. Untersucht man die Einflussfaktoren, so werden mit einem Auktionszeitpunkt in der Frühe und nachts gegenüber abends um etwa 2–3 Prozentpunkte höhere Zuschlagspreise erzielt. Gegenüber Mobilfunkprodukten zeigen Festnetzprodukte immerhin um 14 Prozentpunkte höhere, Software dagegen um 4 Prozentpunkte niedrigere Zuschlagspreise. Der durch Moderatoren hervorgerufene Entertainment-Effekt kann den Zuschlagspreis in starkem Maße nach oben treiben, hier im Mittel um 8 Prozentpunkte. Auch die Anzahl der Neuregistrierten als Operationalisierung von Netzeffekten besitzt mit einer Elastizität von 0,14 eine treibende Wirkung. Zukünftigen Untersuchungen bleibt vorbehalten, ob diese Ergebnisse auf andere Produktgruppen, die wie Automobile höherwertig sind, auf Consumer-to-Consumer-Auktionen und Auktionen im Mobile Internet (Albers und Schäfers, 2001) übertragbar sind.

Literatur

Albers, S. (2001): Besonderheiten des Marketing mit Interaktiven Medien, in: S. Albers, M. Clement, K. Peters und B. Skiera (Hrsg.): Marketing mit Interaktiven Medien, 3. komplett überarbeitete und erweiterte Aufl., Frankfurt am Main, S. 11–23.

Albers, S., Clement, M., Peters, K., Skiera, B. (2000): Warum ins Internet? – Erlösmodelle für einen neuen Kommunikations- und Distributionskanal, in: S. Albers, M. Clement, K. Peters und B. Skiera (Hrsg.): eCommerce – Einstieg, Strategie und Umsetzung im Unternehmen, 2. Aufl., Frankfurt am Main, S. 9–19.

Albers, S., Schäfers, B. (2001): Preispolitik im Mobile Commerce, in: G. Silberer (Hrsg.): Mobile Commerce, Wiesbaden, erscheint demnächst.

Beam, C., A. Segev, Shanthikumar, J. G. (1996): Electronic Negotiation through Internet-based Auctions, Working Paper, The Fisher Center for Management, Information and Technology, University of California at Berkeley.

Beckmann, M. (1999): Ökonomische Analyse deutscher Auktionen. Wiesbaden.

Beckmann, M., Kräkel, M., Schauenberg, B. (1997): Der deutsche Auktionsmarkt: Ergebnisse einer empirischen Studie, in: Zeitschrift für Betriebswirtschaft, 67, 1, S. 41–65.

Bell, D. R., Bucklin, R. E. (1999): The Role of Internal Reference Points in the Category Purchase Decision, in: Journal of Consumer Research, 26, September, S. 128–143.

Benning, M., Bleich, H. (2000): Billig ist relativ, in: c't, 5, S. 62.

Brannman, L., Klein, J. D., Weiss, L. W. (1987): The Price Effects of Increased Competition in Auction Markets, in: The Review of Economics and Statistics, 69, S. 24–32.

Briesch, R. A., Krishnamurthi, L., Mazumdar, T., Raj, S. P. (1997): A Comparative Analysis of Reference Price Models, in: Journal of Consumer Research, 24, September, S. 202–214.

Chui, K., Zwick, R. (1999): Auction on the Internet – A Preliminary Study, Working Paper, Department of Marketing, Hong Kong University of Science and Technology.

Clement, M., T. Litfin, Peters, K. (2001): Netzeffekte und Kritische Masse, in: S. Albers, M. Clement, K. Peters und B. Skiera (Hrsg.), Marketing mit Interaktiven Medien, 3. komplett überarbeitete und erweiterte Aufl., Frankfurt am Main, S. 101–115.

Dholakia, U. M., Soltysinski, K. (2001): Coveted or Overlooked? The Psychology of Bidding for Comparable Listings in Digital Auctions, in: Marketing Letters, 12, 3, S. 225–237.

Diller, H. (2000): Preispolitik, 3. Aufl., Stuttgart, Berlin, Köln.

Engelbrecht-Wiggans, R. (1987): On Optimal Reservation Prices in Auctions, in: Management Science, 33, 6, S. 763–770.

Fittkau & Maaß (2001): 11. WWW-Benutzer Analyse, Hamburg.

GfK-Medienforschung (2000): GfK Online-Monitor – 6. Untersuchungswelle, Nürnberg.

Ivens, B. S. (2000): Preisrisiken im Marketing, in: Jahrbuch der Absatz- und Verbrauchsforschung, 46, 3, S. 315–328.

Janiszewski, C., Lichtenstein, D. R. (1998): A Range Theory Account of Price Perception, in: Journal of Consumer Research, 25, 3, S. 353–367.

Kagel, J. H., Roth, A. E. (1995). The Handbook of Experimental Economics. Princeton, NJ.

Keenan-Vision (1999): Dynamic Pricing Online, Access Conferences International, San Francisco, California.

Kräkel, M. (1992): Auktionstheorie und interne Organisation, Wiesbaden.

Lee, Z., Im, I., Lee, S. (2000): The Effect of Negative Buyer Feedback on Prices in Internet Auction Markets, ICIS 2000 – International Conference on Information Systems, Brisbane.

McAfee, R. P.,J. McMillan (1987): Auctions and Bidding, in: Journal of Economic Literature, 25, June, S. 699–738.

McDonald, C. G., Slawson, Jr, V. C. (2000): Reputation in an Internet Auction Market; Working Paper, Department of Finance, University of Missouri-Columbia, Middlebush Hall.

Milgrom, P. R., Weber, R. J. (1982): A Theory of Auctions and Competitive Bidding, in: Econometrica, 50, S. 1089–1122.

Nelson, J. P. (1995): Market Structure and Incomplete Information: Price Formation in a Real-World Repeated English Auction, in: Journal of Economic Behavior and Organization, 27, S. 311–329.

Omwando, H. K., Nordan, M. M., Bedarida, D., Heukels, S. (2001): Europe's Online Auction Prize: SMEs, The Forrester Report, Forrester Research, Amsterdam.

Peters, R. (2000): Elektronische Märkte und automatisierte Verhandlungen, in: Wirtschaftsinformatik, 42, 5, S. 413–421.

Schäfers, B., Hundacker, S. (2000). Erfolgsfaktoren von Internet-Auktionshäusern, in: Jahrbuch der Absatz- und Verbrauchsforschung, 46, 1, S. 90–104.

Schnetkamp, G. (2000): Aktuelle und zukünftige Erfolgsfaktoren des Electronic Shopping, in: D. Ahlert, J. Becker, P. Kenning and R. Schütte (Hrsg.): Internet & Co. im Handel – Strategien, Geschäftsmodelle, Erfahrungen, Berlin, Heidelberg, New York, S. 29–61.

Skiera, B., Schäfers, B. (2001): Online-Auktionen, in: S. Albers, M. Clement, K. Peters and B. Skiera (Hrsg.): Marketing mit Interaktiven Medien, 3. komplett überarbeitete und erweiterte Aufl., Frankfurt am Main, S. 282–297.

Stiftung-Warentest (2000): Zuschlag mit Risiko, in: test, 11, S. 18–21.

Streich, M. (2001): Online-Auktionen im Internet, in: Jahrbuch der Absatz- und Verbrauchsforschung, 47, 2, S. 172–189.

Vakrat, Y., Seidmann, A. (1999): Can online auctions beat online catalogs?, Proceeding of the 20th international conference on Information Systems (ICIS), Charlotte.

Wieland, R. A., Herzog, M. (1999): Preispolitik im Versandhandel, in: Mattmüller, R. (Hrsg.):Versandhandels-Marketing: vom Katalog zum Internet, Frankfurt am Main, S. 227–245.

Wilcox, R. T. (2000): Experts and Amateurs: The Role of Experience in Internet Auctions, Marketing Letters, 11, 4, S. 363–374.

Winer, R. S. (1988): Behavioral Perspective on Pricing: Buyers' Subjective Perceptions of Price Revisited, in: T. M. Devinney (Hrsg.): Issues in Pricing – Theory and Research, Massachussetts, Toronto, S. 35–57.

Wolfstetter, E. (1996): Auctions: An Introduction, in: Journal of Economic Surveys, 10, 4, S. 367–420.

Zusammenfassung

Trotz der weiten Verbreitung von Auktionen von Produkten und Leistungen an Konsumenten im Internet sind bisher noch keine Erkenntnisse über das Zustandekommen des Zuschlagspreises bei Business-to-Consumer-Auktionen publiziert worden. Zur Schließung dieser Erkenntnislücke werden in diesem Aufsatz im Rahmen einer großzahligen Untersuchung insgesamt 1534 relative Zuschlagspreise (in% von der unverbindlichen Preisempfehlung des Herstellers) von Business-to-Consumer-Auktionen eines deutschen Internet-Auktionshauses analysiert. Die Ergebnisse zeigen, dass die relativen Zuschlagspreise im Mittel bei 72% lagen. Sie hängen u.a. von der Auktionsart und dem Produkt ab, wobei mit einem Auktionszeitpunkt in der Frühe und nachts sowie Mobilfunkprodukten höhere Zuschlagspreise als sonst im Mittel erzielt werden.

Summary

Given the wide spread use of internet auctions directed to the consumer it is surprising that there is no study existing about the level of the final auction price and its influences in business-to-consumer auctions. In order to close this information gap a large-scale investigation of the winning bid levels of 1534 business-to-consumer auctions offered by a German auctioneer has been conducted. The results show an average relative auction price level of 72% of the manufacturer's recommended price. Its is influenced by the auction time and product type with early and late night auctions as well as wired telecommunication products showing higher winning bid levels than average.

60: Allgemeine Fragen des Absatzes (JEL M30)
62: Absatzplanung (JEL M30)

Professionelle
Kundenwertberechnung

Inhalt:

Theoretische Erörterungen des
Kundenwertes

Kundenwertorientiertes
Beziehungsmanagement

Nutzenpotentiale von Kunden

Modelle zur Messung des
Kundenwerts

Besonderheiten der Kundenwert-
berechnung in unterschiedlichen
Branchen

Kundenwertbezogene
Bindungsprogramme

Database-Marketing als
Voraussetzung zur Ermittlung
von Kundenwerten

Branchenbezogene Implementierung
von Kundenwertkonzepten, u.a. –
in der Kundenakquisition –
durch Kundenwertmanagement –
in unterschiedlichen Branchen

Die Herausgeber:

Bernd Günter / Sabrina Helm (Hrsg.)

Kundenwert

Grundlagen – Innovative Konzepte –

Praktische Umsetzungen

2001. XVIII, 729 S.

Geb. € 49,00

ISBN 3-409-11701-6

Kundenorientierung, Kundenzufriedenheit und Kundenbindung sind bereits von viele
Unternehmen als wichtige Determinanten des Unternehmenserfolgs erkannt worde
Mehr und mehr rückt nun der Kundenwert ins Zentrum der Aufmerksamkeit. Hier we
den erstmals aus unterschiedlichen Perspektiven von renommierten und kompetente
Autoren Bausteine des Kundenwerts analysiert, Berechnungsmethoden diskutiert
und um Erfahrungsberichte aus der Praxis ergänzt.

Prof. Dr. Bernd Günter ist Direktor des Düsseldorfer Instituts für Dienstleistungs-
management (DID) und Inhaber des Lehrstuhl für Betriebswirtschaftslehre, insbe
sondere Marketing, der Heinrich-Heine-Universität Düsseldorf.

Dr. Sabrina Helm ist wissenschaftliche Mitarbeiterin am Lehrstuhl für Betriebswir
schaftslehre, insbesondere Marketing, der Heinrich-Heine Universität Düsseldorf

Ausgleich zwischen Innen- und Außensicht: Das Konzept der Wertangebote (Value Propositions)

Von Doris Kortus-Schultes

Überblick

- Nicht-antizipierte Diskrepanzen zwischen Innen- und Außensicht bedeuten Fallstricke für Unternehmen. Können sie doch die Ursache sein für die Auswahl letztlich ungeeigneter Marktbearbeitungs- und Marktexpansionsstrategien i.S. eines internen und externen Wachstums. Fehlschlüsse aufgrund nicht aufgedeckter Diskrepanzen sind vor allem in Bereichen zu erwarten, in denen keine Systeme zur Erfassung divergierender Sichtweisen etabliert sind, so zum Beispiel im Controlling. Ein fehlender Ausgleich zwischen Innen- und Außensicht kann sich dort insbesondere in den Planungen zum ‚externen Wachstum‘ und potenziellen Wertbeiträgen aus den diversen Geschäftsfeldern eines Unternehmens ergeben.

- Die Notwendigkeit, Systeme und Prozesse zur Offenlegung potenzieller Divergenzen in der Wahrnehmung des Unternehmens durch Kunden sowie durch die Mitarbeiter im Unternehmen selbst zu entwickeln, wird deduktiv abgeleitet.

- Die Balanced Scorecard liefert mit der innerhalb der Marketingperspektive geforderten Konzeption von ‚Wertangeboten an die Kunden (Value Propositions)‘ einen geeigneten Ansatz für eine ebenso frühzeitige wie systematische Antizipation der Außensicht und deren Beeinflussungsmöglichkeiten. Damit ist die Balanced Scorecard geeignet, Marketingspezialisten und Controller in ihrer Suche nach Techniken für eine optimierte Unternehmensplanung und -steuerung zusammenzuführen.

Eingegangen: 15. September 2001

Professor Dr. Doris Kortus-Schultes; Fachhochschule Niederrhein, Weierstr. 231, 42719 Solingen. Jahrgang 1955, studierte Volkswirtschaftslehre in Bonn und Cambridge. Nach der Promotion folgten Tätigkeiten als Produktmanagerin in einem deutsch-japanischen Joint Venture, als Gruppenleiterin in einem deutschen Unternehmen und als Marketingleiterin eines deutsch-amerikanischen Gemeinschaftsunternehmens. Seit 1992 an der FH Niederrhein, Abtlg. Mönchengladbach, mit den Schwerpunkten Marketing und Handelsbetriebslehre tätig. Forschungsschwerpunkt: Wertschöpfungsmanagement.

ZfB
ZEITSCHRIFT FÜR
BETRIEBSWIRTSCHAFT

A. Wandel im Marketing

In *Sabel*s wissenschaftlichem Hauptwerk nimmt die Dynamik der Umweltveränderungen sowie deren Antizipation mit Hilfe von Methoden, Instrumenten und Strategien einen breiten Raum ein (Sabel/Weiser, 2000). In der vorliegenden Betrachtung wird dieser Teil *Sabel*s wissenschaftlicher Beiträge nur kurz gestreift. Im Vordergrund stehen seine Lösungsvorschläge zu Fragen von Individualisierungs- versus Standardisierungsvorteilen. Eine Interpretation der Konflikte zwischen:

- Innensicht, d.h. der unternehmenseigenen Einschätzung von Marktstärken, die einen immanenten Bias aufweist, ein Primat der Wirtschaftlichkeit in der Bedürfnisbefriedigung zu formulieren, und
- Außensicht, d.h. der Wahrnehmung des Unternehmens durch seine Kunden, die dabei mehr unbewusst als bewusst einem Primat individueller, kreativer Lösungen folgen.

Die potentiellen Diskrepanzen zwischen Innen- und Außensicht führen zu neuen Ansätzen wie der Balanced Scorecard, die geeignete Ansatzpunkte aufweisen, um einen Ausgleich zwischen Innen- und Außensicht herbeizuführen. Es gehört zu den Verdiensten von *Hermann Sabel*, auf die möglichen Fehlentscheidungen aufgrund eventueller Diskrepanzen hingewiesen zu haben. Dieses Thema trug er nicht nur gleich zu Beginn seiner Tätigkeit als Hochschullehrer[1] vor, sondern betonte die damit einhergehenden Fallstricke immer wieder in seinen Publikationen.

In einem Versuch, den Wandel im Marketing aus diesem Blickwinkel heraus zu beschreiben, bedarf es zunächst einer Definition, was Marketing ist. Es bietet sich der Rückgriff auf *Gutenberg* an, denn von dieser Startposition aus lassen sich zum einen der Wandel der theoretischen Begrifflichkeit sowie zum anderen die zugehörigen praktischen Umsetzungen herleiten. Es kann eine aktuelle Publikation von *Sabel* angeführt werden, die die zweifache Bipolarität der *Gutenberg*'schen Betrachtungen dessen, was Absatz ist, komprimiert:

„Wenn Marketing, ein Wort, das Gutenberg nie benutzte, Kunden- und Konkurrenzorientierung meint, dann haben Theorie und Praxis Kunden und Konkurrenten näher zu betrachten. Obwohl er von Absatz sprach, hat Gutenberg doch Kunden näher betrachtet und sagt einerseits: ‚Der Wille zur persönlichen Differenzierung und Individualisierung schließt den entgegengesetzten Willen zur Gleichförmigkeit der Bedürfnisbefriedigung nicht aus.‘ Andererseits: Kontinuität und Wandel stehen bei ihm in einem ebensolchen polaren Verhältnis zueinander, eine statische und dynamische Polarität." (Sabel, 2001, S. 612)

In dieser Zusammenfassung *Gutenberg*scher Aussagen benennt *Sabel* zwei grundsätzliche Bereiche, innerhalb derer absatzseitige Konzeptionen im Sinne eines Ausgleichs zwischen entgegengesetzten Polen oszillieren:

- Differenzierung und Individualisierung in der Kundenansprache versus Gleichförmigkeit im Sinne von Standardisierung in Fertigungs-, Distributions- und Kommunikationsprozessen zur Sicherstellung der Bedürfnisbefriedigung;

- Kontinuität und Wandel als Gegenpole im Sinne statischer und dynamischer Ansätze im Marketing.

In der oben aufgeführten Definition hat *Gutenberg* zum einen die kreative Bedürfnis-befriedigung und zum anderen die Wirtschaftlichkeit der Aktivitäten zur Bedürfnisbe-friedigung als zwei Pole benannt, zwischen denen in Theorie und Praxis Marketingkon-zepte immer hin und her schwingen, um dabei innovative Formen des Ausgleichs zu su-chen. Ausgleich zwischen Kreativität und Rentabilität sind Voraussetzungen für die Un-ternehmen, um ihr Überleben bzw. Wachstum zu sichern.

Das Primat der Wirtschaftlichkeit, aus einer forcierten Innensicht heraus, kann eine Konfrontation mit kreativen Lösungsvorschlägen mit sich bringen, die im Marketing zur Antizipation und Lenkung von Außensichten entwickelt und verfochten werden. Bemer-kenswerterweise zeigt *Sabels* breites Konvolut wissenschaftlicher Publikationen, dass er die Notwendigkeit eines Ausgleichs zwischen den beiden Polen frühzeitig erkannte und zu seinem Thema machte: mit Publikationen zur Wirtschaftlichkeitsrechnung im Jahre 1965 (Sabel, 1965) startend, folgt ein breiter Strom von Veröffentlichungen zu Marke-tingthemen, dem sich in jüngerer Zeit Ausarbeitungen zum Thema Corporate Governance hinzugesellen (Sabel, 2000).

I. Internes und externes Wachstum

Um im zweiten Schritt die Bedeutung der Themen Wertmanagement und Wertbeiträge im Sinne des gestellten Themas herausstellen zu können, werden zunächst Ansatzpunkte für internes und externes Wachstum beleuchtet.

1. Internes Wachstum

In den heutigen Ansätzen zur Unternehmenssteuerung haben sich neben einem seit der Nachkriegszeit immer weiter perfektionierten Marketinginstrumentarium[2] komplemen-tierende Werkzeuge zur Erschließung der Quellen externen Wachstums etabliert.

a) Koalitionen und Allianzen
Parallel zu den absatzpolitischen Instrumenten, mit deren Ausgestaltung die internen Wachstumschancen ausgeschöpft werden, handhaben die Firmen differenzierte Strategien i.S. gezielter Kooperationen. Über die Zusammenarbeit mit anderen Firmen streben sie eine Vervollständigung der aus eigener Kraft zu erschließenden Wachstumspotenziale an. Die vielfältigen Strategien temporärer wie auch längerfristig angelegter Zusammenarbeit in Form von Koalitionen und Allianzen haben in Theorie und Praxis hohe Beachtung ge-funden. (Albach, 1991; Albach, 1992)

Mit Auswahl und firmenindividueller Ausgestaltung möglicher Kooperationsformen werden unter anderem folgende Fragen beantwortet:

- Wie wollen wir wachsen? Allein aus eigener Kraft oder unter Nutzung von Vertriebs-, Entwicklungs- oder Fertigungskooperationen mit ausgewählten Partnern, die in ande-ren Feldern gegebenenfalls sogar unsere Konkurrenten sein können? Diese Überlegung erfolgt aus der Abwägung: ‚If you can't beat them, join them!'

- Wie lange wollen wir mit diesem Partner zusammenarbeiten? Wie lange bringt er uns Vorteile?

b) Marketingmix und Strategische Kooperationen

Wertbeiträge aus internem Wachstum eines Unternehmens, d.h. Gewinnwachstum aus oder Kostenvorteile in der Bearbeitung angestammter Geschäftsfelder, können gleichermaßen durch kreative Ausgestaltung des Marketingmix wie durch Ausnutzung der Chancen in Allianzen und Koalitionen[3] erzielt werden. Fragen zu den ,Optionen' des internen Wachstums[4] werden in den Überlegungen zur Marketingstrategie vorangetrieben. Nach Zukunftsszenarien, zugehörigen Modellrechnungen und deren Präsentation vor der Unternehmensleitung fällt diese die Umsetzungsbeschlüsse. In praxi erfolgt die Umsetzung der strategischen Maßnahmen marketingorientiert, d.h. durch Mitarbeiter, die dem Marketingbereich zugeordnet sind.

c) Fazit

Die Möglichkeiten des internen Wachstums ergeben sich als Strategischer Fit – einschließlich der Optionen zu Strategischen Kooperationen –, der den Rahmen für den unternehmensindividuellen Marketingmix vorgibt.

2. Externes Wachstum

Maßnahmen des sog. externen Wachstums werden wiederum primär durch Verantwortliche im Controllingbereich vorbereitet (Horvàth, 2001), die parallel zur Ausschöpfung der Möglichkeiten des internen Wachstums entsprechende Ergebnisbeiträge durchrechnen. Zu den Optionen des externen Wachstums gehören Firmenübernahmen und -zusammenschlüsse. Die Bedeutung der Gewinnbeiträge aus externem Wachstum zeigt sich weltweit in der hohen Zahl strategisch motivierter Zusammenschlüsse und Übernahmen (Merger & Acquisitions), wie sie in den vergangenen Jahren erfolgten.

Zwar zeigt der spätere Alltag übernommener ebenso wie derjenige fusionierter Unternehmen oftmals, dass nicht alle auf dem Papier errechneten synergistischen Vorteile in der praktischen Umsetzung als Gewinnsteigerungen realisiert werden. Dennoch bleibt externes Wachstum eine unverzichtbare Option, um zusätzliche Umsatz- und Gewinnanteile zu erschließen

- aus Geschäftsfeldern, in denen das Unternehmen zuvor nicht tätig war, und die sich aus den Aktivitätsbereichen des übernommenen und/oder zusammengeschlossenen Unternehmens ergeben bzw.
- aus angestammten Geschäftsfeldern, die aufgrund abgestimmter Wettbewerbsstrategien nach Fusion bzw. nach Übernahme marktanteilsmäßig ,optimiert' werden.

In ihren Pressenachrichten stellen die zusammengeschlossenen bzw. übernehmenden Firmen heraus, dass sie mit Hilfe dieser Maßnahmen Ziele im Sinne einer Steigerung des Shareholder Value anstreben.

Mit der Planung und Steuerung der Gewinnbeiträge durch externes Wachstums hat das Controlling in den vergangenen Jahren einen prestigeträchtigen Bereich der strategischen Unternehmensplanung besetzt und erfährt in der korrespondierenden Beratungstätigkeit der Unternehmensleitung eine hohe Aufmerksamkeit.

In weiteren empirischen Untersuchungen ist zu klären, warum zahlreiche Fusionen und Firmenübernahmen in der Umsetzung nur einen Teil der zuvor errechneten wirtschaftlichen Vorteile erreichen. Nach Meinung der Autorin kann dies unter anderem daran liegen, dass die konventionellen Controllingsysteme und -prozesse weiter verfeinert werden müssen, um dynamischen Umweltänderungen in noch besserem Maße Rechnung zu tragen. Aus der Vergangenheit eines weniger hektischen Navigationsrahmens stammend werden durch das Controlling Berichte, d.h. Reports, bereitgestellt, die im Blickwinkel der in ihnen aufbereiteten Daten rückwärts gerichtet sind. D.h. sie fokussieren Daten aus der Vergangenheit und bewältigen weniger die Polarität zwischen Kontinuität und dynamischer Anpassung des Unternehmens an Umweltveränderungen. Dies hebt auch Horvàth in einer aktuellen Publikation zum Thema hervor (Horvàth, 2001, S. 33):

„In einer Wettbewerbssituation, die eher durch Stabilität und prognostizierbare Entwicklungen gekennzeichnet ist, kann sich die Führungsunterstützungsfunktion (des Controllings, Anm. der Verfasserin) auf die Gestaltung operativer Planungs- und Budgetierungssysteme sowie auf die Informationsversorgung mit Zahlen aus dem internen Rechnungswesen, insbesondere aus der Kostenrechnung, konzentrieren. Diese Situation war vor drei, vier Jahrzehnten für deutsche Unternehmen sicher noch vielfach gegeben. In dieser Zeit war der Controller der Herr des internen Rechnungswesens mit der flexiblen Plankosten- und Deckungsbeitragsrechnung sowie Budgetierung im Mittelpunkt.

Die Zeiten haben sich inzwischen – wie wir wissen – grundlegend verändert. Unternehmen, aber auch andere Organisationen sind heute mit einer Wettbewerbssituation konfrontiert, die gekennzeichnet ist durch sich ständig wandelnde und vielfach nicht prognostizierbare Veränderungen. Die Aufgabenschwerpunkte der Führung haben sich stark auf die ständige Überprüfung und gegebenenfalls Korrektur und Neuformulierung von Strategien verlagert, ohne dabei die Anforderungen der operativen Effizienz aus den Augen zu verlieren. Die Unterstützung des Controllers wird vorrangig bei der strategischen Steuerung benötigt. Hier geht es um Systeme und Prozesse der Strategiegenerierung und -umsetzung sowie um strategische Kontrolle. Die Informationsversorgung erstreckt sich auch auf markt- und kundenbezogene sowie interne nichtfinanzielle Informationen und deren Früherkennung, damit rechtzeitig Steuerungsimpulse ausgelöst werden können. Operatives und strategisches Controlling müssen aufeinander abgestimmt werden. Dies ergibt zusätzliche Anforderungen an den Controller, der nunmehr nicht nur ein Rechnungswesenfachmann, sondern zugleich auch Stratege mit Markt- und Kundenkenntnissen sein muss." (Horvàth, 2001, S. 33)

Mit seinen Forderungen an die Weiterentwicklung von Navigationssystemen umschreibt *Horvàth* konzeptionelle Inhalte der Balanced Scorecard, welche sich in jüngster Zeit als effektives internes Kommunikations- und Führungsinstrument etabliert hat. Sie enthält in einem Bereich des Konzepts Themenstellungen zur zukunftsgerichteten Planung aus Marketingsicht. Zur Lösung werden sog. Value Propositions (= Wertangebote) entwickelt, die zur Antizipation und Steuerung zukünftiger Marktentwicklungen beitragen. Daher wird in Kapitel B,II,3 dieser Abhandlung die Ausgleichsfunktion der Balanced Scorecard bzw. die in ihr implizit enthaltenen Überlegungen zu Wertangeboten an die Kunden gewürdigt.

*Horvàth*s Anspruch an die Leistungsfähigkeit moderner Controllingsysteme unterscheidet sich zwar prinzipiell nicht von demjenigen, der auch an Systeme und Prozesse zur Marketingplanung gestellt wird. Allerdings mussten Marketingplanungen immer schon auf Basis zukunftsgerichteter Daten, d.h. in Form von Szenarien, abgeleitet werden. Diese finden dann ihren Niederschlag in quantifizierten Modellrechnungen zur Wirksamkeit unterschiedlicher Bewältigungsstrategien durch das Unternehmen.

In ihrer jahrzehntelangen, unter anderem auch durch *Sabel* begründeten und fortgeführten Tradition zukunftsgerichteter Modellbildung, haben Marketingtheorie und -praxis einen breiten Kanon bewährter Systeme und Prozesse bereitgestellt, mit deren Hilfe die Bandbreite möglicher zukünftiger Entwicklungen abgebildet bzw. in ihren Auswirkungen auf das Unternehmen systematisch abgegriffen werden kann. Als unverzichtbare Arbeitsinhalte, um dieses Ziel zu erreichen, haben sich etabliert:

- die Ableitung bzw. dezidierte Offenlegung der den Modellrechnungen zur Wirksamkeit von Marketingmaßnahmen zugrunde liegenden Annahmen. Sie umfassen beispielsweise Hypothesen über die wirtschaftliche Entwicklung der Branche, die Investitionsbereitschaft/Kaufbereitschaft der Kunden, die Reaktionen der Konkurrenz in Zeit- und Maßnahmenauswahl usw.;
- Sensitivitätsanalysen, um die Bandbreite der möglichen Entwicklungen in ihrer Auswirkung auf Umsatz und Gewinn des Unternehmens aufzuzeigen und zugleich durch zahlenmäßig untermauerte Szenarien analysieren zu können, welche Auswirkungen Parameterabweichungen zum Grundmodell aufweisen. Dazu werden in Modellrechnungen ebenso die Eintrittszeitpunkte bestimmter Ereignisse variiert wie die Amplitude der Wirkung bestimmter Maßnahmen der Konkurrenz oder des eigenen Unternehmens.

Führt man sich diese Herausforderungen vor Augen, wird nachvollziehbar, warum heute Überlegungen zum sog. Wertmanagement breite Beachtung erfahren. Geht es doch darum, ex ante die potenziellen Gewinnbeiträge ausgewählter Aktivitäten und Prozesse herzuleiten. Die systematische Aufdeckung implizierter Annahmen sowie Schlussfolgerungen aus Sensitivitätsanalysen sind dabei unverzichtbare Techniken, um die Dynamiken in den Umweltentwicklungen ex ante zu erfassen.

II. Wertmanagement als Ansatz in der Unternehmenssteuerung

Angesichts der zuvor dargelegten Biploaritäten, zum einen in den antizipierenden Sichtweisen (innen versus außen) und zum anderen in der Ausgestaltung der Instrumente (differenzierende Individualisierung versus Standardisierung), ist zwischen ihnen ein marktadäquater, balancierender Ausgleich zu suchen, in dem auf Konzepte zur Unternehmenssteuerung aus dem Marketing- und dem Controllingbereich zurückgegriffen wird. Sie werden benötigt, um einen Handlungsrahmen für die angestrebten Gewinn- und Umsatzziele aufgrund von internem und externem Wachstum zu schaffen.

Mögliche Wertbeiträge ausgewählter Strategien lassen sich visualisieren anhand einer Pyramide, die dem Geschäftsbericht 2000 der Stinnes AG entnommen wurde (Stinnes, 2001, S. 21). Mit Hilfe dieser Übersicht stellt der Logistikkonzern die von ihm als relevant antizipierten strategischen und operativen Werttreiber vor. Der Ablauf einer Festlegung firmenindividueller Werttreiber sieht wie folgt aus: Zunächst wird ein umfangrei-

Abb. 1:   Werttreiber-Management
(in Anlehnung an: Stinnes Geschäftsbericht 2000; Mülheim an der Ruhr, 2001;
S. 21)

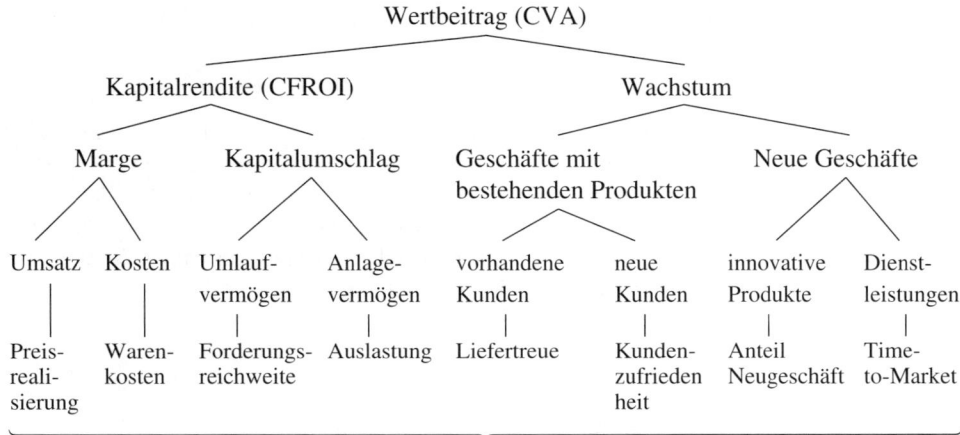

cher Katalog möglicher Werttreiber generiert, der auf Führungsebene diskutiert und hinsichtlich seiner Relevanz bezüglich der Wachstumsziele bzw. der besonderen Marktsituation eingeengt und verabschiedet wird. In Form von Kenngrößen werden die Werttreiber nicht nur als Ist-Werte erfasst, sondern für den weiteren Wachstumspfad des Unternehmens als Zielwerte (Sollwerte) festgelegt. Dazu gehört, dass die Unternehmensleitung in Kommunikation mit den jeweiligen Bereichen Maßnahmen verabschiedet, die ein geschäftsbereich-, abteilungs- und ggf. sogar teamspezifisches Erreichen der Sollwerte innerhalb einer abgegrenzten Zeitperiode gewährleisten sollen.

Die strategischen Werttreiber müssen, um die aus ihnen resultierenden Wertbeiträge (CVA) genau beziffern zu können, auf die korrespondierenden operativen Werttreiber heruntergebrochen werden. Dabei drückt der Stinnes Konzern den absoluten Wertbeitrag eines Geschäftsbereichs als ‚Cash Value Added‘ (CVA) aus. Der CVA ist der Überschuss, der über die Kosten des Eigen- und Fremdkapitals hinaus erwirtschaftet wird. Der Stinnes Konzern ermittelt die Höhe des CVA, indem die Bruttoinvestitionsbasis, d.h. vor Abschreibungen, mit der Überrendite eines Geschäftsbereichs multipliziert wird. Als Überrendite definiert Stinnes die Differenz aus dem CFROI (Cash Flow Return on Investment = Quotient aus dem Betrieblichen Cash Flow[5] und dem urspünglich investierten Gesamtkapital i.S. einer Bruttoinvestitionsbasis) und der jeweils geforderten Mindestrendite (Stinnes 2001, S. 18/19).

Betrachtet man die in der Pyramide dargestellten strategischen und operativen Werttreiber, so fällt auf, dass sowohl Kennziffern einer verbesserten Wirtschaftlichkeit der Aktivitäten abgeleitet werden als auch Kennziffern zu Wertbeiträgen aus der kreativen Gestaltung markterschließender sowie marktbearbeitender Marketingkonzeptionen.

Das Konzept ‚Wertmanagement‘ wird an dieser Stelle vorgestellt, weil seine Umsetzungsvorschläge konzeptionell wie planungstechnisch aus unterschiedlichen Unternehmens- und damit auch Denkbereichen stammen:

- aus dem Marketingbereich für die Wachstumsimpulse aus neuen Geschäften und Geschäften mit bestehenden Produkten;
- aus dem Controllingbereich für Vorschläge zur Erhöhung der Kapitalrendite.

Schon durch die zuvor angesprochene Tradition des Denkens und Handelns, aber auch in ihrem Wirkungskreis unterscheiden sich die Bereiche Marketing und Controlling dadurch, dass nach Meinung der Autorin der Controllingbereich potenziell gefährdet ist, auf Basis einer Innensicht-getriebenen Wahrnehmung Konzeptionen ableiten zu wollen. Diese Gefahr besteht insbesondere, wenn Techniken zur Überprüfung von Außensichten bzw. deren Fit mit den Innensichten nicht zum Einsatz gelangen.

III. Diskrepanzen zwischen Innensicht und Außensicht

Nach der Diskussion der Ansätze des internen und externen Wachstums wird nun die Polarisierung zwischen Innen- und Außensicht weiter auf die Spitze getrieben. Damit soll erreicht werden, dass Fallstricke divergierender Sichtweisen zwischen ‚innen‘ und ‚außen‘ verdeutlicht werden. Denn sie können sich als Ursache für Fehlentscheidungen erweisen, die sich in evt. als verlustbringend niederschlagen.

1. Innensicht

Mit dem Begriff ‚Innensicht‘ wird hier der Kanon unternehmensinterner, impliziter und expliziter Modelle zu Markt und Umwelt umschrieben sowie die daraus abgeleiteten Maßnahmenbeschlüsse. Mit dem Begriff ‚Außensicht‘ werden die Wahrnehmungen umschrieben, die Kunden über ein Unternehmen entwickeln und wiederum als Basis ihrer Entscheidungen zur Produkt- bzw. Anbieterwahl im Sinne einer Bevorzugung aus konkurrierenden Angeboten wählen.

a) Porters Modell der Wertkette
In den vergangenen zwanzig Jahren ist die Bedeutung umfassender Fähigkeiten eines Unternehmens, die Wahrnehmungen seiner Kunden positiv zu beeinflussen, insbesondere durch *Porter*s Modell der Wertkette und den daraus abgeleiteten Definitionen von Ursachen für potentielle Wettbewerbsvorteile thematisiert worden (Porter, 1992).

In der Ableitung von Wertketten sowie in der Benennung korrespondierender Fähigkeiten eines Unternehmens, Kundenbedürfnisse zu erfüllen, kommen unweigerlich die ‚Innensichten‘ des Unternehmens zum Tragen. Dies geschieht hinsichtlich seiner subjektiven Auswahl antizipierter Marktentwicklungen und der Auswahl als geeignet angesehener Maßnahmen. Sie schlagen sich aber auch nieder in den durch das Unternehmen bevorzugten Analysesystemen sowie in der Ausgestaltung des von ihm ausgewählten Instrumentariums zur Marktbearbeitung.

Aus ihren Erfahrungen in der Praxis[6] kann die Autorin kein rigides Überprüfungsritual zitieren, welches die unbestreitbare Existenz der Innensichten erfassen und im zweiten Schritt einen systematischen Abgleich der Innensicht mit den anhand von Marktforschungsdaten zu belegenden Außensichten zulassen würde.

b) Prozessmanagement

Um die marktgerichteten Modelle in durchgängigen Prozessketten abbilden und damit einer direkten Steuerung zuführen zu können, haben sich Konzepte und Softwareprodukte etabliert zur

- Standardisierung,
- Automatisierung und
- Integration

von Abläufen über konventionelle Abteilungsgrenzen hinweg (Picot, 2000) sowie zur

- vollständigen DV-mäßigen Unterlegung (Elektrifizierung) der Prozesse, d.h. betriebswirtschaftliche Standardsoftware.

Mit ihren beeindruckenden Modellbibliotheken, die eine Fülle vorgedachter Abläufe aus nahezu allen betrieblichen Teilbereichen beinhalten, können die Anbieter betriebswirtschaftlicher Standardsoftware[7] einen aus Innensichten geleiteten Wunsch nach konsistenten und bereits erprobten Prozessketten bedienen. Somit ist der Einsatz betriebswirtschaftlicher Standardsoftware in vielen Teilbereichen, wie zum Beispiel dem internen und externen Rechnungswesen, dem Controlling, der Fertigung, der Materialwirtschaft bis hin zur Auftragsabwicklung eine gleichermaßen ‚erprobt/bewährte‘ wie kostengünstige Lösung. Denn aufgrund der mit hohen Absatzmengen sinkenden Einzelpreisen stellen die umfassenden Modelllösungen der Anbieter betriebswirtschaftlicher Standardsoftware eine kostengünstige Alternative dar zur Eigenentwicklung von Prozessen und deren DV-Unterlegung durch die Unternehmen selbst.

Zu beachten ist allerdings, dass sich Unternehmen nach einer Installation derartiger Softwarelösungen mit ihren Strukturen und dem Verhalten aller Mitarbeiten ganz an die vorgedachten Abläufe anpassen müssen, um die errechneten Wirtschaftlichkeit der Lösung sicherzustellen (Kortus-Schultes/Dammer/Falk, 2000). Der hohe Anpassungsdruck wird in Bereichen mit repetierbaren und damit standardisierbaren Aktivitäten i.d.R. ohne große Schwierigkeiten vonstatten gehen. Vorteile der Standardisierung zeigen sich u.a. darin, dass beispielsweise durch ein Data Warehouse sowie automatisierte Abläufe Arbeitserleichterungen und schnellere Datenrecherchen möglich werden. In allen Unternehmensbereichen jedoch, die einen hohen Anteil kreativer Lösungen und ebenso dynamische wie Strategie-getriebene Anpassungen an sich ändernde Umweltbedingungen verlangen, wie dies im Marketingbereich typischerweise der Fall ist, werden standardisierte Lösungen nur teilweise genügen.

c) Fazit

Porters Modell der Wertkette ist in den vergangenen zwanzig Jahren einer umfassenden wissenschaftlichen Kritik unterzogen worden, die viel zu umfangreich ist, um sie hier auch nur in Ansätzen einzuflechten. Im hier zu behandelnden Zusammenhang wird die Wertkette angeführt, um die Versuchung zu verdeutlichen, dieses Konzept lediglich aus Innensichten heraus zu interpretieren bzw. umzusetzen. Porters Wertkette ging der Evolution des Prozessmanagements sowie dem Einsatz von betriebswirtschaftlicher Standardsoftware nicht nur chronologisch voraus, sondern hat deren Akzeptanz in der Unternehmensplanung sowie im Marketing stark beeinflusst. (Kortus-Schultes, 1999) Es bleibt festzuhalten, dass Standardisierungkonzepte latent der Gefahr ausgesetzt sind, Innensicht-getriebene Sichtweisen zu verfestigen. Denn ihre praktische Umsetzung hinsichtlich der notwendigen Anpassung betrieblicher Abläufe stellt einen enormen Kraftakt darstellt, dem sich die Unternehmen nicht permanent unterziehen werden wollen.

Ist daraus der Schluss zu ziehen, dass das Marketing in seiner Eigenschaft, Außensichten zu erheben und zweckorientiert transparent zu machen, einen Verlust firmeninterner Aufmerksamkeit erfahren hat bzw. erfährt? Könnte eine Antwort auf diese rhetorisch gestellte Frage darin liegen, dass die altbekannten Systeme, Prozesse und Instrumente, derer sich das Marketing bedient, neben der Bereitstellung neuer, vernetzender Instrumente verblassen? Selbst wenn dem so sein sollte, was allerdings einer empirischen Überprüfung harrt, bleiben zum einen die generelle Bedeutung Außensicht-antizipierender Techniken sowie zum anderen die prinzipielle Schlagkraft der Marketinginstrumente unbestritten.

2. Außensicht

a) Vergleich von Innensicht und Außensicht

Abbildung 2 pointiert die unterschiedlichen Blickwinkel von Innen- und Außensicht auf Basis einer Gegenüberstellung, die *Sabel* in einer seinen jüngsten Publikationen vornimmt.

Außensichten und ihre kontinuierliche Änderung können anhand von Marktforschungsdaten erhoben werden. Dies sollte bevorzugt in Form von Panels geschehen, um

Abb. 2: Vergleich von Innensicht- und Außensicht
(in Anlehnung an: Sabel, H.: Neuere Entwicklungen im Marketing; in: Zeitschrift für Betriebswirtschaft, Heft 6, Juni 2001, S. 611–642, hier S. 627)

Innensicht	**Außensicht**

Produktbezug:
  Farben
	Problembezug des Kunden:
	  färben

standardisierte Kampagnen:
  Stückkostendegression
  bzw. Kontaktpreisminimierung
	individuelle Kommunikation:
	  one-to-one

Transaktionen:
  Transaktionskosten
	beziehungsbegründete Initimität:
	  user groups

klassische Konkurrenzgrößen:
  head-to-head
	Netzwerk-Rivalität:
	  Wertschöpfungspartnerschaften

Größenvorteile:
  economies of scale
	Bündelungsvorteile:
	  powershopping

Veränderungen in der Wahrnehmung des Unternehmens und seiner Leistungen durch die Kunden aufzuzeigen. Ein regelmäßiges Audit von Außen- und Innensicht ist notwendig, um beide Sichten einer Verifizierung zuzuführen und zugleich in ihrer Veränderung zu überwachen. Auch Innensichten können über standardisierte Befragungen erhoben werden.

Die Notwendigkeit des Abgleichs zwischen Innen- und Außensicht wird anhand der paarweisen Gegenüberstellung in oben stehender Tabelle offenbar, die die immanente Gefahr von (Fehl)Übertragungen verdeutlicht. So sind es grundsätzlich unterschiedliche Blickwinkel und Bedürfnislagen, aus denen heraus die Innensicht bzw. die Außensicht zur selben Marktkonstellation abgeleitet werden. Nicht aufgedeckte Diskrepanzen zwischen Innen- und Außensicht bergen die Gefahr von Fehlentscheidungen in Auswahl und Mix der marktbearbeitenden Maßnahmen, die sich in Form entgangener Umsatz- und Gewinnsteigerungen auswirken können.

b) Kreativität und Wissen

„Marketing geht davon aus, dass nur Wissensdifferenzen Kundenleistungen ermöglichen, Wissensdifferenzen aber im Laufe der Zeit verschwinden, weshalb sich Strategie und Struktur ständig ändern müssen." (Sabel, 2001, S. 627)

Mit dieser pointierten Formulierung eines Paradigmas der Marketingtheorie umschreibt *Sabel* Wirksamkeit und Konkurrenz von Innen- und Außensichten in einem Unternehmen (intern) und der Unternehmen untereinander (intra). Wettbewerbsvorteile ergeben sich potentiell dadurch, dass

- ein Unternehmen schneller oder
- besser die Anliegen seiner Kunden ‚lernt' und hierzu Lösungen anbietet bzw.
- diese Lösungen kostengünstiger bereitstellen kann; dadurch wird es ihm möglich, bei gleichem Preis wie seine Konkurrenten höhere Gewinnmargen und damit eine höhere Investitionsquote auszuweisen bzw. bei einem niedrigeren Preis seinen Marktanteil zu Lasten seiner Mitwettbewerber ausbauen sowie ggf. zusätzlich durch eine deutlich höhere Absatzmenge seinen Gewinn zu steigern. (Porter, 1992)

Die klassischen Marketingaufgaben, wie zum Beispiel Strategiefindung, Marktsegmentierung und Positionierung, lassen sich also primär mit Kreativität und weniger in Form standardisierter Vorgaben lösen, wie es ein fest vorgegebenes Repertoire von Lösungsverfahren darstellen würde. Ein Beweis zu dieser Aussage wurde in jüngster Zeit durch die geänderte Geschäftsstrategie der Krefelder Firma White Lion erbracht, des ersten Unternehmens in Deutschland, das sich auf den Katalog-Vertrieb standardisierter Lösungen für die Marktkommunikation spezialisiert hatte. Dieses Geschäftsfeld wurde vor kurzem aufgegeben zugunsten einer kundenindividuellen Anpassung der jeweiligen Lösung auf Basis des seitens des Unternehmens bereitgehaltenen Know Hows. (Firmennachricht White Lion)

Aus diesen Voraussetzungen effektiven Marketings kann der Schluss gezogen werden, dass die wissensbasierte, kreative Lösung

- einer stetigen Erhebung der Außensicht und
- des notwendigen Abgleichs der Innensichten sowie

- erneuter Anstrengungen, die Außensicht an das nach Meinung der die Innensicht dominierenden Verantwortlichen gebotene, hochwertige Leistungsangebot des Unternehmens anzupassen,

potenziell einen höheren Wertbeitrag erbringt als es standardisierte, vorgedachte Lösungen im Marketing leisten könnten.

IV. Innensicht-getriebenes Revival ‚alter‘ Marketingthemen

Betrachtet man das ‚Revival‘, welches seit einiger Zeit die Themen Kundenzufriedenheit und Kundenbindung erfahren, so müsste dies eigentlich jeden eingefleischten Marketeer in Erstaunen versetzen. Denn für ihn/sie müssten diese Themen ebenso ‚alt‘ erscheinen wie die Mehrzahl der vorgeschlagenen Lösungsansätze. Denn Kundenzufriedenheit ist die Grundlage jeglichen Vermarktens bzw. das dominierende Konzept der Marketingwissenschaft selbst. Sie sollten eigentlich in jedem Unternehmen eine Selbstverständlichkeit darstellen. Keine ‚Tante Emma‘ – so es sie denn noch gibt – würde die Notwendigkeit eines sehr präzisen Wissens über die eigenen Kunden als ‚neue‘ Erkenntnis einstufen wollen.

Natürlich helfen heute Datenbanken, die größeren Firmen als ‚Tante Emma‘ sie zu führen hatte, dienlich sind, Daten zu sammeln und aufzubereiten. Doch Informationen sind noch keine Daten und Daten noch kein Wissen. Der Weg von Informationen zu Wissen wird nicht nur in der Technik, sondern auch in den Köpfen noch eine Strecke vor sich haben, bis Erkenntnisse zu Kundenzufriedenheit und Kundenbindung für alle eine Selbstverständlichkeit sind, wie ‚Tante Emma‘ sie voraussetzen würde.

Wie kommt es nun dazu, dass ‚alte Hüte‘ als ‚neue‘ verkauft werden? Erst seitdem im Controlling, d.h. auf breiter Sicht in den Innensichten der Unternehmen und damit von höchster Steuerungsrelevanz, die Bedeutung von Stammkunden nachvollzogen werden kann, sind Kundenzufriedenheit und Kundenloyalität Topthemen in den Führungsetagen. Die Einsicht, dass Stammkunden über ihren gesamten Kundenlebenszyklus hinweg einen höheren Gewinnbeitrag abwerfen, auch unter Abzug der stetigen Ausgaben zu ihrer Bindung an das Unternehmen, als dies hinsichtlich der wirtschaftlichen ‚Behandlung‘ von Laufkunden gegeben ist, zieht entsprechenden Handlungsbedarf nach sich. Die wirtschaftlichen Vorteile will man sich nicht entgehen lassen und beglückt nun Kunden mit Kundenkarten, Kundenclubs und Kundenzeitschriften. Dabei dürfte die Idee des ‚sich gut rechnenden Stammkunden‘ aus einer Zeit stammen, die so lange zurückliegt wie die Entstehung des Begriffs ‚Stammkunde‘ selbst, d.h. aus den frühen Tagen des Handels in den zwanziger und dreißiger Jahren des vergangenen Jahrhunderts. Mancher deutsche Warenhauskonzern hat die Bedeutung von Stammkunden als Basis wirtschaftlichen Erfolgs in den vergangenen Jahrzehnten lernen müssen.

Überspitzt kann formuliert werden, dass das verblüffende Auftauchen ‚moderner‘ Themen der Marktbearbeitung zeigt, dass sich verfestigte und zur Außensicht divergierende Innensichten gleichermaßen nicht-marktkonform, persistierend und verlustbringend erweisen können.

So mahnt denn auch *Sabel* in seinem jüngsten Aufsatz:

„. . .gibt es doch immer wieder Beiträge, die die Segmentierung innenorientiert von Ergebnisbeiträgen ableiten, so als ob Kunden so einfach auszuwählen wären. Ja, es werden sogar nur die Kunden ausgewählt, die über einen entsprechend hohen ‚Customer Life Time Value' verfügen. Firmen müssen dann allerdings erleben, dass, wenn sie dies verkünden, die anderen Kunden weglaufen, wie bei Deutsche/Dresdner-Bank geschehen, was zu Verlusten führt, die die restlichen Customer Life Time Values aufzehren." (Sabel, 2001, S. 625)

V. Fazit

Die Ursachen oftmals nicht erkannter und daher nicht beseitigter Divergenzen zwischen Innen- und Außensicht und die damit einhergehenden Fälle von Gewinnentgang liegen zum einen in fehlenden, zweckdienlichen Techniken begründet, die die Theorie schon lange entwickelt und getestet hat. Zum anderen liegen Ursachen aber auch in fehlenden Best Practices, die als etablierte Verfahrensvorschläge die Innensichten einer systematischen Aufdeckung zuführen und helfen, Diskrepanzen zur Außensicht und deren Relevanz zu quantifizieren.

Es muss auf die hohen Anforderungen verwiesen werden, die eine distanzierte Betrachtung erfordert. Denn diese ist unabdingbar, um das Tun und Wirken im eigenen Unternehmen und dessen Perzeption durch Markt bzw. Kunden immer wieder zu hinterfragen und ggf. Änderungen der eigenen Anschauungen aufgrund der hieraus gewonnenen Erkenntnisse zuzulassen.

Ein gezielter Einsatz entsprechender Techniken ist daher unbedingt erforderlich. Ergebnisse derartiger Aktivitäten wären die Wahrnehmung und Quantifizierung möglicher Diskrepanzen zwischen Innen- und Außensicht, d.h. dem Selbstbild und dem Fremdbild des Unternehmens. Früchte einer Selbstüberprüfung hinsichtlich der Kongruenz von Innen- und Außensicht zeigten sich in den damit erschlossenen Chancen, gezielt nach den Ursachen eventueller Abweichungen suchen sowie an einem nutzenorientiertem Ausgleich der beiden Sichten arbeiten zu können.

B. Die Balanced Scorecard als Instrument der Unternehmenssteuerung

I. Die Balanced Scorecard als Managementsystem

Die zuvor getroffenen Überlegungen unterstreichen, wie notwendig eine konzentrierte Ausrichtung des gesamten unternehmerischen Handelns auf den Kunden ist. Die Balanced Scorecard liefert einen Rahmen, um Strategien auf Basis von Wirkungshypothesen abzuleiten, die sowohl die immateriellen Güter und Werte als auch die materiellen Vermögenswerte eines Unternehmens zusammenführen. Die Balanced Scorecard zielt nicht darauf ab, die intangiblen Vermögenswerte eines Unternehmens zu bewerten. Denn die

Balanced Scorecard ist weit mehr als eine weitere Auffächerung des Dupontschen ROI-Baumes. Denn sie misst zwar die Assets in anderen Einheiten als in Euro oder Dollar. Aber dies erfolgt lediglich, um Ursache-Wirkungs-Beziehungen möglicher strategischer Optionen abzuleiten. Diese beschreiben im Detail, wie die immateriellen Vermögenswerte mobilisiert werden können, die in Kombination mit weiteren materiellen und immateriellen Assets des Unternehmens zu den gewünschten, wertschöpfenden Value Propositions sowie den finanzwirtschaftlichen Ergebnissen führen. (Kaplan/Norton, 2001)

Insofern stellt die Balanced Scorecard eine Methode dar, um das Ziel einer zukunftsgerichteten, ganzheitlichen Unternehmensführung sicherzustellen. Ganzheitlich bedeutet, dass neben den klassischen Kanon finanzwirtschaftlicher Kennzahlen strategiegeleitete Maßnahmen- und Kennzahlenpakete treten, die die Kundenbedürfnisse, die Prozessfähigkeiten und das mitarbeitergetriebene Innovationsvermögen abbilden. (Kaplan/Norton nach Horvàth, 1997; Friedag/Schmidt, 1999)

Wie ein Patient kaum einem Arzt vertrauen würde, der keine Differentialdiagnose vornähme, sondern auf Basis eines einzigen Untersuchungsparameters seine Behandlung ableitete, so soll auch das Kennzahlenwerk der Balanced Scorecard einer umfassenden Abbildung der Innen- und Außensichten sowie der Steuerung des Unternehmens dienlich sein. Das Primat finanzwirtschaftlicher Ergebnisziffern im Sinne von Shareholder Value bleibt zwar auch in diesem Konzept bestehen, aber eine ganze Kaskade von Ursache-Wirkungsbeziehungen, die das Unternehmensergebnis beeinflussen, wird abgebildet: gute Kundenbeziehungen, souveräne Prozessbeherrschung und gut ausgeschöpfte Mitarbeiterpotentiale sind Voraussetzungen, um finanzwirtschaftliche Ziele zu erreichen. D.h. es treten als weitere Perspektiven zu einer rein finanzwirtschaftlichen Betrachtung hinzu: marktorientierte, organisations- und führungsspezifische Zieldimensionen.

Somit ist die Balanced Scorcard zu umschreiben als ein Ziel- und Kennzahlensystem für die firmenspezifischen Werttreiber, die Früh- und Spätindikatoren zur Ergebnis-, Kunden-, Prozess- und Mitarbeiterperspektive umfassen.

Unter ROCE wird der Return on Capital Employed verstanden, der als Quotient aus dem Ergebnis vor Zinsen und Steuern und dem eingesetzten Kapital errechnet wird. (Stinnes, 2001, S. 19)

Die Kaskade von Ursache-Wirkungsbeziehungen erlaubt es, die jeweiligen Ziele zu kommunizieren, zu diskutieren und schließlich zu überwachen. Eine konkret bezifferte Balanced Scorecard stellt insoweit einen ,ausgewogenen' Berichtsbogen dar als sie den strukturierten Kanon zukunftsgerichteter, strategieabhängiger Kennzahlen beinhaltet, wie sie nach Meinung und Konsens der Führungskräfte in einer unternehmensspezifischen, kausalen Kettenbeziehung aufeinander aufbauen.

- Die finanzielle Perspektive zeigt, ob die Implementierung der gewählten Strategie zur Ergebnisverbesserung beiträgt.
- Die Kundenperspektive reflektiert die strategischen Ziele des Unternehmens in Bezug auf Kunden- und Marktsegmente, in denen es bereits konkurriert bzw. zukünftig konkurrieren möchte.
- In der internen Prozessperspektive werden diejenigen – ggf. auch neuen – Prozesse abgebildet, die von Bedeutung sind, um die Ziele der finanziellen Perspektive und der Kundenperspektive zu realisieren.

Abb 3:   Ursache-Wirkungsbeziehung in der Balanced Scorecard

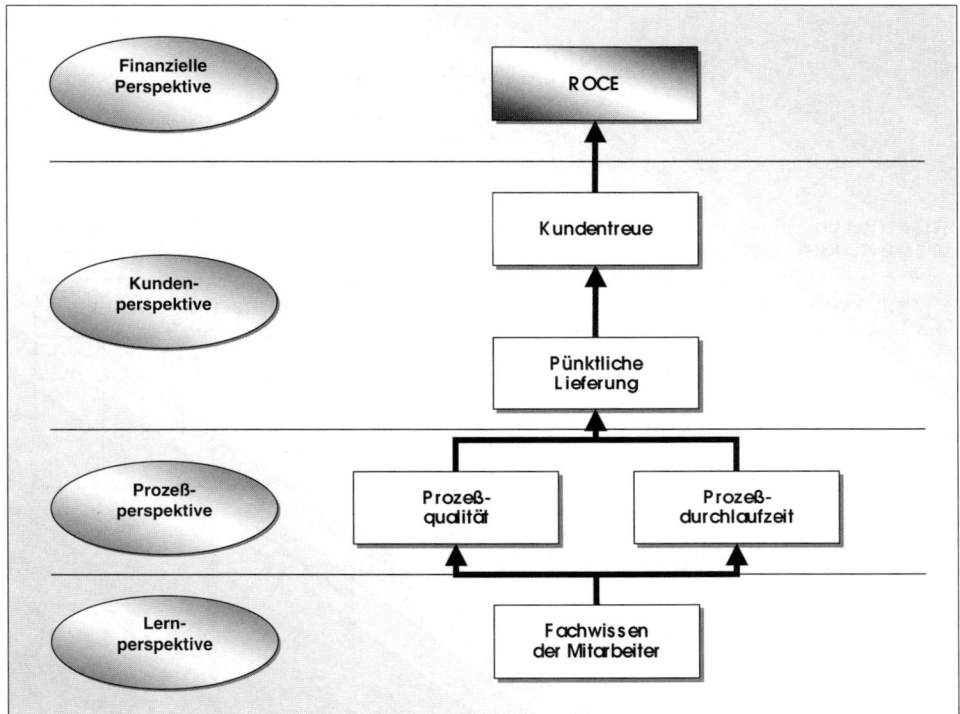

- Kennzahlen der Mitarbeiterperspektive zeigen die notwendige Infrastruktur zur Zielerreichung der drei zuvor genannten Perspektiven auf.

Entscheidend für den Erfolg einer Steuerung unter Einsatz der Balanced Scorecard ist, dass mit Hilfe von Kennzahlen Vision und Strategien des Unternehmens abgebildet werden. Im hier abgehandelten Sinne ist das die zukunftsgerichtete Antizipation von Außensichten mit der zugehörigen Auswahl von Handlungsparametern des Unternehmens bzw. deren Wirkung.

II. Controlling und Kundenorientierung

Wie aber können Werte und Leistungen gemessen werden, die das anbietende bzw. liefernde Unternehmen für seine Kunden darstellt? Die Aufgaben der Definition und der Überwachung von Kennzahlen der Kundenperspektive weist in ihrem zukunftsgerichteten Markt- und Kundenbezug über die klassischen Controlling-Arbeitsbereiche hinaus. Es sind Vorstellungen zu entwickeln, die über die Entwicklung eines (weiteren) Kennzahlensystems im klassischen Berichtswesen hinausreichen.

Abb. 4: Ziele, Messgrößen, Kennzahlen (Soll/Ist) und Aktionen in der Balanced Score-card

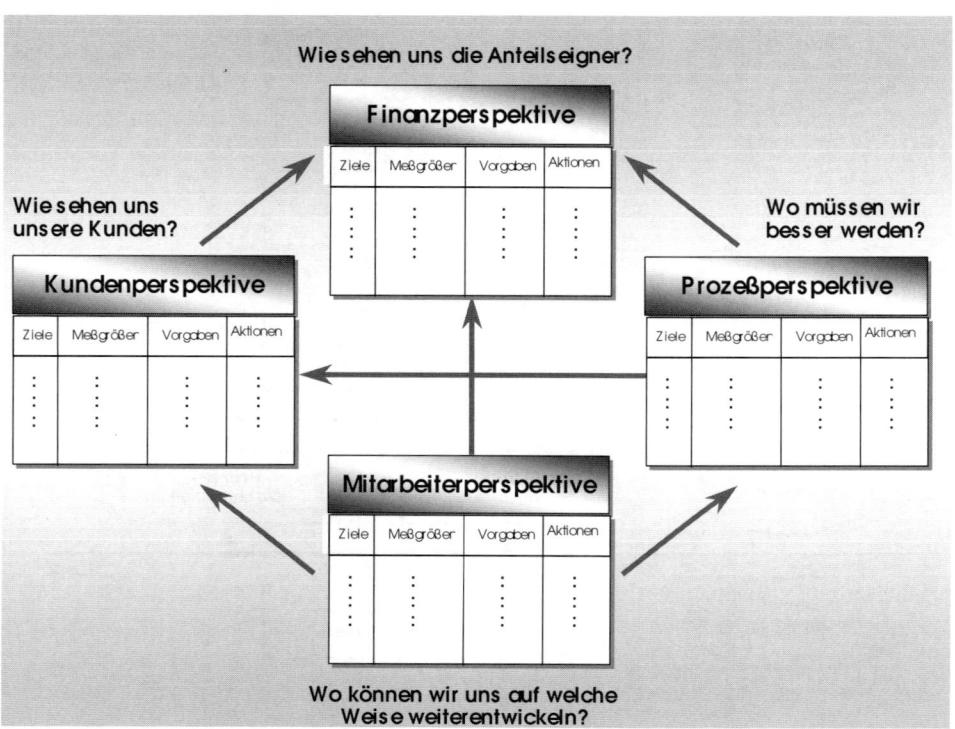

III. Kennzahlen zu Wertangeboten für Kunden

In der Kundenperspektive der Balanced Scorecard wird über Messgrößen, Vorgaben zu Kennzahlen und zielgerichtete Aktionen konkretisiert, wie das Unternehmen seinen gegenwärtigen und zukünftigen Kunden gegenüber auftreten möchte, um seine Zielvorstellungen zu erreichen.

Das bedeutet, dass

- für die jeweiligen Kundengruppen Zielvorstellungen erarbeitet werden müssen, welche Leistungen das Unternehmen anbieten soll,
- entsprechende Kennzahlen müssen als Früh- und als Spätindikatoren definiert,
- Vorgaben (Ist – Soll) für die ausgewählten Kennzahlen müssen erhoben bzw. festgelegt,
- Maßnahmen zur Zielerreichung (Verantwortung, Termin) verabschiedet werden und
- schließlich muss ein strategiekonformes Feedback organisiert werden.

1. Frühindikatoren in der Marketingperspektive

Frühindikatoren innerhalb der Marketingperspektive einer Balanced Scorecard umfassen sog. Wertangebote (Value Propositions) an die Kunden des Unternehmens. Insofern ist die

Formulierung von Wertangeboten, die das Unternehmen seinen bestehenden bzw. weiteren neuen Kundengruppen zukünftig unterbreiten möchte sehr geeignet, um eventuelle Abweichungen zwischen Fremdbild (= Wahrnehmung des Unternehmens durch seine Kunden) und Selbstbild (= unternehmensinterne Einschätzung der relevanten Marktstärken) nicht nur zu thematisieren, sondern durch Auswahl geeigneter Maßnahmen zum Ausgleich zu bringen.

Kaplan/Norton definieren in ihrem Modell drei Ansatzpunkte, wie sich Wertangebote manifestieren können:

- Produkt- und Serviceeigenschaften
- Image und Reputation
- Kundenbeziehungen.

Im hier gesetzten Ziel, Fußangeln aufgrund divergierender Innen- und Außensichten aufzuzeigen und geeignete Instrumente zur Behebung fehlender Transparenz der Divergenzen vorzuschlagen, überzeugt der Ansatz von Kaplan/Norton dadurch, dass nicht allein materielle Produkte und Leistungen ‚Wert' für Kunden darstellen. ‚Wertangebote' (Value Propositions) ergeben sich vielmehr aus der Gesamtheit der Leistungen des Unternehmens und der Beherrschung der ihrer Erstellung zugrunde liegenden Prozesse. Das Unternehmen muss vor der Benennung und Ausgestaltung potenzieller Wertangebote Außensichten erheben, um sicherzustellen, dass seine Anstrengungen auch Bereiche fokussieren, die seine Kunden wahrnehmen und wertschätzen. Nur wenn dies sichergestellt ist, kann über die Wertangebote auch letztlich eine Erhöhung des Wertbeitrags (CVA) durch marktgerichtete Aktivitäten sichergestellt werden. Diese Überlegung macht verständlich, warum die Wertangebote als Frühindikatoren einer erhöhten Kundenzufriedenheit bzw. einem Anstieg des Anteils von Stammkunden vorauseilen: Wenn die angebotenen Leistungen des Unternehmens in seiner Gesamtheit überzeugen, d.h. von den Kunden als echte Wertangebote erkannt und geschätzt werden, zeigen dies im zweiten Schritt die genannten Spätindikatoren.

Im Modell von Kaplan/Norton sind neben den Kennzahlen zu Produkt- und Serviceeigenschaften Kennzahlen zu Wertangeboten aufgrund überlegener Leistungen in den Bereichen Image und Reputation eines Unternehmens sowie in der Ausgestaltung seiner Kundenbeziehungen abzuleiten.

a) Produkt- und Serviceeigenschaften

Wertangebote an Kunden ergeben sich zum einen aus den spezifischen Eigenschaften der durch das Unternehmen angebotenen Produkte und Leistungen sowie zum anderen durch die Serviceangebote des Unternehmens. Produkt und Leistungen werden hinsichtlich ihrer Wirksamkeit als Einzelkomponenten unternehmensspezifischer Wertangebote heruntergebrochen auf Qualität, Preis und/oder Fehlerquote. Wertangebote auf Basis der Serviceeigenschaften eines Unternehmens sehen Kaplan/Norton überwiegend in der logistischen Kompetenz des Anbieters, so wie sie sich in der Interaktionen mit seinen Kunden niederschlägt.

Zu den Teilkomponenten von Wertangeboten aufgrund von Serviceeigenschaften zählen Lieferfähigkeit und -treue, Pünktlichkeit der Anlieferung bzw. Termineinhaltung von

Abb. 5: Wertangebote (Value Propositions) an Kunden

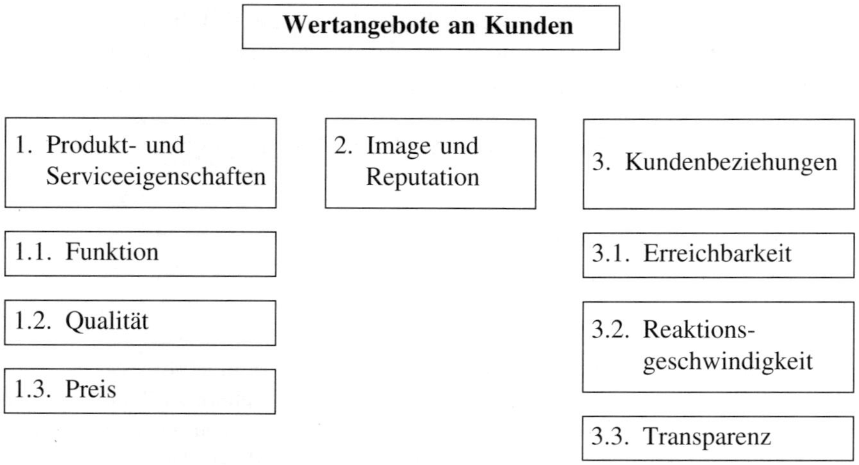

Wertangebote an Kunden

1. Produkt- und Serviceeigenschaften	2. Image und Reputation	3. Kundenbeziehungen
1.1. Funktion		3.1. Erreichbarkeit
1.2. Qualität		3.2. Reaktionsgeschwindigkeit
1.3. Preis		3.3. Transparenz

Zusagen, Verfügbarkeit von Serviceeinheiten, Breite des Angebotsspektrums und der Einsatz von Informations- bzw. Kommunikationstechnik zur Prozessoptimierung. In der konkreten Ausgestaltung der Balanced Scorecard für ein Unternehmen müssen diejenigen Teilkomponenten ausgewählt werden, denen das Unternehmen die höchste Wirksamkeit als operative Werttreiber in diesem Bereich zuschreibt. Die ca. vier bis fünf ausgewählten Werttreiber liefern dann zugleich die Dimensionen der Messgrößen, um einen Soll-Ist-Vergleich in der Performance der Wertangebote an die Kunden zu ermöglichen. Sie spiegeln das Kompetenzprofil des Unternehmens wider, das gezielt verbessert werden kann, um in der Wahrnehmung der Kunden gegenüber dem Wettbewerb (weitere) Vorteile zu erzielen. Mögliche Kennziffern umfassen:

- Anteil pünktlicher Lieferungen
- Anteil vollständiger Lieferungen
- Anteil der online mit Kunden abgewickelten Geschäftsprozesse: z.B. Anfragen-, Angebots- und/oder Auftragsbearbeitung; Auftragsbestätigung, -verfolgung; Zahlungsabwicklung und evt. Nachbestellungen
- Retourenquote
- Reparaturquote
- Kundendienstverfügbarkeit
- Verständlichkeit von Gebrauchsanweisungen.

b) Kennzahlen zu Image und Reputation

Bezüglich der Wertangebote aus den Bereichen Image und Reputation können u.a. folgende Kennzahlen Verwendung finden:

- Anzahl der Besucher am Messestand in Relation zur Gesamtzahl der Besucher
- Anzahl von Folgekontakten aus Messekontakten
- Zitation eigener Studien oder des Unternehmens in Fachzeitschriften.

c) Kennzahlen zu Kundenbeziehungen

Kennzahlen zu Kundenbeziehungen sollen die Frage beantworten, wie die Kundenerwartungen hinsichtlich der Beziehungsebene durch das Unternehmen erfüllt werden. Als Indikatoren können in einem Kennzahlensystem herangezogen werden:

- Entwicklung der Zahl der gemeinsamen Kontakte von Vertrieb und Entwicklung mit Vertretern aus den jeweiligen Kundenunternehmen; Ziel: Aufbau von Partnerschaften;
- Feedback auf kundenspezifische Aktionen, so z.B. die Zahl und Entwicklung von Newsletter-Registrierungen auf gemailte Produkt- und Serviceinformationen;
- Reaktionszeit auf Kundenreklamationen;
- Antwortzeit – als kurze Wartezeit und damit als Wertangebot für den Kunden.

2. Spätindikatoren in der Marketingperspektive

Als den Frühindikatoren folgende Spätindikatoren zu erwartender Wertbeiträge (CVA) aus erfolgreichen Marketingaktivitäten werden benannt: Kundenzufriedenheit, Neukundengewinnung, Anteil der Stammkunden und die Kundenrentabilität. Alle vier Faktoren schlagen sich in der konkret erreichten Höhe des Marktanteils nieder.

Abb. 6: Spätindikatoren der Kundenperspektive

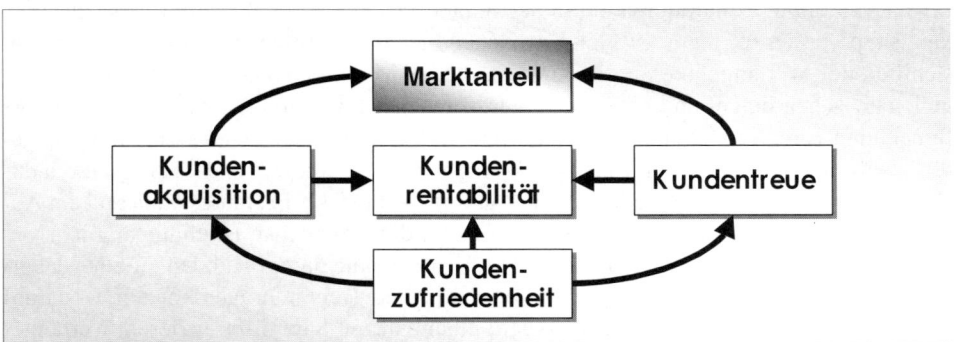

Marktanteil	Drückt den Umfang eines Geschäftes in einem gegebenem Markt aus (Anzahl der Kunden, ausgegebene Beträge oder verkaufte Einheiten).
Kunden-akquisition	Mißt das Ausmaß, zu dem eine Geschäfteinheit neue Kunden anlockt oder gewinnt (in absoluten oder relativen Zahlen).
Kunden-treue	Mißt das Ausmaß, zu dem eine Geschäfteinheit dauerhafte Beziehungen zu seinen Kunden erhält oder gewinnt.
Kunden-zufriedenhei	Untersucht den Zufriedenheitsgrad seiner Kunden anhand spezifischer Leistungskriterien innerhalb der Wertvorgaben.
Kunden-rentabilität	Mißt den Nettogewinn eines Kunden oder eines Segments unter Berück- sichtigung der für diesen Kunden entstandenen einmaligen Ausgaben.

Kennzahlen im Bereich der Spätindikatoren können umfassen:

- Kundenzufriedenheit, gemessen in:
  - Umfrageergebnissen zur Kundenzufriedenheit
  - Anteil der Weiterempfehlungen durch Kunden
  - Anzahl positiver Anwenderberichte bzw. Rückmeldungen;
- Kundenbindung, gemessen in:
  - Umsatzanteile, die mit Stammkunden erzielt werden
  - Entwicklung des gewährten Wiederkäuferrabatts
  - Anteil des Kaufvolumens am gesamten Kaufpotenzial der Stammkunden;
- Neukundengewinnung, gemessen in:
  - Anteil der Neukundenumsätze am Gesamtabsatz
  - Wachstum der Neukundenabschlüsse
  - durchschnittlicher Umsatz der Neukunden im ersten Jahr
  - %-Aufträge in Relation zu Angebotsabgabe bzw. Anfragen (Trefferquoten).

C. Ausgleich zwischen Innen- und Außensicht: Eignung der Wertangebote (Value Propositions)

Inwiefern kommt es nun durch die in der Balanced Scorecard geforderten Ursache-Wirkungshypothesen zu einem Ausgleich zwischen Innen- und Außensicht, insbesondere hinsichtlich der Wertangebote an die Kunden, die verfolgt werden sollten? Ein erster Abgleich zwischen Innen- und Außensicht wird zunächst eingefordert durch die notwendige Benennung von ‚Wertangeboten' an die Kunden. Damit wird eine Diskussion in Gang gesetzt, was in den Augen der Kunden ein Wertangebot sein könnte, und wie dies durch das Unternehmen erbracht werden kann. Ein Rückgriff auf Marktforschungsdaten und ein Abgleich zu den internen Zuordnungen was Wert für die Kunden ist, ist unumgänglich.

Um die Frage zu beantworten, inwiefern Wertangebote an die Kunden zu einer Überwindung der Diskrepanzen zwischen Innen- und Außensicht beitragen können, ist darauf zu verweisen, dass die Balanced Scorecard einen ganzen Satz differenzierter Wertangebote verlangt, die zuerst gedanklich konzipiert, dann diskutiert und in einer eingeengten Auswahl später verabschiedet und implementiert werden müssen. Ein Wertangebot beschreibt immer den einzigartigen Mix an Produkten, Dienstleistungen, Preiskonzepten, Service, Kundenbeziehungen und Unternehmensimage, welchen ein Anbieter für seine Kunden entwickelt bzw. entwickeln möchte. Die entsprechenden Hypothesen müssen also formuliert und ggf. vorab getestet werden. Das Wertangebot bestimmt damit zugleich die Marktsegmente, auf welche diese Strategie zielt, und wie sich das Unternehmen in den Zielsegmenten von seinen Wettbewerbern differenzieren möchte. So postulieren Kaplan/Norton:

"A clearly stated value proposition provides the ultimate target on which the strategic themes of critical business processes and infrastructures are focused. We have found that approximately 75 percent of executive teams do not have clear consensus around the customer value proposition. The development of this layer of the strategy map forces the team to clarify its understanding of the customer and is one of the most valuable parts of a Balanced Scorecard design process." (Kaplan/Norton, 2001; S. 86)

Diese Tatsache belegt den hohen Stellenwert, den die Balanced Scorecard als Kommunikationsinstrument besitzt. Denn das Konzept liefert keine Antworten, sondern stellt lediglich ein Denkschema zu möglichen Ursache-Wirkungsbeziehungen dar, welches die Unternehmen bzw. die Führungskräfte zur besseren Vorbereitung ihrer strategischen Entscheidungen nutzen können. Das Ergebnis der Diskussion wird in der Regel ein Kompromiss sein zwischen den dominierenden Innensichten, d.h. in Form einer Benennung unternehmensspezifischer Fähigkeiten sowie dem nachfolgenden Ausleseprozess in Form von qualifizierten und quantifizierten Hypothesen über deren aktuelle und zukünftige Wirkung im relevanten Markt.

Anmerkungen

1 So zum Beispiel gleich zu Beginn seiner Tätigkeit als Hochschullehrer an der Universität Bonn im Jahre 1974 sowie in den nachfolgenden Jahren immer wieder in seinen zahlreichen Vorlesungen.
2 Als deutschsprachiges Lehrbuch seit 1977 zu diesem Thema führend: Meffert, H.: Marketing. Grundlagen marktorientierter Unternehmensführung: Konzepte – Instrumente – Praxisbeispiele; 9. Aufl., Wiesbaden 2000
3 Allianzen und Koalitionen unterscheiden sich zum einen hinsichtlich der Fristigkeit der überbetrieblichen Zusammenarbeit und zum anderen hinsichtlich der Fülle der Funktionsbereiche und der abgedeckten Regionen. Während Koalitionen immer ein ‚Zweckbündnis' mit beschränktem Zeithorizont darstellen, so zum Beispiel entweder als Vertriebs- oder Fertigungskoalitionen, gehen Partner einer Allianz ohne die à priori gemeinsam getroffene Festlegung über den Endtermin ihrer Zusammenarbeit ihr Bündnis ein. Allianzpartner wollen gemeinsam einen Strategischen Wettbewerbsvorteil erzielen. Daher arbeiten sie dann auch in mehreren Funktionsbereichen, d.h. in Entwicklung, Fertigung und Vertrieb, zusammen und dies auch in mehreren Regionen ihrer gemeinsam abgestimmten Märkte.
4 i.S. von Auswahl von: Marktarealen, Anwendungssegmenten, Zielgruppen, absatzseitige Positionierung, Wettbewerbsstrategie und zwischengeschaltete Handelsstufen.
5 Der Stinnes Konzern wählt die Bruttoinvestitionsbasis und ebenso die Betrieblichen Cash Flow brutto, d.h. vor Abschreibungen, um zu unterbinden, daß sich im CFROI unterschiedliche Abschreibungspläne sowie abweichende Altersstrukturen des Anlagevermögens oder ein verändertes Investitionsverhalten auswirken. (Stinnes, 2001, S. 19)
6 In jeweils mehrjährigen Tätigkeiten der Autorin im Marketingbereich in einem deutsch-japanischen Joint Venture sowie in einem deutsch-amerikanischen Gemeinschaftsunternehmen
7 wie zum Beispiel die SAP mit R/3 als Weltmarktführer, sowie die Firmen Oracle, Peoplesoft, JD Edwards mit ihren Lösungen;

Literatur

Albach, H.: Editorial: Joint Ventures in Theorie und Praxis, ZfB-Ergänzungsheft 1/1991; ppVII/VIII

Albach, H.: Strategische Allianzen, strategische Gruppen, strategische Familien, in: ZfB, Nr. 6, Juni 1992, S. 663–670

Friedag, H. R.; Schmidt, W.: Balanced Scorecard: Mehr als ein Kennzahlensystem; Freiburg 1999;

Horvàth, P.: Der Controller: Navigator der Führung; Stand und Entwicklungstrends – von der Kostensenkung zur strategischen Steuerung; in: FAZ, Reihe: Kompendium der neuen BWL; in Rubrik: Betrieb und Praxis im Überblick; 28.5.01; Nr. 122, S. 33, 2. und 3. Spalte

Kaplan, R. S.; Norton, D. P.: Balanced Scorecard; Aus dem Amerikanischen von Péter Horvàth; Stuttgart 1997;

Kaplan, R. S.; Norton, D. P.: The Strategy Focused Organization; Boston, Mass. 2001

Kortus-Schultes, D.: Einklinken in die Beschaffungsprozesse des Kunden; in: Absatzwirtschaft, Sondernummer Oktober 1999, S. 180–183

Kortus-Schultes, D.; Dammer, A., Falk, T.: Systeme zur Außendienststeuerung: Ziele werden selten erreicht; in: Absatzwirtschaft; Heft 4/2000; S. 67

Meffert, H.: Marketing. Grundlagen marktorientierter Unternehmensführung: Konzepte – Instrumente – Praxisbeispiele; 9. Aufl., Wiesbaden 2000

Porter, M.: Wettbewerbsvorteile, 3. Aufl., Frankfurt 1992

Picot, A.: Die grenzenlose Unternehmung; Wiesbaden 2000

Sabel, H.: Die Grundlagen der Wirtschaftlichkeitsrechnung; Berlin 1965

Sabel, H.: Concentration – Cases of Experience, Explanations, Results – in: Zeitschrift für Betriebswirtschaft, Sonderheft Corporate Governance; Ergänzungsheft 1/2000; S. 45–68

Sabel, H.: Neuere Entwicklungen im Marketing; in: Zeitschrift für Betriebswirtschaft, Nr. 6, 2001; S. 611–642

Sabel, H.; Weiser, C.: Dynamik im Marketing; 3. Aufl., Wiesbaden 2000

Stinnes: Stinnes Geschäftsbericht 2000; Mülheim an der Ruhr, 2001

Zusammenfassung

Zu den Ansätzen zur Unternehmenssteuerung, die in der jüngsten Zeit in Theorie und Praxis breite Aufmerksamkeit und Anwendung gefunden haben, gehört die Balanced Scorecard. Unter dem Blickwinkel des Wandels im Marketing zeichnet sich die Balanced Scorecard dadurch aus, dass die in der Marketingperspektive enthaltene Konzeption der ‚Wertangebote an Kunden' (Value Propositions) zum einen Kennziffern und in deren Veränderung Frühwarnindikatoren liefert. Zum anderen erweist sich das Konzept der Value Propositions als effizientes und effektives Instrument zum Ausgleich zwischen Innen- und Außensicht. Es gehört zu den Verdiensten von *Hermann Sabel*, auf die immanente Diskrepanz zwischen Innen- und Außensicht sowie deren weitreichende Auswirkungen in der Unternehmenssteuerung in Lehre und Forschung stetig hingewiesen zu haben.

Die im Beitrag in den Vordergrund gestellte Bipolarität zwischen Innen- und Außensicht erfolgt mit der Intention, *Sabel*s Beiträge zum Thema mit den Konzepten zum Wertmanagement zu verknüpfen.

Summary

The Balanced Scorecard provides theory and management with valuable tools to evaluate and to deploy various categories of value propositions to the customers. Fixed as key performance indicators market-driven perceptions are evaluated according to their perceptions of value to the customer. They can be shaped as targets as well as monitored according to their performance levels.

Biased by their internal perceptions of strength and efficacy of marketing strategies chosen by them as adequate market responses managers can use the complete Balanced Scorecard tool kit in order to reduce frequency and level of their misperceptions of actual and future market acceptance.

It's among the numerous merits of *Hermann Sabel* having pointed out the possible divergences among internal and external perceptions, i.e. internal = inside the company, external = by the company's customers. Divergences prove as pitfalls threatening managers to take decisions that are not in accordance to the appropriate perceptions of their customers.

60:   *Allgemeine Fragen des Absatzes (JEL M30)*
62:   *Absatzplanung (JEL M30)*

Grundlagen der Marke

Inhalt:

Basis der Marke

Markenwirkungen

Markenführung

Markenforschung

Situative Markenpolitik

Carsten Baumgarth
Markenpolitik
Markenwirkungen – Markenführung –
Markenforschung
2001. XVI, 380 S.
Br. € 34,00
ISBN 3-409-11666-4

Dieses Lehrbuch vermittelt mit Markenwirkungen, Markenentscheidungen, Markenforschung und Markenkontexte dem Leser eine solide Basis, die das Verständnis komplexer Markenstrategien und aktueller Markenforschung erlaubt. Die Integration von zahlreichen Praxisbeispielen sowie Aufgaben mit Lösungen unterstützen den Lerntransfer. Ein umfassendes Glossar und weitere Serviceabschnitte runden das Lehrbuch ab.

Der Autor:

Dr. Carsten Baumgarth ist Habilitand am Lehrstuhl für Marketing an der Universität Siegen. Er ist in der außeruniversitären Weiterbildung und Beratung stark engagiert

Neuere Entwicklungen im Marketing-Controlling

Von Josef Kloock und Stefan Dierkes

Überblick

- In der Neuauflage seines Buches „Dynamik im Marketing" und in seinem ZfB-Aufsatz über den Paradigmenwandel im Marketing seit Erich Gutenberg hat sich Hermann Sabel sehr intensiv auch mit den neueren Entwicklungen des Marketing auseinandergesetzt.
- Diese neueren Entwicklungen im Marketing setzen ebenfalls für das Marketing-Controlling unverzichtbare Rahmenbedingungen; insofern hat Hermann Sabel mit diesen Veröffentlichungen auch die grundlegenden Strukturen, Konzeptionen und Meilensteine für die neueren Entwicklungen im Marketing-Controlling vorgezeichnet.
- Als Ausgangspunkte für die neueren Entwicklungen im Marketing-Controlling dienen die von Hermann Sabel ausgewählten vierfachen Paradigmenwechsel in den Entwicklungen des Unternehmensverhaltens aus Marketingsicht; denn es sind außer den ebenfalls diskutierten Phänomenen des Kunden- und Konkurrenzverhaltens insbesondere diese Entwicklungen des Unternehmensverhaltens, die unmittelbar in den Mittelpunkt des Marketing-Controlling rücken.
- Gemäß dem vom Jubilar herausgearbeiteten vierfachen Paradigmenwandel im Unternehmensverhalten aus Marketingsicht werden die neueren Entwicklungen im Marketing-Controlling unter den Aspekten
  - der Koordination von Innen- und Außensicht,
  - der Verknüpfung von Instrumenten und Prozessen,
  - der Verknüpfung von Strategien und Optimierungen und
  - der Verknüpfung von Realität und Virtualität

  aufgezeigt und diskutiert. Hierbei erweisen sich diese Aspekte als besonders geeignet zur Charakterisierung und Beschreibung des neueren Entwicklungspotentials im Marketing-Controlling.

Eingegangen: 15. September 2001

Professor Dr. Dr. h.c. Dr. h.c. Josef Kloock, emeritierter Direktor des Seminars für Allgemeine Betriebswirtschaftslehre und Unternehmensrechnung der Wirtschafts- und Sozialwissenschaftlichen Fakultät der Universität zu Köln, Albertus-Magnus-Platz, 50923 Köln.
Dr. Stefan Dierkes, Wissenschaftlicher Assistent am Lehrstuhl für Controlling und interne Unternehmensrechnung der Wirtschaftswissenschaftlichen Fakultät der Universität Leipzig, Marschnerstr. 31, 04109 Leipzig.

A. Marketing-Controlling zur Koordination von Innen- und Außensicht

I. Marketing-Controlling als Teilbereich des unternehmerischen Controlling-Systems

Sowohl in der Wissenschaft als auch in der Praxis wird der Controllingbegriff sehr unterschiedlich definiert und abgegrenzt. In direkter Anlehnung an Küpper soll die Koordinationsaufgabe betrieblicher Führungsteilsysteme als grundlegendes und das Controlling charakterisierendes Definitionsmerkmal dienen.[1] Controlling kann demnach die Koordination aller Teilsysteme eines betrieblichen Führungssystems umfassen. Dieser sehr weite Controllingbegriff ist in der Literatur von vielen Autoren eingegrenzt worden.[2] Im Folgenden soll ein rechnungswesenorientierter Controllingbegriff verwendet werden, der das Controlling auf die Koordination der rechnungswesenausgerichteten Führungsteilsysteme, also der betrieblichen Planungs-, Kontroll-, Lenkungs- und Publikationssysteme mit ihren zugehörigen Informationssystemen beschränkt. Hierbei erstreckt sich das Controlling einerseits auf die Koordination innerhalb einzelner Führungsteilsysteme, wie zwischen der strategischen und operativen Planung, und andererseits auf die Koordination zwischen verschiedenen Führungsteilsystemen, wie zwischen Planungs- und Kontrollsystemen. Da die rechnungswesenorientierten Führungsteilsysteme keinem Selbstzweck unterliegen, sondern den zielgerichteten (rationalen) Ablauf des betrieblichen Leistungssystems, der betrieblichen Unternehmensprozesse, sicherstellen sollen, schließt der Koordinationsauftrag des Controlling auch die zieladäquate (rationale) Koordination betrieblicher Leistungssysteme, wie z.B. der betrieblichen Absatzprozesse, mit ein.[3]

Weitere Spezialisierungen in der Wissenschaft und das Wachstum von Unternehmen über die Umsetzung ihrer Globalisierungs- sowie Fusionsstrategien haben dazu geführt, spezifische Controllingansätze für ausgewählte Leistungsbereiche bzw. Unternehmensprozesse betrieblicher Controllingsysteme zu entwickeln und auszubauen. Das Absatz- bzw. Marketing-Controlling stellt eine solche Spezifizierung dar, wobei eine eindeutige und klare Abgrenzung mit weiteren Controllingansätzen aus dem Marketingbereich, wie Vertriebs-, Sortiments-, Marken-, Kundenzufriedenheit-, Marketing-Mix-, Absatzwegecontrolling usw., bisher weitgehend offen bleibt[4], aber auch hier nicht angestrebt wird. Das Marketing-Controlling umfasst die Koordination der rechnungswesenorientierten Führungsteilsysteme, soweit sie sich auf die zielgerichtete Führung der betrieblichen Absatzprozesse erstrecken[5]; es steht somit die auf die Kunden und Wettbewerber ausgerichtete Marktorientierung im Mittelpunkt der Koordinationsaufgaben des Marketing-Controlling.[6]

II. Koordination von Innen- und Außensicht als generelle Aufgabe des Marketing-Controlling

Der generelle Paradigmenwechsel im Marketing von der Innen- zur Außensicht, illustriert anhand ausgewählter, teilweise auch schon früher erkannter Generalsichten[7], verdeutlicht einerseits die neuen spezifischen Kunden- und Wettbewerbsprobleme; andererseits dokumentiert er die neuen Koordinationsprobleme zwischen dem Produktions- und Absatzbereich, da die bisherige Innensicht auch weiterhin für die innerbetrieblichen Unternehmensprozesse maßgebend bleibt. Infolgedessen erfordert dieser Paradigmenwechsel einen zunehmenden Koordinationsbedarf zwischen dem Produktions- und Absatzbereich, also innerhalb der Wertschöpfungskette mit dem Vertrieb am Ende der Wertschöpfung. Das Marketing-Controlling erstreckt sich somit auch auf die Koordination der rechnungswesenorientierten Führungsteilsysteme für den wertschöpfungsintegrierten Produktions- und Absatzbereich.

Solche wertschöpfungsintegrierten Koordinationsprobleme resultieren z.B. aus der Produktdifferenzierung durch Erhöhung der Produktvarianten, wie aus der Automobilbranche bekannt. Die Erhöhung der Variantenvielfalt führt produktionswirtschaftlich zu sinkenden Losgrößen und damit zu steigenden Produktionskosten sowie absatzwirtschaftlich gegebenenfalls zu steigenden Kundennutzen. Wo das Gewinnoptimum einer solchen Produktdifferenzierung aus produktions- und absatzwirtschaftlicher Sicht liegt, stellt eine spezifische Koordinationsaufgabe des Marketing-Controlling dar.[8] Solche Komplementaritätseffekte zwischen den Produktions- und Vertriebsbereichen treten in verstärktem Maße in funktional organisierten Geschäftsbereichen auf und erfordern spezifische Koordinationsinstrumente, um die widersprüchlichen Ziele der beiden Bereiche zum Ausgleich zu bringen.[9] Auch hier ist das Marketing-Controlling gefordert, die Planungsansätze des Produktions- und Absatzbereiches aufeinander abzustimmen. Ein weiteres Beispiel zur Koordination von Produktions- und Absatzbereich ist aus dem Revenue Management bekannt.[10] Um die im Investitionszeitpunkt beschafften Unternehmenskapazitäten, wie z.B. die Sitzplätze eines Großraumflugzeuges oder eines Zuges, möglichst voll auszulasten, kann durch die Marketing-Instrumente der Preisdifferenzierung, wie z.B. durch günstigere Spezialtarife bei der Frühbuchung von Flug- bzw. Bahnreisen, über die Erlösmaximierung eine gewinnsteigernde Ressourcennutzung erreicht werden. Insofern stellt auch das Revenue Management ein wichtiges Koordinationsinstrument zwischen den Ressourcen der Produktion und dem Marketing, also für das Marketing-Controlling dar. Weitere zahlreiche Beispiele für solche Koordinationsprobleme des Marketing-Controlling hat Hermann Sabel in seinem Beitrag über neuere Entwicklungen des Marketing aufgelistet[11], die bisher in der Literatur zum Marketing-Controlling gar nicht oder nur am Rande aufgegriffen und gelöst wurden.

B. Prozessorientiertes Marketing-Controlling zur Verknüpfung von Controlling-Instrumenten und Unternehmensprozessen

I. Von den Instrumenten zu den Prozessen

Aus welchen historischen Quellen der Prozessgedanke stammt, soll hier nicht diskutiert werden; „in einer Welt des Shareholdervalues konnte es nicht ausbleiben, dass die Frage gestellt wurde, welchen Beitrag zentrale Unternehmensprozesse zu dieser Zielsetzung leisten und welchen Anteil Marketing an der Gestaltung solcher Prozesse hat."[12] Diese Ausrichtung auf die Unternehmensprozesse hat im Marketing zu einer völlig anderen Betrachtung und damit zu einer anderen Integration der Marketinginstrumente geführt.[13] Analoge neue Entwicklungen sind auch aus dem Controlling bekannt.[14] Infolgedessen wird auch teilweise in der Literatur zum Marketing-Controlling eine entsprechende Prozessorientierung gefordert; weitgehend bleibt es jedoch bei dieser Forderung[15]; denn die aus dieser Forderung resultierenden Konsequenzen werden nicht gezogen. Zu diesen Konsequenzen zählt insbesondere die Verknüpfung bisheriger Marketing-Controlling-Instrumente mit den Unternehmensprozessen. Zu den wichtigsten Anforderungen an eine solche Verknüpfung zählen insbesondere:

(1) der Aufbau einer prozessorientierten Grundrechnung als Basis-Informationssystem,

(2) der Aufbau einer für alle Koordinationsaufgaben des rechnungswesenorientierten Marketing-Controlling geeigneten (prozessorientierten) Grundrechnung als Basis-Informationssystem, welche zweckneutral im Sinne von zweckoffen ist, also für alle (Haupt-)Zwecke der Koordination geeignete Basisinformationen bereitstellt, und

(3) die konsequent prozessorientierte Ausrichtung aller Marketing-Controlling-Instrumente, wie z.B. der Deckungsbeitragsrechnung mit ihrer zugehörigen Erlös- und Kostenrechnung, der Preis-Kalkulationsrechnung, des Target Costing, der Lebenszykluskostenrechnung, der Absatzsegmentrechnung aus Produktions- und Kundensicht, der jeweiligen Investitionsrechnung, der strategisch orientierten Rechnungsinstrumente u.s.w.[16]

In der Regel wird in der Literatur die Grundrechnung eines Marketing-Accounting als Basis-Informationssystem für das Marketing-Controlling an der relativen Einzelerlös- und Einzelkostenrechnung mit ihrer zugehörigen mehrstufigen (relativen) Deckungsbeitragsrechnung ausgerichtet. Diese Ausrichtung wird grundsätzlich ohne nähere Diskussion, wie z.B. ihrer problematischsten Prämissen, von vielen Autoren übernommen bzw. weiter propagiert.[17] Gerade diese Prämissen und ihre lediglich implizite Prozessorientierung stufen diesen Ansatz einer Grundrechnung als wenig bzw. gar nicht geeignet für ein prozessorientiertes Marketing-Controlling ein. Für eine Grundrechnung bieten sich daher eher die Prozesskosten- und eine noch weiter zu entwickelnde Prozesserlösrechnung mit ihren zugehörigen prozessorientierten, mehrstufigen Deckungsbeitragsrechnungen an.[18] Darüber hinaus ist die bisher grundsätzlich aufgestellte Forderung, eine Grundrechnung zweckneutral im Sinne von zweckoffen auszugestalten[19], praktisch nicht realisierbar; denn eine Grundrechnung enthält auch stets Wertgrößen, wie insbesondere Erlös-, Kosten- und Deckungsbeiträge als Erfolgsgrößen, die nur zweckorientiert ermittelbar sind.[20] Welche Zwecke eines Marketing-Controlling, ob gewinnorientierte Planungs-, Kontroll-, Lenkungs- oder Publikationszwecke maßgebend für eine Grundrechnung sein sollen, muss somit geklärt werden. Da keiner dieser Zwecke als dominant anzusehen ist, sollten realisierte Größen als Istgrößen Verwendung finden; denn diese Größen stellen für alle Zwecke entweder geeignete Ausgangsgrößen dar, so z.B. für die Prognose von Planungs- und Lenkungsgrößen, oder notwendige Bestandteile, wie für Istgrößenpublikationen und Kontrollen auf der Basis von Soll-Istgrößen-Vergleichen. Insofern bietet es sich an, die Grundrechnung zunächst auf Istgrößen auszurichten, wobei für die jeweiligen Isterlöse und Istkosten einer Prozessrechnung die eingetretenen (realisierten) pagatorischen Erlös- und Kostenwerte anzusetzen sind.

In Analogie zu dieser prozessorientierten Grundrechnung auf Istbasis sind dann die weiteren Marketing-Controlling-Instrumente der Planungs-, Kontroll-, Lenkungs- und Publikationsrechnung prozessorientiert auszurichten und auf- bzw. auszubauen.

II. Prozessorientiertes Marketing-Controlling aus Planungs-, Kontroll- und Lenkungssicht

1. Prozessorientiertes Marketing-Controlling aus Planungssicht

Operative, grundsätzlich kurzfristig orientierte Marketing-Controlling-Instrumente, wie z.B. Deckungsbeitrags-, Absatzsegment-, Kundenerfolgs-, Budgetierungs-, Vor- und Zwischenkalkulationsrechnungen, Verrechnungspreiskalküle, mengen- und wertorientierte Kennzahlenrechnungen, Revenue Management, Target Costing und Lebenszykluskostenrechnungen basieren im Prinzip auch auf Erlös- und Kostengrößen, die sich unter Anwendung der Prozesskosten- und Prozesserlösrechnung ohne weiteres prozessorientiert ausbauen lassen. Für den Auf- und Ausbau der Prozesskostenrechnung kann auf die bisherige Literatur verwiesen werden.[21] Darüber hinaus sind für das Marketing-Controlling an die Prozesskostenrechnung noch folgende Ausbauanforderungen zu stellen:

(1) Die Prozesskostenrechnung ist als Vollkostenrechnung in dem Sinne auszubauen, dass außer den prozessmengeninduzierten (auch leistungsmengeninduziert genannt) ebenfalls alle prozessmengenneutralen (auch leistungsmengenneutral genannt) Prozesskosten mit den Leerkosten erfasst und ausgewiesen werden.

(2) Die Prozesskostenrechnung ist als differenzierte Vollkostenrechnung auszubauen, indem die prozessmengeninduzierten Prozesskosten danach gegliedert und gesondert ausgewiesen werden, wie sie nach dem Verursachungs-, Beanspruchungs- und Einwirkungsprinzip zurechenbar bzw. erfassbar sind. Es werden also drei Klassen von Prozesskosten gebildet, wobei die prozessmengenfixen Kosten entweder gemäß dem Beanspruchungs- oder dem Einwirkungsprinzip zugerechnet werden; eine Proportionalisierung von fixen Prozesskosten gemäß dem Durchschnittsprinzip findet somit nicht statt. Insgesamt erhält man damit die nach dem Verursachungsprinzip zugerechneten als entscheidungsrelevante Prozesskosten, die nach dem Verursachungs- und Beanspruchungsprinzip zugerechneten als kalkulationsrelevante (und ggf. im Rahmen der langfristigen Planung ebenfalls als entscheidungsrelevante) Prozesskosten sowie zusammen mit den über das Einwirkungsprinzip zugerechneten die Prozessvollkosten.[22]

(3) Die Prozesskostenrechnung ist als mehrstufige, differenzierte Vollkostenrechnung auszubauen, indem die Prozesskosten den einzelnen Stufen einer hierarchisch gegliederten Deckungsbeitragsrechnung gemäß den drei Zurechnungsprinzipien so früh wie möglich zugerechnet werden.[23]

(4) Unter Berücksichtigung dieser drei Anforderungen (1) bis (3) lässt sich eine Prozesskostenrechnung als Istrechnung auf- und ausbauen. Im Anschluss hieran kann die Prozesskostenrechnung als Planungsrechnung unter Ergänzung der erforderlichen Prozess- und Kostenprognosen entsprechend konzipiert und durchgeführt werden.[24]

Für den Aufbau von Erfolgsrechnungen, wie z.B. für die ein- oder mehrstufige Deckungsbeitragsrechnung, ist die Prozesskostenrechnung um eine Prozesserlösrechnung zu ergänzen. Eine solche Prozesserlösrechnung ist unmittelbar an den einzelnen Vertriebsprozessen, deren Vertriebskosten durch die Prozesskostenrechnung erfasst werden, auszurichten. Diese Vertriebsprozesse erfassen die Absatztätigkeiten getrennt nach einzelnen Marktsegmenten eines Unternehmens. Ausgangspunkt einer Prozesserlösrechnung ist somit der nach Marksegmenten gegliederte Gesamtmarkt eines Unternehmens, der z.B. nach Absatzproduktarten, Kunden, Kundengruppen, Verkaufsbezirken und (geographischen) Marktgebieten unterteilt werden kann. In diesen Marktsegmenten fallen die Erlöse in unterschiedlicher Höhe an; denn die Erlöshöhe hängt einerseits vom so genannten Grundpreis und andererseits von den zahlreichen Zu- wie Abschlägen auf diesen Grundpreis ab. Hierbei resultieren die Zuschläge z.B. aus Aufpreisen für Zusatzausstattungen oder Zusatzqualitäten eines Produktes und die Abschläge aus Preisnachlässen, die den Kunden aus den verschiedensten Anlässen heraus in der Form z.B. von Skonti, Funktions- und/oder Auftragsrabatten gewährt werden.[25] Aufgabe der Prozesserlösrechnung ist es somit, den einzelnen Vertriebsprozessen die jeweiligen Erlösartenbeträge verursachungs- oder einwirkungsgerecht zuzurechnen. Infolgedessen kann der Aufbau einer Prozesserlösrechnung wie folgt skizziert werden:

(1) Erfassung und Systematisierung der verschiedenen Vertriebsprozesse gemäß einer vorgegebenen, unternehmensspezifischen Marktsegmentierung unter expliziter Berücksichtigung des Preiszu- und Preisabschläge induzierenden Kundenverhaltens.

(2) Erfassung und Zurechnung der verschiedenen Erlösarten zu den einzelnen Vertriebsprozessen mit gesondertem Ausweis der prozessmengenvariablen Erlöse wie Grundpreise, gegebenenfalls korrigiert um Zu- und Abschläge, je Absatzmengeneinheit oder aller Absatzmengen einer Periode, und der prozessmengenfixen Erlöse wie Grundgebühren je Kunde. Als Zurechnungsprinzipien werden hierbei grundsätzlich das Verursachungs- und Einwirkungsprinzip verwendet; während die Anwendung des Verursachungsprinzips der Ermittlung entscheidungsrelevanter Prozesserlöse dient, wird mit dem Einwirkungsprinzip die Zurechnung (nicht die Proportionalisierung) aller Prozesserlöse im Rahmen einer mehrstufigen Deckungsbeitragsrechnung sichergestellt.

(3) Analog zur Prozesskostenrechnung ist die Prozesserlösrechnung als mehrstufige, differenzierte Vollerlösrechnung auszubauen, indem die Prozesserlöse den einzelnen Stufen einer hierarchisch gegliederten Deckungsbeitragsrechnung gemäß den beiden Zurechnungsprinzipien so früh wie möglich zugerechnet werden.[26]

(4) Unter Berücksichtigung der drei Aufbauschritte (1) bis (3) lässt sich eine Prozesserlösrechnung als Istrechnung modellieren. Analog zu dieser Istrechnung kann die Prozesserlösrechnung unter Ergänzung prognostizierter Wirkungs- und Reaktionsfunktionen[27] als Planungsrechnung ausgebaut werden.

Anhand der Aufbauanforderungen für eine Prozesskosten- und Prozesserlösrechnung kann der Erfolg eines Prozesses in einer Periode demnach wie folgt ermittelt werden:

Prozessstückerlös gemäß dem Verursachungsprinzip
– Prozessstückkosten gemäß dem Verursachungsprinzip

= Prozessstückdeckungsbeitrag I
– Prozessstückkosten gemäß dem Beanspruchungsprinzip

= Prozessstückdeckungsbeitrag II
• Prozessmenge je Periode

= Prozessdeckungsbeitrag je Periode
+ Prozessmengenfixe Erlöse gemäß dem Einwirkungsprinzip je Periode
– Prozessmengenfixe Kosten gemäß dem Einwirkungsprinzip je Periode

= Prozesserfolg je Periode

Alle operativ-kurzfristigen, auf Erlöse, Kosten und kalkulatorische Erfolge ausgerichteten Marketing-Controlling-Instrumente lassen sich also unter dem Einsatz der Prozesserlös- und Prozesskostenrechnung prozessorientiert aufbauen. Ein solcher prozessorientierter Aufbau ist auch im Hinblick auf die zunehmende Prozessorientierung der strategischen Marketing-Controlling-Instrumente empfehlenswert.[28] Für taktisch-mittelfristige (mehrperiodische), weitgehend auf Zahlungsgrößen basierende Marketing-Controlling-Instrumente, wie Lebenszyklus-, Investitionsrechnungen mittels der Kapitalwert- oder verschiedener Zinsfußmethoden und gegebenenfalls Target Costing[29], ist der prozessorientierte Aufbau über die Anwendung des Lücke-Theorems auch ohne weiteres zu gewährleisten. Nach dem Lücke-Theorem lassen sich die Kapitalwerte (Zinsfüße) auf der Basis von Zahlungsgrößen unmittelbar in betragsgleiche Kapitalwerte (Zinsfüße) auf der Basis von Prozesserlös- und Prozesskostengrößen transformieren; denn das Lücke-Theorem ist auf jedes Erlös- und Kostenrechnungssystem bei Einhaltung des Kongruenzprinzips anwendbar.[30] Bedingung für diese Transformation ist jedoch, dass eine spezifische Zinskostenrechnung angesetzt wird, bei der die periodischen Differenzen zwischen den angesetzten aufsummierten Prozesserlös- mit Prozesskostengrößen und den aufsummierten Zahlungsgrößen als Zinsbemessungsgrundlagen verwendet werden. Soweit Vorrauszahlungen für künftige Prozesserlöse und Prozesskosten stattgefunden haben oder Prozesserlöse mit Prozesskosten noch nicht zahlungswirksam geworden sind, treten Kapitalbindungs- bzw. Kapitalfreisetzungseffekte auf, die schon immer als grundlegend für eine kalkulatorische Zinskostenrechnung angesehen wurden.[31] Diese Zinskostenrechnung nach Lücke ist also in die Prozesskostenrechnung einzubeziehen und stellt damit auch die Prozessorientierung taktisch-mehrperiodischer Marketing-Controlling-Instrumente sicher.

Aus strategischer Planungssicht sind die künftigen Unternehmensprozesse so voraus zu planen, dass auch in Zukunft die unternehmerischen Erfolgspotentiale zumindest erhalten bleiben. Die Erschließung und Sicherung der künftigen Erfolgspotentiale durch eine entsprechende Gestaltung der künftigen Produktions- und Absatzprozesse rücken somit in den Mittelpunkt des Marketing-Controlling. Für diese strategisch ausgerichtete Zukunftssicherung sind in der Praxis und Literatur schon zahlreiche Marketing-Controlling-Instrumente entwickelt worden, bei denen die Prozessorientierung nicht so sehr im Vordergrund steht.[32] Dagegen sind die in den letzten Jahren neu diskutierten strategischen Marketing-Controlling-Instrumente eindeutig direkt oder indirekt prozessorientiert ausgerichtet. Zu diesen Instrumenten zählen insbesondere:

(1) Das Shareholder Value-Streben, bei dem ein an den Eigner-, aber auch an den weiteren Koalitionsteilnehmerinteressen ausgerichtetes langfristiges Wachstum des Unternehmenswertes verfolgt wird; diese Shareholder Value-Modelle sind mehrperiodisch bzw. mehrperiodisch-dynamisch aufgebaut und modellieren die erforderlichen Wachstums- und Anpassungsprozesse zur Steigerung des Unternehmenswertes.[33]

(2) Die Balanced Scorecard als ein formalisiertes, langfristig orientiertes Planungsinstrument, das sicherstellen soll, dass die wichtigsten Unternehmensprozesse, insbesondere die externen Markt-, internen Prozess- und die internen Innovations-(Lern-) sowie Entwicklungsprozesse mit ihren integrierten Zielwirkungen, im strategischen Planungsansatz möglichst explizit und differenziert berücksichtigt werden.[34]

(3) Die mehrperiodische Deckungsbeitragsrechnung auf der Basis der Prozesskostenrechnung mit einer Verrechnung der Fixkosten nach dem Beanspruchungsprinzip; für stationäre Kosten- und Marktentwicklungen erweist sich dieser Ansatz auch als ein geeignetes strategisches Planungsinstrument.[35]

(4) Die auf Lebenszyklus- und Erfahrungskurven mit zugehörigen Anpassungsprozessen und entsprechenden Wirkungs- und Reaktionsfunktionen aufgebauten langfristig-dynamischen Gewinnoptimierungsmodelle; die dynamischen aus dem Lebenszyklus, der Erfahrung, den Wirkungs-, Reaktions- und Anpassungsmöglichkeiten resultierenden Unternehmensprozesse und ihre künftige Gestaltung stehen in diesen Planungsansätzen im Mittelpunkt der Modellanlysen.[36]

(5) Modelle zur Beurteilung von langfristigen Marktstrategien, bei denen der Produktionsbereich nur pauschal und eher statisch erfasst wird, jedoch der Absatzbereich anhand statistischer Verfahren auf der Basis empirischer Datenreihen möglichst realitätsnah simuliert wird.[37]

(6) Gewinnmaximierungsmodelle zur Beurteilung strategischer Allianzen, bei denen die Kooperationsmöglichkeiten der Wertschöpfungsprozesse verschiedener Unternehmen mittels (einperiodiger) Gewinnoptimierungsansätze analysiert und beurteilt werden; trotz ihrer Einperiodigkeit ermöglichen solche Modellierungen wichtige Informationen und Entscheidungshilfen für eine Beurteilung strategischer Allianzen.[38]

Diese strategisch bzw. langfristig orientierten Planungsansätze des Marketing-Controlling gehen grundsätzlich von den Gestaltungsmöglichkeiten der künftigen Finanzierungs-, (güterwirtschaftlichen) Beschaffungs-, Produktions- und Absatzprozesse eines Unternehmens aus; sie demonstrieren somit die Prozessorientierung der neueren Ansätze langfristig-strategischer Planungsrechnungen.

2. Prozessorientiertes Marketing-Controlling aus Kontroll- und Lenkungssicht

Die Prozessorientierung des Marketing-Controlling aus Planungssicht erfordert grundsätzlich auch diese Ausrichtung für die Lösung von entscheidungsunterstützenden, zielwertorientierten Überwachungs- bzw. Kontrollaufgaben.[39] Diese Forderung resultiert unmittelbar aus den prozessorientierten Planungsansätzen; denn:

(1) nach einer prozessorientierten Planung mit ihrer empirischen Umsetzung gehören die Prozesse der Wertschöpfungskette zu den wichtigsten Kontrollobjekten und

(2) die für eine Kontrolle als Soll-Ist-Vergleich geeignete Sollgrößen sind grundsätzlich aus den prozessorientierten Planungsgrößen abzuleiten; insofern sind auch für ein Benchmarking als Kontrolle auf der Basis von Sollgrößen fremder Unternehmen deren Wertschöpfungsprozesse als Vergleichsobjekte heranzuziehen.

Mit dieser Prozessausrichtung ist jedoch die weitere Forderung verbunden, über die bisherigen Überwachungs- bzw. Kontrollinstrumente hinaus die (operativen) Kontrollrechnungsansätze risikoorientierter auszubauen, um bei ihrer praktischen Umsetzung stets die Bereitstellung kontrollrelevanter Informationen sicherzustellen. Zur Erhöhung der Kontrollrelevanz der Informationen einer Erfolgskontrolle sind daher die folgenden Kontrollhandlungen mit ihren spezifischen prozessorientierten Kontrollansätzen aufzugreifen und durchzuführen:

(1) Identifizierung und Erfassung der Prozesse der Wertschöpfungskette insbesondere der Beschaffungs-, Produktions- und Absatzprozesse, als Kontrollobjekte; diese Prozesse sind entweder direkt selbst oder anhand ihrer (operativen) Erfolgswirkungen zu kontrollieren.

(2) Ausweis der (operativen) Erfolgswirkungen durch die Prozesserlös-, Prozesskosten- und die mehrstufige Prozessdeckungsbeitragsrechnung sowohl in ihrem Ist- als auch in ihrem Planansatz.

(3) Ermittlung und Ausweis der realisierten und künftigen Erfolgsänderungspotentiale als unverzichtbare Kontrollinformationen. Die realisierten (retrospektiven) Erfolgsänderungspotentiale geben die eingetretenen Erfolgsrisiken bzw. Erfolgschancen wieder. Negative Differenzen zwischen Ist- und Planerfolgen legen die eingetretenen Erfolgsrisiken offen, die in entsprechende Kosten- bzw. Erlösrisiken aufzuspalten sind, positive Differenzen die erzielten Erfolgschancen. Ihre Ermittlung ist durch Soll-Ist-Abweichungen der Prozesskosten auf Istbasis der einzubeziehenden Kosteneinflussgrößen und durch Ist-Soll-Abweichungen der Prozesserlöse auf Istbasis der einzubeziehend Erlöseinflussgrößen sicherzustellen. Erst diese retrospektiven Erfolgsänderungspotentiale ermöglichen dann entsprechende Prognosen über die künftigen (prospektiven) Erfolgsänderungspotentiale und damit auch über die künftig zu erwartenden Kosten- sowie Erlösrisiken.[40]

(4) Auswertung der festgestellten retrospektiven Erfolgsänderungspotentiale, um eine Kontrolle erfolgsversprechend abzuschließen. Gerade die Auswertung ist bisher eher nur am Rande analysiert und diskutiert worden. Ohne Auswertung der festgestellten und möglichst differenziert ausgewiesenen Erfolgsabweichungen führt jede Kontrolle nur zu einem informationslosen Zahlenfriedhof. Insbesondere die folgenden zwei Auswertungsschritte sind hierbei zu stark vernachlässigt worden:

a) die statistische Auswertung der Erfolgsabweichungen früherer Perioden, die eine empirische Datenbasis für mögliche Auswertungsergebnis-Hypothesen bilden und damit empirisch abgesicherte Grundlagen für die Anwendung statistischer Auswertungsverfahren auf der Basis neuronaler Netze;

b) eine modellanalytische Aufbereitung der Nutzen- und Kostenkonsequenzen einer Auswertung, um möglichst nur erfolgssteigernde Auswertungsprozesse durchzuführen.

Mit den neuronalen Backpropagation- und Kohonen-Netzen für die Auswertung von (operativen) Erfolgsabweichungen sowie dem Auswertungsmodell von Steglich liegen zwei neuere Entwicklungen vor, die zusammen mit den vorhergehenden Kontrollhandlungen (1) bis (3) die Bereitstellung kontrollrelevanter Informationen wesentlich verbessern.[41]

Außer über die Kontrolle selbst bestehen für die Unternehmen auch noch weitere Möglichkeiten der Lenkung ihrer Mitarbeiter. Solche Lenkungsrechnungen sind analog zu den Kontrollrechnungen grundsätzlich auch prozessorientiert aus- und aufzubauen. Insgesamt lassen sich folgende drei grundlegende Ansätze von Lenkungsrechnungen unterscheiden:

(1) Lenkungsrechnungen gemäß dem Behavorial Accounting, zu denen in der Literatur insbesondere die Budgetierungs-, Lenkungs- bzw. Verrechnungspreis-, Fixkostenzurechnungsansätze und Anreizsysteme wie Prämienentlohnungsrechnungen, z.B. Provisionssysteme, zählen; solche Ansätze der Lenkungsrechnung dominieren zurzeit in der Marketing-Controlling-Literatur.[42] Soweit sie auf Erlös- und Kostengrößen basieren, ist ihre prozessorientierte Ausrichtung ohne Probleme möglich.

(2) Lenkungsrechnungen auf der Basis von personalführungsorientierten Kontrollen, indem über spezifische Kontrollrechnungen das Verhalten von Mitarbeitern gemäß den verfolgten Unternehmensplänen gesteuert wird. Neuere Entwicklungen auf diesem Gebiet der Lenkungsrechnung greifen den Fall der asymmetrischen Information zwischen Führungs- (Prinzipal) und Ausführungspersonal (Agenten) mit ihrem Einfluss auf die Gestaltung einer solchen Kontroll- als personalführungsorientierte Lenkungsrechnung auf.[43] Hierbei weisen neuere Ergebnisse auf diesem Gebiet der Lenkungsrechnung die mögliche Integration der Verhaltenssteuerung mit den Kontrollansätzen zur Entscheidungsunterstützung nach.[44]

(3) Lenkungsrechnungen auf der Basis von Anreizrechnungen bei asymmetrischer Information zwischen Führung (Prinzipal) und Geführten (Agenten). Diese Rechnungen basieren auf am Rationalitätsbegriff des Homo Oeconomicus ausgerichteten Prinzipal-Agenten-Modellen.[45] Insofern werden sie einerseits der Forderung des Controlling gerecht, die Rationalität in den unterschiedlichen Phasen der Unternehmensführung, also bei der Planung, Kontrolle und auch der Lenkung, sicherzustellen;[46] andererseits basieren diese Lenkungsmodelle in der Regel noch auf zahlreichen, der Realität kaum entsprechenden Prämissen, sodass ihre praktische Umsetzung zurzeit kaum erwartet werden kann. Diese asymmetrischen Informationsstrukturen der verschiedenen Prinzipal-Agenten-Modelle stellen jedoch für das Marketing-Controlling einen sehr wichtigen Bereich der Koordination durch (monetäre) Anreizsetzungen dar, dessen Probleme und Lösungen auch künftig die Entwicklungen des Marketing-Controlling wesentlich mitbestimmen werden.

C. Prozessorientiertes Marketing-Controlling zur Verknüpfung von Strategien und Optimierungen

I. Von den Strategien zu den Optimierungen

Die Komplexität und Unlösbarkeit von Marketing-Optimierungsmodellen unter Einbeziehung dynamischer Wirkungs- und Reaktionsfunktionen[47] hat im Marketing zur Forderung von den Optimierungen zu den Strategien geführt.[48] Hierbei stellen die Strategiemodelle aber oft nur Ersatzmodelle für die Optimierung aus Unternehmenssicht dar, weil insbesondere der Produktionsbereich relativ pauschal und statisch abgebildet wird.[49] Die Koordinationsaufgaben des Marketing-Controlling zwischen dem Absatzbereich und den vorgelagerten Wertschöpfungsketten erfordert es jedoch, auch die Verknüpfungen zwischen den Strategiemodellen aus Marketing- oder aus gesamter Unternehmenssicht und den Optimierungs-Modellen der (taktischen) Investitions- sowie (operativen) Erfolgsrechnung (wie z.B. Deckungsbeitragsrechnungen) her- bzw. zieladäquat sicherzustellen; denn solche Verknüpfungen gehören zu den grundlegenden Aufgaben der zieladäquaten Koordination von strategischen, taktischen und operativen Planungs- aber auch Kontroll- und Lenkungsrechnungen. Insofern ist der Paradigmenwechsel des Marketing „von den Optimierungen zu den Strategien" beim jetzigen Stand der Forschungen zu akzeptieren, aber für das Marketing-Controlling umzuwandeln in die Forderung „von den Strategien zu den Optimierungen". Die Verknüpfungen von überwiegend durch das Marketing dominierten Strategien mit den (taktischen und operativen) Optimierungsansätzen gehören somit zu den wichtigsten und unverzichtbaren Koordinationsaufgaben jedes Marketing-Controlling.

II. Schnittstellenproblem zwischen Strategien und Optimierungen sowie ihre Lösungen aus Planungssicht

„Eine besondere Controllingherausforderung stellt die Abstimmung zwischen strategischen und operativen Marketing-Plänen dar. Sie ist nicht ohne weiteres gewährleistet und kommt insbesondere zu kurz, wenn das operative Geschäft in andere organisatorische Zuständigkeit fällt (z.B. des Verkaufs/Vertriebs) als die Erstellung marktbezogener Strategieentwürfe (z.B. durch die Marketing-Abteilung). Hieraus ergibt sich eine besondere Notwendigkeit der Informationskoordination durch das Marketing-Controlling."[50] Diese Schnittstellenproblematik, hier noch erweitert um analoge Abstimmungen zwischen Produktions- und Absatzbereich, ist schon lange in der Literatur erkannt und beschrieben worden.[51] Zu ihrer konkreten Lösung finden sich in der Literatur zum Marketing-Controlling jedoch fast gar keine tiefergehenden Ausführungen bzw. Vorschläge. Die Verknüpfung der strategischen Planung mit den taktischen operativen Planungsansätzen ist einerseits nicht immer so einfach, wie es z.B. in der Literatur postuliert wird oder über die direkten Ansätzen mehrperiodischer Prozesserlös-Prozesskostenrechnungen unmittelbar möglich ist;[52] andererseits ist sie aber auch nicht immer so schwierig wie es die komplexen, mehrperiodisch-dynamischen Optimierungsmodelle erwarten bzw. bisher erkennen lassen.[53] So kann z.B. das mehrperiodische Shareholder Value-Konzept zur Unternehmenswertsteige-rung über die Investitionsrechnung auf der Basis der Kapitalwertmethode und über das Lücke-Theorem unmittelbar mit der operativen Prozesserlös-Prozesskostenrechnung ziel-adäquat verknüpft werden. Das mehrperiodische Shareholder Value-Konzept basiert auf den Ertrags- bzw. Kapitalwerten der künftigen Finanzierungs- und Investitionsprojekte. Insofern führt die Maximierung der Kapitalwerte künftiger Finanzierungs- und Investi-tionsprojekte bei entsprechenden Kalkulationszinsfüßen gemäß der Shareholder Value-Theorie im Prinzip auch zur Maximierung des Unternehmenswertes aus Eigner- bzw. Ko-alitionssicht. Die Cash-Flow-Ansätze der Kapitalwertmethode lassen sich jedoch über das Lücke-Theorem in die periodischen Prozesserlöse und Prozesskosten, einschließlich zu-gehöriger kalkulatorischer Zinskosten, überführen, so dass eine periodische Maximierung der Prozesserlöse minus Prozesskosten, z.B. im Rahmen einer mehrstufigen Prozess-Deckungsbeitragsrechnung, stets auch die Maximierung der Kapitalwerte und damit des Unternehmenswertes sicherstellt. Voraussetzung für den letzten Transformationsschritt ist das so genannte Kongruenzprinzip und die Übernahme des Kalkulationszinsfußes aus der Shareholder Value-Theorie.

In der Literatur wird teilweise die allgemeine Gültigkeit des Kongruenzprinzips be-stritten, in dem zahlreiche Beispiele für eine Verletzung dieses Prinzips angeführt wer-den.[54] Diese Verletzungen sind jedoch für die hier betrachteten Schnittstellenprobleme irrelevant; denn eine zieladäquate Verknüpfung zwischen strategischem Planungsansatz und den anschließenden taktischen sowie operativen Planungen kann nur unter Gültigkeit des Kongruenzprinzips gelingen, also nur unter Eliminierung der möglichen Verletzun-gen. Somit erfordert die zieladäquate Verknüpfung, alle Verletzungen des Kongruenz-prinzips durch entsprechende Ansätze von Cash-Flow- bzw. Erlös-Kostengrößen in der Investitions- bzw. Prozesserlös-Prozesskostenrechnung auszuschließen. Eine zieladäquate Lösung dieser Schnittstellenprobleme ist nur mit dem Kongruenzprinzip erreichbar, das daher für die in der Literatur genannten Verletzungsmöglichkeiten entsprechend zu er-weitern ist. Solche Erweiterungen sind für alle bisher in der Literatur genannten Verlet-zungsfälle ohne große Probleme und im Sinne einer zieladäquaten Verknüpfung möglich.[55] Infolgedessen kommt dem Lücke-Theorem mit seinem stets anzupassenden Kongruenz-prinzip eine unverzichtbare Aufgabe zur Lösung der genannten Schnittstellenprobleme im Marketing-Controlling zu.

Der Balanced Scorecard wird in den letzten Jahren ein immer größerer Stellenwert im Rahmen der strategischen Planungsansätze eingeräumt. Auch ihre Bedeutung für das Con-trolling, aber auch für das Marketing-Controlling steht außerhalb jeden Zweifels.[56] Die strategische Ausrichtung der Balanced Scorecard macht deutlich, dass ihre erfolgreiche Anwendung nur dann gelingen kann, wenn sie zieladäquat mit den taktischen und opera-tiven Planungsansätzen verknüpft wird. Diese Verknüpfung erweist sich jedoch vielfach als schwierig und komplex.[57] In der Regel beschränken sich die Verknüpfungsvorschläge auf allgemein gehaltene Vorgaben und Strukturierungsansätze mit hierarchisch abgestuf-ten Zieltransformationen.[58] Diese meist sehr vage gehaltenen Verknüpfungsregeln stellen höchstens sicher, dass möglichst alle vier Perspektiven der Balanced Scorecard auch in die anschließenden taktischen sowie operativen Planungsansätze einbezogen werden; ob aber auch die einzelnen Unternehmensprozesse stets gemäß den strategischen Zielvorga-ben der Balanced Scorecard geplant und realisiert werden, bleibt weitgehend offen. Um diese Schnittstellenprobleme zu lösen und damit auch die praktische Umsetzung der Balanced Scorecard zu fördern, bietet es sich an:

(1) Bestehende langfristig-mehrperiodisch (strategisch) ausgerichtete Planungsansätze mit ihren möglichen Schnittstellenlösungen auf ihre Äquivalenz mit den Strategieperspektiven der Balanced Scorecard zu untersuchen oder

(2) nicht äquivalente langfristig-mehrperiodisch (strategisch) ausgerichtete Planungsansätze mit möglichen Schnittstellenlösungen bezüglich der vier Perspektiven der Balanced Scorecard weiter auszubauen.

Hierbei ist zu beachten, dass die Balanced Scorecard-Ansätze grundlegend durch folgende vier strategisch orientierten Perspektiven gekennzeichnet sind:[59]

(1) Die externe Marktperspektive, die sowohl die Kunden als auch die Wettbewerber einschließt, mit ihren Zielen, Kennzahlen, gegebenenfalls Vorgaben und Maßnahmen,

(2) die interne Prozessperspektive, mit der die einzelnen internen Wertschöpfungsprozesse und deren Ziele, Kennzahlen, gegebenenfalls Vorgaben und Maßnahmen geplant werden,

(3) die interne Innovations- (Lern-) und Entwicklungsperspektive, mit der die internen Wachstums-, Erfahrungs- sowie Schrumpfungsprozesse und deren Ziele, Kennzahlen, gegebenenfalls Vorgaben und Maßnahmen geplant werden, und

(4) die finanzielle Perspektive, mit der die monetären Ziel- bzw. Erfolgswirkungen, aber auch nicht monetäre Zielwirkungen unter Einbeziehung des Risikos und Umweltschutzes der drei Perspektiven (1) bis (3) und deren Ziel-, Kennzahlen- und gegebenenfalls Vorgabewerte geplant werden.

Ein zu diesen vier Perspektiven der Balanced Scorecard völlig äquivalentes, mehrperiodisch- langfristig ausgerichtetes Planungskonzept mit Schnittstellenlösungen stellt das Zielkostenkonzept (Target Costing)[60] dar, denn dieses Konzept basiert auf der:

(1a) Ermittlung der Zielkosten anhand der vom Markt erzielbaren Preise einer Produktart, gegebenenfalls nach kundenpräferierten Produktartkomponenten mit ihren Qualitätsgraden weiter differenziert; diese Ermittlung von Ziel- als Vorgabekosten, die nur am erwarteten Kunden- und Wettbewerbsverhalten ausgerichtet ist (sog. Market-into Company-Ansatz), erfüllt somit die geforderte Marktperspektive der Balanced Scorecard;

(2a) Aufspaltung der Zielkosten, bereinigt um einen Gewinnanteil, im Rahmen einer Zielkostenrechnung auf die einzelnen Prozessschritte der Wertschöpfungskette anhand eines Top-down-Planungsansatzes[61]. Diese Zielkostenspaltung bildet die produktionsmäßige Perspektive einer Balanced Scorecard ab;

(3a) Nutzung von Kosten-Erfahrungskurveneffekten und Kosteninnovationen mittels z.B. des Prozessbenchmarking oder Outsourcing, um die kurz- oder mittelfristige Erreichbarkeit der auf die Produktartkomponenten aufgespalteten Zielkosten sicherzustellen; hierbei können die einzelnen Zielkostenvorgaben auch als Anreize Verwendung finden, um zusätzliche Lenkungseffekte zu erzielen[62] und die internen Entwicklungsprozesse zu unterstützen;

(4a) Ausrichtung auf die Zielkosten unter explizierter Einbeziehung von Zinskosten (bei Verwendung eines Zinssatzes gemäß der Shareholder Value-Theorie) nach dem Lücke-Theorem mit dem Residualgewinn = Erlöse minus Zielkosten einer Produktart (einer Periode) = $pa \cdot xa - pa \cdot xa \cdot (1 - r) = r \cdot pa \cdot xa$ (mit $pa \cdot xa$ = Zielerlöse als Zielabsatzpreis · Zielabsatzmenge, $pa \cdot xa - r \cdot pa \cdot xa = pa \cdot xa \cdot (1 - r)$ = Zielkosten mit r = Ziel-Umsatzrendite und $r \cdot pa \cdot xa$ = Gewinnanteil); Aufgrund des Lücke-Theorems ist somit das Zielkostenkonzept auch zieladäquat zum Shareholder Value-Konzept und sichert damit eine Unternehmenswertsteigerung. Spezifische Umwelt- und Risikoaspekte bleiben hier jedoch weitgehend ausgeklammert, obwohl sie über den Ansatz entsprechender Umwelt- und Wagniskosten direkt berücksichtigt werden könnten.

Das Zielkostenkonzept als Produkt-Balanced Scorecard muss einerseits für jede Produktart gesondert durchgeführt werden, so dass sich die Balanced Scorecard eines Unternehmens aus den einzelnen Produktarten des Zielkostenmanagements zusammensetzt. Andererseits ist das Zielkostenkonzept auf solche Produktarten beschränkt, die vor oder am Ende ihrer Entwicklungsphase aber stets vor ihrem Produktionsbeginn stehen. Insofern ist die Unternehmens-Balanced Scorecard noch um die Perspektiven der schon existierenden Marktprodukte zu erweitern. Für diese Produktarten bietet es sich an, sonstige äquivalente oder nicht äquivalente strategische Planungsansätze heranzuziehen, für die sich ebenfalls wie beim Zielkostenmanagement die Schnittstellenprobleme zwischen strategischer, taktischer und operativer Planung zieladäquat lösen lassen. Als grundsätzlich äquivalenter Ansatz für Marktprodukte bei stationären Kosten- und Marktentwicklungen bietet sich die mehrperiodische, prozessorientierte Deckungsbeitragsrechnung an. Weiterhin kann die Balanced Scorecard für die Marktprodukte bei dynamischen Entwicklungen durch das Shareholder Value-Konzept gemäß den wachstumstheoretischen Ansätzen nach Rappaport sowie unter Ergänzung der weiteren notwendigen Perspektiven konkretisiert werden.[63] Hierbei ist im Rahmen der praktischen Anwendung sicherzustellen, dass die Innovations- (Lern-) und Entwicklungs-, die Markt- sowie die interne Prozessperspektive durch unternehmensspezifische, mehrperiodische bzw. mehrperiodisch-dynamische Ursache-Wirkungsbeziehungen miteinander verbunden sind. Die Verbindung zur finanziellen Perspektive wird mit Hilfe von Ursache-Wirkungsbeziehungen zwischen diesen Perspektiven und den Wertgeneratoren des Shareholder Value-Konzeptes erreicht, die gemäß Rappaport die Höhe des Shareholder Value bestimmen. Insgesamt ist durch die so abgebildeten Ursache-Wirkungsbeziehungen, ggf. ergänzt um weitere, qualitative Einflussgrößen, sicherzustellen, dass die von einem Unternehmen verfolgte Strategie widergespiegelt und damit deren Umsetzung erreicht wird. Der Vorteil einer solchen Konkretisierung der Balanced Scorecard liegt dann wiederum in der zieladäquaten Verknüpfung mit den taktischen Planungsansätzen der Kapitalwertmethode und den operativen Prozesserlös-Prozesskostenrechnungen unter Anwendung des Lücke-Theorems.

Obwohl somit schon einige Problemlöser für das Schnittstellenproblem zwischen den Strategien und Optimierungen des Marketing-Controlling zur Verfügung stehen, sind jedoch auch noch zahlreiche offene Fragestellung zu konstatieren. Zu diesen Fragen zählt z.B. die Verknüpfung des Risikonutzens zwischen Strategien und Optimierungen, die Verknüpfungen zahlreicher strategischer, im Wesentlichen marktorientierter Planungsansätze mit den insbesondere auch produktionsausgerichteten Optimierungsansätzen, die Entwicklung adäquater Ersatzmodelle für die bisherigen zu komplexen dynamischen Optimierungsmodelle und der Ausbau strategischer Ansätze mit ihren zieladäquaten taktischen sowie operativen Planungsansätzen aus anreiztheoretischer Sicht.[64] Diese Fragestellungen werden somit die weiteren Entwicklungen des Marketing-Controlling wesentlich mitbestimmen.

D. Netzwerkorientiertes Marketing-Controlling zur Verknüpfung von Realität und Virtualität

I. Von der Realität zur Virtualität

„In der Raum- und Zeitgrenzenlosigkeit des Internets schwindet die Bindung ökonomischer Sachverhalte an reale Räume und eingeübte Zeiten. Wie immer die Phänomene beschrieben werden, sei es als New Economy, eCommerce oder Information- and Communication-World"[65] oder als virtuelle Organisationen, virtuelle Netzwerke oder virtuelle Unternehmen[66], für die realen Unternehmen schaffen sie zahlreiche Vorteile, wie Kosten-, Effizienz-, Qualitäts- oder Erlösvorteile der unternehmensübergreifenden Zusammenarbeit. Aus ihnen resultieren nicht nur neue Marktbedingungen, Änderungen des Marketing-Mix und neue Marktwege[67], sondern auch neue Herausforderungen an das Marketing-Controlling. Diese neuen Herausforderungen werden in erster Linie durch die zahlreichen Koordinationsprobleme flexibler und netzwerkorientierter Wertschöpfungskooperationen hervorgerufen.

Ohne hier auf eine genauere Abgrenzung und Definition der verschiedenen virtuellen Welten einzugehen, soll im Folgenden die Kooperation von Netzwerkverbünden im Vordergrund der Analyse stehen.[68] Der Schwerpunkt von Netzwerkverbünden liegt auf der „Etablierung eines operativen und koordinierten arbeitsteiligen Wertschöpfungsprozesses, indem die Akteure unterschiedliche, zumeist komplementäre Fähigkeiten einbringen. Darüber hinaus wird der temporäre Charakter als wesentliches Element aufgeführt. Ein weiterer zentraler Aspekt ist hier die Verwendung moderner Informations- und Kommunikationstechnologien zur Erbringung der Wertschöpfungsleistung."[69] Infolgedessen wird in direkter Anlehnung an Wirtz von folgender Arbeitsdefinition ausgegangen: „Ein virtuelles Organisationsnetzwerk kann als eine temporäre Kooperationsform von unabhängigen Firmen (Zulieferer, Koproduzenten, Distributoren, Kunden oder Konkurrenten) verstanden werden, das über moderne Informations- und Kommunikationstechnologien verknüpft ist und polyzentrische, komplex-reziproke Beziehungen unterhält, um Wissen (Know-how) zu transferieren, Fähigkeiten zu ergänzen und Kosten zu teilen, um hierbei bisherige und neue Produkträume und Märkte zu erschließen."[70]

Die Übergänge von realen, unternehmensbezogenen zu virtuellen Organisationsnetzwerken sind in der Wirtschaft fließend; sie lassen sich jedoch durch folgende drei Typologien näher kenzeichnen:[71]

(1) Unternehmen treten als Mitproduzenten auf, um eigene primäre Kernkompetenzen, die sie nicht allein wirtschaftlich verwerten können oder wollen, durch Netzwerke virtueller Unternehmen in eine marktgängige Leistung zu transformieren.

(2) Unternehmen treten als Geschäftsvermittler auf, um Kundenwünsche durch auftrags-spezifische Kombinationen der Kernkompetenzen einer (auch wechselnden) Gruppe von Unternehmen in virtuellen Kooperationen zu befriedigen.

(3) Unternehmen treten als eigenständige Geschäftsanbieter (Integratoren genannt) auf, um temporäre Marktchancen, die sie selbst aufgedeckt haben, durch virtuelle Koope-rationen verschiedener Unternehmen zu nutzen.

Während für den 1. Typus von Unternehmen als Mitproduzenten noch weitgehend auf die bisherigen Instrumente des Marketing-Controlling zurückgegriffen werden kann, wie z.B. Ansätze von Auftragskalkulationen, prozessorientierte Deckungsbeitragsrechnungen, Zielkostenkonzepte oder Balanced Scorecard[72], stellen die beiden weiteren Typisierungen doch zusätzlich neue Anforderungen.

II. Netzwerkorientiertes Marketing-Controlling aus Planungssicht

In der Regel geht die bisherige Marketing-Controlling-Literatur davon aus, dass die bis-herigen prozessorientierten Controllinginstrumente auch für virtuelle Organisationsnetz-werke grundsätzlich geeignet sind.[73] Nur selten wird hierbei berücksichtigt, dass mit den beiden Typen von Unternehmen als Geschäftsvermittler und als eigenständiger Ge-schäftsanbieter, neue Aufgaben, zahlreiche neue Gefahren und damit Risiken verbunden sind, die auch an das Marketing-Controlling neue besondere Anforderungen stellen. Hierzu zählen z.B.:[74]

(1) Neue Formen des Preisaushandelns für einzelne Prozesse der Wertschöpfungskette, wie über Optionen im Internet.

(2) Eine netzwerkorientierte Ausrichtung und Standardisierung der am virtuellen Ko-operationsverbund beteiligten Unternehmen durch den Aufbau einer unternehmens-übergreifenden, wertschöpfungsketten- und damit prozessorientierten Grundrech-nung, um aufeinander abgestimmte Planungen vornehmen zu können.

(3) Spezifische Gewinnverteilungsansätze für die einzelnen Komponenten der Wert-schöpfungskette.

(4) Eingeschränkte Kontrollmöglichkeiten, so dass Fehlentwicklungen auftreten, die ggf. zu spät erkannt werden.

(5) Aufgrund asymmetrischer Informationsstände opportunistisches Verhalten der virtu-ellen Kooperationspartner, so dass z.B. kurzfristige Gewinnmitnahmen langfristigen Kooperationsgewinnen vorgezogen werden.

(6) Missbräuchliche Nutzung der Informationen, Kompetenzen und gepoolten Ressour-cen virtueller Kooperationspartner.

(7) Aufgrund dynamischer und komplexer Netzwerkstrukturen hohe Risikopotentiale.

(8) Sicherheitsschutz der vernetzten Geschäftsbeziehungen gegenüber fremden Unter-nehmen oder Eindringlingen (wie Computer-Viren oder Industriespione).

Diese Probleme lassen es zweifelhaft erscheinen, ob die bisherigen prozessorientiert ausgerichteten Instrumente des Controlling bzw. des Marketing-Controlling, auch wenn sie den spezifischen Gegebenheiten virtueller Organisationsnetze angepasst werden, ausreichen[75], um eine zielgerechte Planung, Kontrolle und Lenkung (Steuerung) virtueller Unternehmen als Geschäftsvermittler und -anbieter zu gewährleisten. Schon die wesentlichen Voraussetzungen des Vertrauens und Commitment für ein erfolgreiches Controlling bzw. Marketing-Controlling fehlen vielfach solchen virtuellen Unternehmen, so dass ihre Koordinationsfähigkeit grundlegend gefährdet ist.[76] Darüber hinaus erfordern die aufgelisteten virtuellen Kooperationsprobleme auch adäquate Weiterentwicklungen bzw. sogar Neuentwicklungen von Marketing-Controlling-Instrumenten, insbesondere zur Lösung der besonders sensiblen Kontroll- und Lenkungsaufgaben in virtuellen Organisationsnetzen. Somit eröffnet die Verknüpfung von Realität und Virtualität ein zusätzlich weites Aufgabenfeld für die Weiterentwicklung des Marketing-Controlling; ein Aufgabenfeld, das im Wesentlichen durch die neueren Entwicklungen im Marketing mitbestimmt worden ist.

Anmerkungen

1 Küpper, H.-U. (1997), S. 12.
2 Vgl. Übersicht bei Horváth, P. (1998), S. 108ff.; Kloock, J. (1999), S. 10; Küpper, H.-U. (1997), S. 8f.
3 Vgl. Küpper, H.-U. (1997), S. 20ff.; zur Rationalitätsforderung des Controlling vgl. Weber, J.; Schäffer, U. (2000a), S. 7.
4 Vgl. Köhler, R. (1998), S. 18; Krafft, M. (2000), S. 55ff.; Möhlenbruch, D.; Meier, Ch. (1998), S. 68; Schulte, Ch. (1996), S. 7ff.
5 Vgl. Bundesverband Deutscher Unternehmensberater, (2000), S. 67; Köhler, R. (1998), S. 11ff.; Küpper, H.-U. (1997), S. 160ff.; Meffert, H. (1994), S. 404ff.; Meffert, H. (2000), S. 1131ff.
6 Vgl. Palloks, M. (1991), S. 42ff. Schon aufgrund der begrenzten Platzkapazität können nicht alle Entwicklungspotentiale und somit alle Autoren auf dem Gebiet des Marketing-Controlling gebührend Berücksichtigung finden. Es liegt somit zwangsläufig eine subjektiv festgelegte Auswahl von Entwicklungsmöglichkeiten vor. Diese Auswahl wird zwar durch die Marketing-Beiträge des zu ehrenden Jubilars entscheidend gesteuert, bleibt jedoch in ihrem Ausmaß und Inhalt allein in der Verantwortung der Autoren.
7 Vgl. Sabel, H. (2001), S. 627ff.; diesen Paradigmenwechsel fordern auch Weber, J.; Schäffer, U. (2000a), S. 8.
8 Vgl. zu solchen Problemen Albach, H. (2001), S. 664ff.
9 Vgl. Albach, H. (2001), S. 660ff.
10 Vgl. Klein, R. (2001), S. 245ff.
11 Sabel, H. (2001), S. 628.
12 Ebenda, S. 628.
13 Vgl. ebenda, S. 628f.
14 Vgl. z.B. Berkau, C. (1998), S. 27ff.; Finkeißen, A.; Teichert, L. G. (1998). S. 74ff.; Horváth, P. (1998), S. 485ff.
15 Vgl. z.B. Bundesverband Deutscher Unternehmensberater (2000), S. 81ff.; Haas, A. (2000), S. 79ff.; Köhler, R. (1994), S. 61ff.; Möhlenbruch, D.; Meier, Ch. (1998), S. 69. Schuh, G.; Strack, J.; Tockenbürger, L. (1998), S. 23ff.
16 Vgl. zu einem Überblick über Marketing-Controlling-Instrumente Köhler, R. (1996), S. 520ff.; Köhler, R. (1998), S. 17ff.; Küpper, H.-U. (1997), S. 375ff.
17 Vgl. Becker, J.; Wiese, J. (1998), S. 15f.; Bundesverband deutscher Unternehmensberater (2000), S. 79ff.; Köhler, R. (1993), S. 286; Köhler, R. (1993), Sp. 10f.; Küpper, H.-U. (1997), S. 381; Link, J. (2000), S. 44.
18 Vgl. zu einer prozessorientierten mehrstufigen Deckungsbeitragsrechnung Dierkes, S. (1998), S. 70ff.

19 Vgl. Riebel, P. (1994), S. 440f.
20 Vgl. Küpper, H.-U. (1997), S. 250f.; Schneider D. (1997), S. 27ff.
21 Vgl. Ewert, R.; Wagenhofer, A. (2000), S. 294ff.; Dierkes, S. (1998), S. 23ff.; Horváth, P. (1998), S. 485ff.; Kloock, J. (1995), S. 588ff.
22 Vgl. Schiller, U.; Lengsfeld, S. (1998), S. 528.
23 Vgl. Dierkes, S. (1998), S. 70ff.
24 Vgl. ebenda, S. 5ff.
25 Vgl. zu einem Überblick über Erlösarten Kloock, J.; Sieben G.; Schildbach, T. (1999), S. 163ff.
26 Diese Zurechnung ist analog zu der mehrstufigen prozess- und marktsegmentorientierten Deckungsbeitragsrechnung durchzuführen.
27 Vgl. zu solchen Funktionen Sabel, H.; Weiser, Ch. (2000), S. 230ff.
28 Vgl. Fischer, M.; Fischer, A. (2001), S. 31ff.; Jakubowicz, V. (2000), S. 97ff.; Weidel, M. (1998), S. 41ff.
29 Target Costing stellt von seiner Grundidee her ein eher mittel- statt kurzfristiges Planungsinstrument dar; vgl. auch Arnaout, A. (2001), S. 289ff.; Mussnig, W. (2001), S. 141ff.; Seidenschwarz, W. (1996), S. 752ff.
30 Vgl. Kloock, J. (1997), S. 67ff.
31 Vgl. Kilger, W. (1993), S. 407ff.; Kloock, J. (1981), S. 883ff.
32 Vgl. zu einem Überblick Köhler, R. (1998), S. 17; Küpper, H.-U. (1997), S. 376ff.; Schmidt, R. W. (1997).
33 Vgl. Albach, H. (2001), S. 652ff.; Jakubowicz, V. (2000), S. 23ff.; Kloock, J. (1997), S. 40ff.; Rappaport, A. (1986), S. 32ff.
34 Vgl. Kaplan, R. S.; Norton, D. P. (1997), S. 23ff.; Weber, J.; Männel, W. (2000), S. 1ff.; Weber, J.; Schäffer, U. (2000), S. 1ff.
35 Vgl. Schiller, U.; Lengsfeld, S. (1998), S. 532ff.
36 Vgl. z.B. Albach, H. (2001), S. 652ff.; Sabel, H.; Weiser, Ch. (2001), S. 101ff.
37 Vgl. Dekimpe, M. G.; Hanssens, D. M. (1999), S. 397ff.; Sabel, H. (2001), S. 629ff.
38 Vgl. Derigs, U.; Zils, M. (2001), S. 137ff.; Schwamborn, S. (1994).
39 Diese Forderung bzw. Umsetzung ist bisher in der Marketing-Controlling-Literatur nicht anzutreffen.
40 Vgl. Dierkes, S. (1998), S. 87ff.; Kloock, J.; Dierkes, S. (2001), S. 204ff.; Lengsfeld, S. (1999), S. 17ff.
41 Steglich, M. (2001).
42 Vgl. Köhler, R. (1998), S. 14; Küpper, H.-U. (1997), S. 196ff.
43 Vgl. Ewert, R.; Wagenhofer, A. (2000), S. 414ff.; Lengsfeld, S.; Schiller, U. (2001), S. 86ff.
44 Vgl. Lengsfeld, S.; Schiller, U. (2001), S. 88ff.
45 Vgl. Ewert, R.; Wagenhofer, A. (2000), S. 454ff.; Meinhövel, H.: (1998), S. 107ff.; Pfaff, D.; Pfeiffer, T.; Kunz, A. H. (2001), S. 124ff.; Schiller, U. (2000).
46 Vgl. Weber, J.; Schäffer, U. (2000a), S. 7ff.
47 Vgl. Sabel, H. (2001), S. 629; Sabel, H.; Weiser, Ch. (2000), S. 23ff.
48 Vgl. Sabel, H. (2001), S. 629.
49 Vgl. z.B. Dekimpe, M. G.; Hanssens, D. M. (1999), S. 397ff.
50 Köhler, R. (1998), S. 12.
51 Vgl. auch Küpper, H.-U. (1997), S. 372ff.
52 Vgl. Fisch, J. H.; Schäfer, Ch. (2001), S. 311ff.; Schiller, U.; Lengsfeld, S. (1998), S. 535ff.
53 Vgl. Sabel, H.; Weiser, Ch. (2001), S. 105ff.; vgl auch Hanrath, S. (2000), S. 27ff.
54 Vgl. Henselmann, K. (2001), S. 164ff.; Schildbach, T. (1999), S. 1813ff.; Schneider, D. (1997), S. 58f.
55 Vgl. Dierkes, S.; Kloock, J. (1999), S. 120ff.; Kloock, J. (1997), S. 70f.; Pfaff, D.; Pfeiffer, T.; Kunz, A. H. (2001), S. 120ff.
56 Vgl. Fischer, M.; Fischer, A. (2001), S. 32ff.; Weber, J.; Männel, W. (Hrsg.) (2000), S. 1; Weber, J.; Schäffer, U. (2000), S. 1ff.
57 Vgl. Kleinerts, J. (2000), S. 3ff.; Thomaschewski, D. (2000), S. 50f.
58 Vgl. z.B. Fischer, M.; Fischer, A. (2001), S. 32ff.; Friedag, H. R.; Schmidt, W. (2000), S. 139ff.; Kaplan, R. S.; Norton, D. P. (1997), S. 28ff., 154ff., 220ff.; Kleinerts, J. (2000), S. 3ff.; Weber, J.; Männel, W. (Hrsg.) (2000); Weber, J.; Schäffer, U. (2000), S. 58ff.

59 Vgl. Kaplan, R. S.; Norton, D. P. (1997), S. 41ff.; Weber, J.; Männel, W. (Hrsg.) (2000); Weber, J.; Schäffer, U. (2000), S. 4ff.
60 Vgl. z.B. hierzu Mussnig, W. (2001), S. 139ff.; Seidenschwarz, W. (1996), S. 752ff.
61 Vgl. Kloock, J. (1995), S. 591f.
62 Vgl. Köhler, R. (1998), S. 17.
63 Vgl. Pampel, J. R.; Sasse, A. (2001), S. 74ff.; Rappaport, A. (1986), S. 59ff.
64 Vgl. Pfaff, D.; Kunz, A. H.; Pfeiffer, T. (2000), S. 42ff.
65 Sabel, H. (2001), S. 632.
66 Vgl. Albach, H.; Specht, D.; Wildemann, H. (Hrsg.) (2000), S. VIIff.
67 Vgl. Sabel, H. (2001), S. 632.
68 Vgl. Wirtz, W. (2000), S. 99.
69 Ebenda S. 99.
70 Ebenda S. 99f.
71 Vgl. Gerpott, T. J.; Böhm, S. (2000), S. 26ff.
72 Vgl. Bachem, Ch. (2000), S. 101ff.; Erben, R. F. (2001), S. 238.; Hess, T. (2001), S. 94ff.; Link, J.; Schmidt, S. (2001), S. 76ff.; Schäffer, U.; Weber, J. (2001), S. 8ff.; Schuh, G.; Strack, J.; Tockenbürger, L. (1998), S. 23ff.
73 Vgl. Behrens, S. (2000), S. 163ff.; Schäffer, U.; Weber, J. (2001), S. 8ff.; Schuh, G.; Strack, J.; Tockenbürger, L. (1998), S. 23ff.; Weber, J.; Schumann, M. (Hrsg.) (2001).
74 Vgl. auch Wirtz, W. (2000), S. 104f.
75 Vgl. zu dieser Ansicht Schäffer, U.; Weber, J. (2001), S. 10.
76 Vgl. Wirtz, W. (2000), S. 107.

Literatur

Albach, H.: Shareholder Value und Unternehmenswert, in: ZfB, 71. Jg., 2001, S. 643–674.
Albach, H.; Specht, D.; Wildemann, H. (Hrsg.): Virtuelle Unternehmen, ZfB, 2. Ergänzungsheft, 2000.
Albach, H.; Schiller, U. (Hrsg.): Controlling-Theorie, ZfB, 2. Ergänzungsheft, 2001.
Arnaout, A.: Anwendungsstand des Target Costing in deutschen Grossunternehmen, in: Controlling, 13. Jg., 2001, S. 289–299.
Bachem, Ch.: Erfolgskontrolle und Marketing-Controlling im E-Commerce, in: krp, 3. Sonderheft, 2000, S. 101–108.
Behrens, S.: Produktionstheoretische Perspektiven der virtuellen Unternehmung, in: ZfB, 2. Ergänzungsheft, 2000, S. 157–176.
Becker, J.; Wiese, J.: Modellierung von Controlling-Systemen – ein Plädoyer für einen betriebswirtschaftlich-fachkonzeptionellen Ansatz, in: krp, 2. Sonderheft, 1998, S. 15–22.
Berkau, C.: Instrumente der Datenverarbeitung für das effiziente Prozesscontrolling, in: krp, 2. Sonderheft, 1998, S. 27–32.
Bundesverband Deutscher Unternehmensberater (BDU) (Hrsg.): Controlling, 4. Aufl., Berlin 2000.
Dekimpe, M. G.; Hanssens, D. M.: Sustained Spending and Persisted Response: An New Look at Long-Term Marketing Profitability, in: JMR, VOL. 36, 1999, S. 397–412.
Derigs, U.; Zils, M.: Strategic Alliance Portfolio Analysis (SAP) – ein modellbasierter Ansatz zur Strategie- und Partnerselektion bei Strategischen Allianzen, in: ZfB, 2. Ergänzungsheft, 2001, S. 137–160.
Dierkes, S.: Planung und Kontrolle von Prozesskosten, Wiesbaden 1998.
Dierkes, S.; Kloock, J.: Integration von Investitionsrechnung und kalkulatorischer Erfolgsrechnung, in: krp, 3. Sonderheft, 1999, S. 119–132.
Erben, R. F.: e-Controlling, Anforderungen an das Controlling im e-Business, in: krp, 45. Jg., 2001, S. 235–241.
Ewert, R.; Wagenhofer, A.: Interne Unternehmensrechnung, 4. Aufl., Berlin-Heidelberg-New York 2000.

Finkeißen, A.; Teichert, L. G.: Prozessorientierte Deckungsbeitragsrechnung mit Prozessmanager und OLAP- Datenbanken, in: krp, 2. Sonderheft, 1998, S. 77–84.

Fisch, J. H.; Schäfer, Ch.: Ganzheitliche Unternehmenssteuerung mit der Balanced Scorecard, in: Controlling, 13. Jg., 2001, S. 307–314.

Fischer, M.; Fischer, A.: Neue Konzepte für das Controlling der Zukunft, in: krp, 45. Jg., 2001, S. 29–35.

Friedag, H. R.; Schmidt, W.: My Balanced Scorecard, Freiburg i. Br. 2000.

Gerpott, T. J.; Böhm, S.: Strategisches Management in virtuellen Unternehmen, in: ZfB, 2. Ergänzungsheft, 2000, S. 13–36.

Haas, A.: Prozessorientiertes Vertriebscontrolling bei einem Luxusgüterhersteller, in: krp, 3. Sonderheft, 2000, S. 79–86.

Hanrath, S.: Investitionszielkonforme Kostenrechnung, Wiesbaden 2000.

Henselmann, K.: Economic Value Added – Königsweg zur Integration des Rechnungswesens?, in: ZP, Bd. 12, 2001, S. 159–186.

Hess, T.: Controlling eines virtuellen Unternehmens – ein Zwischenbericht in: krp, 2. Sonderheft, 2001, S. 92–100.

Horváth, P.: Controlling, 7. Aufl., München 1998.

Jakubowicz, V.: Wertorientierte Unternehmensführung, Wiesbaden 2000.

Kaplan, R. S.; Norton, D. P.: Balanced Scorecard, aus dem Amerikanischen übersetzt von P. Horváth, B. Kuhn-Würfel, C. Vogelhuber, Stuttgart 1997.

Kilger, W.: Flexible Plankostenrechnung und Deckungsbeitragsrechnung, 10. Aufl., bearbeitet durch K. Vikas, Wiesbaden 1993.

Klein, R.: Revenue Management: Qualitative Methoden zur Erlösmaximierung in der Dienstleistungsproduktion, in: BFuP, 53. Jg., 2001, S. 245–259.

Kleinerts, J.: Kennzahlenorientiertes Prozess- und Kundenmanagement, Lohmar-Köln 2000.

Kloock, J. Mehrperiodige Investitionsrechnungen auf der Basis kalkulatorischer und handelsrechtlicher Erfolgsrechnungen, in: ZfbF, 33. Jg., 1981, S. 873–895.

Kloock, J.: Prozesskostenmanagement zur Sicherung von Erfolgspotentialen, in: BFuP, 47. Jg., 1995, S. 582–608.

Kloock, J.: Betriebliches Rechnungswesen, 2. Aufl., Lohmar-Köln 1997.

Kloock, J.: Einführung in das Fach Unternehmensrechnung und in das Controlling, in: Diskussionsbeiträge zum Rechnungswesen, hrsg. von J. Kloock, Bd. 5, Reprint Köln 1999.

Kloock, J.; Dierkes, S.: Erlöskontrollmanagement, in: Jahrbuch für Controlling und Rechnungswesen 2001, hrsg. von G. Seicht, Wien 2001, S. 201–224.

Kloock, J.; Sieben, G.; Schildbach, T.: Kosten- und Leistungsrechnung, 8. Aufl., Wiesbaden 1999.

Köhler, R.: Absatzsegmentrechnung, in: HWR, hrsg. von K. Chmielewicz, M. Schweitzer, 3. Aufl., Stuttgart 1993, Sp. 7–15.

Köhler, R.: Beiträge zum Marketing-Management, 3. Aufl., Stuttgart 1993.

Köhler, R.: Durch Marketingcontrolling zur konsequenten Kunden- und Prozessorientierung im Targetmarketing, in: Kunden und Prozesse im Fokus, Controlling und Reengineering, hrsg. von P. Horváth, Stuttgart 1994, S. 61–79.

Köhler, R.: Marketing-Controlling, in: Lexikon des Controlling, hrsg. von Ch. Schulte, München 1996, S. 520–524.

Köhler, R.: Marketing-Controlling: Konzepte und Methoden, in: Marketingcontrolling, hrsg. von S. Reinecke, T. Tomczak, S. Diettrich, St. Gallen 1998, S. 10–21.

Krafft, M.: Vertriebscontrolling – Status quo und Anforderungen an moderne Systeme, in: krp, 3. Sonderheft, 2000, S. 55–66.

Küpper, H.-U.: Controlling, 2. Aufl., Stuttgart 1997.

Lengsfeld, S.: Kostenkontrolle und Kostenänderungspotentiale, Wiesbaden 1999.

Lengsfeld, S.; Schiller, U.: Kostenkontrolle in Teams, in: ZfB, 2. Ergänzungsheft, 2001, S. 81–96.

Link, J.: Kundenorientierte Informationssysteme im Marketing-Controlling, in: krp, 3. Sonderheft, 2000, S. 35–46.

Link, J.; Schmidt, S.: E-Business und Marketing-Controlling in: krp, 2. Sonderheft, 2001, S. 73–80.

Männel, W. (Hrsg.): DV-gestütztes Controlling mit Netzwerken, in: krp, 2. Sonderheft, 1998.

Meffert, H.: Marketing-Management: Analyse. Strategie, Implementierung, Wiesbaden 1994.

Meffert, H.: Marketing: Grundlagen marktorientierter Unternehmensführung, 9. Aufl., Wiesbaden 2000.

Meinhövel, H.: Defizite der Principal-Agent-Theorie, Lohmar-Köln 1998.

Möhlenbruch, D.; Meier, Ch.: Komponenten eines integrierten Controlling-Systems im Einzelhandel, in: Controlling, 1998, S. 64–70.

Mussnig, W.: Dynamisches Zielkostenmanagement, in: Controlling, 17. Jg., 2001, S. 139–148.

Palloks, M.: Marketing-Controlling, Frankfurt *et. al.* 1991.

Pampel, J. R.; Sasse, A.: Wertorientierte Balance Scorecard am Beispiel einer Innovationsstrategie, in: krp, 1. Sonderheft, 2001, S. 73–81.

Pfaff, D.; Kunz, A. H.; Pfeiffer, T.: Balanced Scorecard als Bemessungsgrundlage finanzieller Anreizsysteme, in: BFuP, 52. Jg., 2000, S. 36–55.

Pfaff, D.; Pfeiffer, T.; Kunz, A. H.: Geschäftsbereichs-Controlling – Zur institutionenökonomischen Erweiterung des Lücke-Theorems, in: ZfB, 2. Ergänzungsheft, 2001, S. 119–136.

Rappaport, A.: Creating Shareholder Value, London 1986.

Riebel, P.: Einzelkosten- und Deckungsbeitragsrechnung, 7. Aufl., Wiesbaden 1994.

Sabel, H.; Weiser, Ch.: Dynamik im Marketing, 3. Aufl., Wiesbaden 2000.

Sabel, H.; Weiser, Ch.: Zur Investitionsgrößenbestimmung an der Schnittstelle von langfristiger und kurzfristiger Sicht, in: ZfB, 2. Ergänzungsheft, 2001, S. 97–118.

Sabel, H.: Neuere Entwicklungen im Marketing, in: ZfB, 71. Jg., 2001, S. 611–642.

Schäffer, U.; Weber, J.: Controlling von E-Business, in: krp, 2. Sonderheft, 2001, S. 5–11.

Schildbach, T.: Externe Rechnungslegung und Kongruenz, in: DB, 1999, S. 1813–1820.

Schiller, U.: Informationsorientiertes Controlling in dezentralen Unternehmen, Stuttgart 2000.

Schiller, U.; Lengsfeld, S.: Strategische und operative Planung mit der Prozesskostenrechnung, in: ZfB, 68. Jg., 1998, S. 525–547.

Schmidt, R. W.: Strategisches Marketing-Accounting. Nutzung des Rechnungswesens bei strategischen Marketingaufgaben, Wiesbaden 1997.

Schneider, D.: Betriebswirtschaftslehre, Bd.II: Rechnungswesen, 2. Aufl., München-Wien 1997.

Schuh, G.; Strack, J.; Tockenbürger, L.: Controlling in der virtuellen Fabrik, in: krp, 2. Sonderheft, 1998, S. 23–26.

Schulte, Ch. (Hrsg.): Lexikon des Controlling, München 1996.

Schwamborn, S.: Strategische Allianzen im internationalen Marketing, Wiesbaden 1994.

Seidenschwarz, W.: Target Costing, in: Lexikon des Controlling, hrsg. von Ch. Schulte, München 1996, S. 752–757.

Steglich, M.: Zielwertorientierte Auswertung von Kostenabweichungen, Wiesbaden 2002.

Thomaschewski, D.: Die Balanced Scorecard als Instrument des Marketing-Controlling, in: krp, 3. Sonderheft, 2000, S. 47–54.

Weber, J.; Homburg, Ch. (Hrsg.): Marketing-Controlling, krp, 3. Sonderheft, 2000.

Weber, J.; Männel, W. (Hrsg.): Balanced Scorecard, krp, 2. Sonderheft 2000.

Weber, J.; Schäffer, U.: Balanced Scorecard und Controlling, 3. Aufl., Wiesbaden 2000.

Weber, J.; Schäffer, U.: Marketing-Controlling in Theorie und Praxis, in: krp, 3. Sonderheft, 2000a, S. 5–14.

Weber, J.; Schumann, M. (Hrsg.): E-Business & Controlling, in: krp, 2. Sonderheft, 2001.

Weidel, M.: Einbindung der Prozessanalyse und -verfolgung in das Controllingsystem, in: krp, 2. Sonderheft, 1998, S. 41–46.

Wirtz, W.: Wissensmanagement und kooperativer Transfer immaterieller Ressourcen in virtuellen Organisationsnetzwerken, in: ZfB, 2. Ergänzungsheft, 2000, S. 97–116.

Josef Kloock und Stefan Dierkes

Zusammenfassung

Hermann Sabel hat mit seinen letzten Veröffentlichungen zum Marketing auch die grundlegenden Strukturen, Konzeptionen und Meilensteine für die neueren Entwicklungen im Marketing-Controlling vorgezeichnet. Die insgesamt herausgearbeiteten vierfachen Paradigmenwechsel in den Entwicklungen des Unternehmensverhaltens aus Marketingsicht stellen daher die Ausgangspunkte einer Analyse und Beschreibung von neueren Entwicklungen im Marketing-Controlling dar. Gemäß diesen Paradigmenwechseln werden die neueren Entwicklungen unter den vier Aspekten der Koordination der Innen- und Außensicht sowie der Verknüpfungen von Instrumenten und Prozessen, von Strategien und Optimierungen sowie von Realität und Virtualität aufgezeigt und diskutiert. Hierbei stehen insbesondere die Prozessorientierung der Marketing-Controlling-Instrumente, basierend auf der Prozesserlös- und Prozesskostenrechnung, sowie die Schnittstellenprobleme zwischen strategischen und taktischen bzw. operativen Planungsrechnungen mit ihren möglichen Lösungsansätzen im Mittelpunkt dieses Beitrags. Abgeschlossen werden diese Ausführungen mit den Verknüpfungsproblemen zwischen Realität und virtuellen Organisationsnetzwerken, deren Lösungen eine netzwerkorientierte Ausrichtung von Marketing-Controlling-Instrumenten erfordern.

Summary

In his latest publications Hermann Sabel has, among other aspects, traced out the fundamental structures, concepts, and milestones of recent developments in marketing-controlling. In this publications Hermann Sabel describes a fourfold change of paradigms in the development of enterprise behaviour. This change leads to specific, new problems in marketing-controlling, which are the coordination of interior and exterior view as well as the connection of instruments and processes, of strategies and optimizations, and of reality and virtuality. Those four aspects are the starting point of the analysis of the latest developments in marketing-controlling in this article. In particular the process orientation of marketing-controlling instruments and the interface problems between strategic and tactical or operative planning and their methods of solution are pointed out and discussed. The article concludes with the difficulties in connecting real and virtual network organizations, which only can be solved by a network-oriented connection of marketing-controlling instruments.

60: Allgemeine Fragen des Absatzes (JEL M30)
84: Planungsrechnung und Controlling (JEL M49)

Die **Zeitschrift für Betriebswirtschaft** ist eine der ältesten deutschen Fachzeitschriften der Betriebswirtschaftslehre. Sie wurde im Jahre 1924 von Fritz Schmidt begründet und von Wilhelm Kalveram und Erich Gutenberg fortgeführt. Sie wird heute von zwölf Persönlichkeiten aus dem Bereich der Universität und der Wirtschaftspraxis herausgegeben.

Die Zeitschrift für Betriebswirtschaft verfolgt das Ziel, die **Forschung auf dem Gebiet der Betriebswirtschaftslehre** anzuregen sowie zur Verbreitung und Anwendung ihrer Ergebnisse beizutragen. Sie betont die Einheit des Faches; enger und einseitiger Spezialisierung in der Betriebswirtschaftslehre will sie entgegenwirken. Die Zeitschrift dient dem **Gedankenaustausch zwischen Wissenschaft und Unternehmenspraxis.** Sie will die betriebswirtschaftliche Forschung auf wichtige betriebswirtschaftliche Probleme in der Praxis aufmerksam machen und sie durch Anregungen aus der Unternehmenspraxis befruchten.

Die Qualität der Aufsätze in der Zeitschrift für Betriebswirtschaft wird nicht nur durch die Herausgeber und die Schriftleitung, sondern auch durch einen Kreis von Gutachtern gewährleistet. Das **Begutachtungsverfahren** ist doppelt verdeckt und wahrt damit die Anonymität von Autoren wie Gutachtern gemäß den international üblichen Standards.

Die Zeitschrift für Betriebswirtschaft veröffentlicht im Einklang mit diesen Grundsätzen und Zielen:

- **Aufsätze** zu theoretischen und praktischen Fragen der Betriebswirtschaftslehre einschließlich von Arbeiten junger Wissenschaftler, denen sie ein Forum für die Diskussion und die Verbreitung ihrer Forschungsergebnisse eröffnet,
- **Ergebnisse der Diskussion** aktueller betriebswirtschaftlicher Themen zwischen Wissenschaftlern und Praktikern,
- **Berichte** über den Einsatz wissenschaftlicher Instrumente und Konzepte bei der Lösung von betriebswirtschaftlichen Problemen in der Praxis,
- **Schilderungen von Problemen** aus der Praxis zur Anregung der betriebswirtschaftlichen Forschung,
- **„State of the Art"-Artikel,** in denen Entwicklung und Stand der Betriebswirtschaftslehre eines Teilgebietes dargelegt werden.

Die Zeitschrift für Betriebswirtschaft informiert ihre Leser über **Neuerscheinungen** in der Betriebswirtschaftslehre und der Management-Literatur durch ausführliche Rezensionen und Kurzbesprechungen und berichtet in ihrem **Nachrichtenteil** regelmäßig über betriebswirtschaftliche Tagungen, Seminare und Konferenzen sowie über persönliche Veränderungen vorwiegend an den Hochschulen. Darüber hinaus werden auch Nachrichten für Studenten und Wirtschaftspraktiker veröffentlicht, die Bezug zur Hochschule haben. Die ZfB veröffentlicht keine Aufsätze, die wesentliche Inhalte von **Dissertationen** wiedergeben. Sie rezensiert aber publizierte Dissertationen.

Dem **Internationalen Herausgeberbeirat** gehören namhafte Fachvertreter aus den USA, Japan und Europa an. In der ZfB können auch – wenn auch in begrenztem Umfang – englischsprachige Aufsätze veröffentlicht werden. Durch die Zusammenfassungen in englischer Sprache sind die deutschsprachigen Aufsätze der ZfB auch internationalen Referatenorganen zugänglich. Im Journal of Economic Literature werden die Aufsätze der ZfB zum Beispiel laufend referiert.